KB143685

법정지상권, 분묘기지권 깨트리는 법

Copyright ⓒ 2017, 김재권

이 책은 한국경제신문 *i* 가 발행한 것으로

본사의 허락없이 이 책의 일부 또는 전체를 복사하거나 무단전재하는 행위를 금합니다.

경매 성공의 지렛대가 되어줄

법정지상권, 분묘기지권 깨트리는 법

김재권 지음

한국경제신문*i*

요즘 경매가 일반화·대중화되어 전 국민의 재테크로 자리 잡았다. 국가가 신뢰할만한 사회보장을 해주지 못하는 여건하에서, 기댈 대가 없어진 국민들은 너도나도 각자도생(各自圖生), 즉 제 살길을 찾아 나서고 있다. 직장인들이나 주부까지 재테크 전선에 뛰어들어 틈틈이 강의를 듣고, 경매 관련 인터넷 카페에 참여해 공부하며 생존을 위해, 나아가 부자의 꿈을 실현하기 위해 몸부림치고 있다. '경매'가 전 국민의 화두가 된 셈이다.

그런데 모두의 로망인 경매가 그렇게 호락호락하지 않다는 것이 문제다. 저금리기조와 맞물려 갈 곳 잃은 돈들이 부동산으로 몰리다 보니 경쟁이 치열해져 경매로는 '먹을 것'이 없다는 인식이 대세를 이루고 있다.

실제 아파트, 오피스텔, 상가 등 가격분석 내지 권리분석이 용이하고, 고정적인 임대수익이 실현되는 수익형 물건들은 최초매각가격에 근접하거나 초과해 입찰되는 사례가 적지 않아, 차라리 급매물을 일반 매매로 매수하는 편이 나은 상황이기도 하다.

그러다 보니 경매 투자자들은 점점 권리분석이 어려워 경쟁자가 적은 물건에 몰리고 있다. 그런데 그런 리스크가 큰 물건을 잘못 사면 상당한 법률적·재무적 부담을 떠안는 등 낭패를 볼 수 있다. 경매시장이 'High risk! High return!'의 고위험 고수익 시장이 되었다 해도 과언이 아니다. 이처럼 권리분석이 어려워 경쟁자는 적지만 리스크가 큰 물건을 '경매의 함정'이라 한다.

> 오랜 세월이 지난 후 어디에선가
> 나는 한숨지으며 이야기할 것입니다.
> 숲 속에 두 갈래 길이 있었고, 나는
> 사람들이 적게 간 길을 택했다고
> 그리고 그것이 내 모든 것을 바꾸어놓았다고
> (로버트 프로스트의 시, 〈가지 않은 길〉에서)

그 '함정 중의 함정'으로 거론되는 것이 바로 '유치권'과 '법정지상권'이다. 이런 함정은 금융기관이 먼저 알아보고 대출을 꺼려하므로 자금력이 없으면 접근할 수도 없다. 그래서 사람들이 투자를 꺼려 경쟁자가 적고, 여러 차례 유찰된다.

그러나 사람들이 적게 간 길을 두려워하지 않고 용기있게 개척해나가는 사람들도 적지 않다. '성공인자'나 '부자인자'를 가진 사람들이다. 그 길을 택한 후, 치열하고, 끈기 있게 공부해 어떤 함정도 깨트릴 수 있는 막강한 권리분석 능력으로 무장한다. 자금이 부족하면 공동 투자 등 다양한 방법을 강구한다. 그들은 위 프로스트의 시에서처럼 의지적인 결단으로 인생을 바꾸는 사람들이다.

필자는 경매의 '함정 중의 함정'이라는 유치권에 대해서는, 2011년《유치권 깨트리는 법 대 지키는 법》이라는 제목으로 출간해 유치권 분야에서는 지금까지도 베스트셀러에 자리해 있다.

그 후 곧바로 법정지상권에 대한 책도 출간할 계획이었으나, 여러 가지 사정상 이제야 빛을 보게 되었다.

법정지상권 분야는 유치권에 비해 권리분석이 대체적으로 정형화되어 있어 '수학공식을 대입'하듯이 분석하면 대체로 해결이 가능하다. 다양한 사례를 아우르는 판례가 축적되어 있어, 그 판례를 해당 사례에 잘 적용하면 된다.

그러나 그렇다고 법정지상권을 만만히 보면 안 된다. 실전 사례는 거의 똑같은 것이 없을 정도로 다양하다. 그러므로, 섣불리 유사한 판례만 믿고 유리한 것으로 오판해서 입찰했다가, 나중에 실제 사례와 달라 낭패를 볼 수 있다. 특히 지상권 유사의 관습상의 물권인 분묘기지권은 분묘기지권자가 분묘를 수호·봉사하는 한 영구히 지속되며, 소위 '분묘알박기'까지 가능한 막강한 권리로서, 깨트리기가 결코 쉽지 않다.

쉬워 보이는 돌다리도 두드려가며 건너야 하듯, 한눈에 법정지상권을 깨트릴 수 있다고 확신할 만한 사례처럼 보여도, 확인하고, 또 확인하고, 또 확인해야 한다.

이 책은 경매에서 법정지상권 내지 분묘기지권을 깨트리려는 분들에게 '돌다리를 두드려가며 건너는 법'을 알려드리고자 함에 그 목적이 있다.

최대한 판례를 수집해 나름대로 유형화해서 정리했고, 필요한 부분에 이해를 돕기 위해 인터넷에서 수집한 관련 사진이나 도표를 제시했다.

이 책은 법률업무 종사자를 위한 전문서적이라기보다 경매에 관심이 있는 일반인들을 위한 책이다. 따라서, 가능한 한 일반인들이 쉽게 이해할 수 있도록 최대한 노력했지만, 근원적으로 딱딱한 법률용어를 순화시키는 데 한계가 있어 아쉬움이 많이 남는다.

그리고, 관련 사건을 진행해본 경험을 토대로, 실전 사례를 다수 소개할 수도 있으나, 수학공식에 대입해 답을 내듯이 천편일률적인 내용이 많았고, 분량만 커질 것 같아 표준적인 사례의 소개로 대신했다.

그런데 필자가 미력한데다가, 주관적 입장으로 내용을 정리하다 보니, 소홀히 다루어지거나 잘못된 부분이 있을 수도 있다. 향후 독자여러분의 아낌없는 질책을 통해 지속적으로 수정·보완해나갈 것을 약속드린다.

필자가 대표로 있는 법무법인 효현은 연간 수백 건의 부동산·건설 관련 사건을 수행한다. 그러다 보니 늘 바쁜 와중에도 각자 맡은 업무에 전력을 다해줌으로써 이 책을 쓸 수 있는 기회를 주고 교정 등에 도움을 준 효현의 식구들에게 감사드린다.

아무쪼록 이 책을 통해, 독자 여러분이 법정지상권과 분묘기지권에 대한 나름의 체계를 잡아 경매 성공의 지렛대로 삼는 계기가 되었으면 하는 바람이다.

김 재 권

Contents

분묘기지권 깨트리는 법

PART 02

PART 01

법정지상권
깨트리는 법

Chapter 01

법정지상권
둘러보기

01 법정지상권이 도대체 뭘까?

가. 지상권

🏠 지상권이란

지상권(地上權)이란 "타인의 토지에서 건물 기타 공작물이나 수목을 소유하기 위해 그 토지를 사용할 수 있는 용익물권[1]"이다. 한마디로 남의 땅을 매수할 형편이나 사정이 안 되어 매수하지는 못하고, 일정한 목적으로 안전하게, 장기간 빌려서 건물을 짓거나 나무를 심는 등의 목적으로 사용하고, 수익하는 지상권이 설정된다. 이때 남의 땅에 설치해서 사용하는 공작물(工作物)로는 건물, 도로, 연못, 교량, 각종의 탑(광고탑, 텔레비전탑 등) 등 지상공작물뿐만 아니라, 지하철, 터널, 우물, 지하호 등의 지하공작물 등 요컨대 지상 및 지하에 인공적으로 설치된 모든 건설물 내지 설비가 포함된다. 그리고 수목(樹木)에는 식목 및 경작의 목적이 되는 모든 식물이 포함된다.

🏠 지상권의 특성

지상권은 토지소유자와 사이에 지상권을 설정하는 계약체결 및 등기에 의해 성

---

1) 타인의 토지 또는 건물을 일정한 목적을 위해 사용·수익(收益)할 것을 내용으로 한 물권(物權)의 총칭(總稱)이다. 사용권(使用權), 이용권(利用權)이라고도 한다. 또한 소유권과 같은 전면적·포괄적 권리가 아니고 한정된 범위 내에서의 지배권이라는 점에서 담보물권(擔保物權)과 함께 제한물권(制限物權)에 속한다. 민법에서는 지상권·지역권·전세권이 용익물권(用益物權)에 해당하며 모두가 부동산을 객체로 하고 있다. [네이버 지식백과] 용익물권 [用益物權] (법률용어사전, 2011. 1. 15., 법문북스)

지상권이 설정되는 여러 가지 사례

립되는 약정지상권임이 원칙이다.

지상권은 물권으로서 자유로이 양도·임대·담보제공할 수 있고, 토지소유권이 양도되어도 신소유자에게 대항할 수 있는 점에서 그렇지 않은 임차권보다 훨씬 강력하다. 그러나 현실적으로는 토지소유자로서는 부담이 되는 물권인 지상권보다 채권관계인 임대차를 선호하므로 실제 지상권을 이용하는 사례는 드물다. 한국전력이나 통신회사들이 송전선, 송전철탑이나 송수신 통신설비를 설치하기 위해 타인의 토지에 장기간(30년 등)의 지상권을 설정하는 사례가 있다.

그리고 지상권은 순수하게 토지를 사용·수익하는 데 그치는 용익물권이므로, 목적물에 대한 가치를 담보하는 담보물권이나 담보물권성을 가진 전세권과 달리 지상권자에게는 경매청구권이나 우선변제권이 없다.

근거법률	물권의 종류		물권의 내용
민법	소유권		물건이 가지는 사용가치, 교환가치의 전부를 지배하는 권리(3장)
	점유권		법률상의 권원을 묻지 않고 물건을 사실상 지배하는 상태를 보호하는 권리가 점유권(반면, 물건을 지배할 수 있는 권리가 '본권') (2장)
	용익물권	지상권	타인의 토지에서, 건물 기타의 공작물이나 수목을 소유하기 위해, 그 토지를 사용할 수 있는 권리(4장)
		지역권	용수(用水)나 통행 등 설정행위로 정한 일정한 목적을 위해, 타인의 토지를 자기 토지의 편익에 이용하는 권리(5장)
		전세권	전세금을 지급하고서, 타인의 부동산을 그의 용도에 좇아 사용·수익하고, 전세권이 소멸하면 목적부동산으로부터 전세금을 우선변제받을 수 있는 권리(6장)
	담보물권	유치권	타인의 물건 또는 유가증권을 점유한 자가 그 물건이나 유가증권에 관해 생긴 채권을 가지는 경우, 그 변제를 받을 때까지 그 물건 또는 유가 증권을 유치할 수 있는 권리(7장)
		질권	채권자가 그 채권의 담보로 채무자 등으로부터 동산 또는 재산권을 채무변제가 있을 때까지 유치함으로써 채무의 변제를 간접적으로 강제하는 동시에, 변제가 없는 때는 그 목적물로부터 우선적으로 변제받는 권리(8장)
		저당권	채권자가 일정한 채권의 담보를 위해 채무자 또는 제3자(물상보증인)가 채무의 담보로 제공한 부동산 기타 부동산물권(지상권, 전세권)을 인도 받지 않고 관념상으로만 지배해, 채무의 변제가 없는 경우에 그 담보물로부터 우선변제를 받는 권리(9장)
상법			상사유치권(상법 58, 91조 등), 상사질권(상법 59조), 선박저당권(상법 871조 등) 등
특별법			입목저당권(입목에관한법률 3조), 가등기담보권·양도담보권·매도담보권(가등기담보등에관한법률), 공장저당권·공장재단저당권, 광업재단저당권(공장 및 광업재단 저당법 2장 1 내지 3절, 3장), 자동차저당권, 항공기저당권, 건설기계저당권 등(자동차등특정동산저당법), 광업권(광업법 2장), 조광권(광업법 3장), 어업권(수산업법 2조, 16조) 등
관습법	관습법상 법정지상권		동일한 소유자의 토지와 건물 중 어느 하나가 매매 기타의 원인으로 소유자를 달리할 경우 건물철거 약정이 없는 한, 법률상 당연히 건물소유자에게 인정되는 지상권
	분묘기지권		타인의 토지에 분묘라는 특수한 공작물을 설치한 자가 그 분묘를 소유하기 위해 분묘의 기지부분인 토지를 사용할 수 있는 지상권에 유사한 물권

나. 특수한 지상권과 법정지상권

지상권은 위와 같이 지표만을 대상으로 하는 약정지상권이 일반적이다. 그외에도, 토지의 상하 일부공간만을 대상으로 하느냐, 법률이나 관습에 의해 당연히 성립하느냐에 따라 아래와 같이 3가지 유형의 특수한 지상권이 존재한다. 법정지상권은 이러한 특수한 지상권에 속한다.

🏠 구분(區分)지상권

지하 또는 지상의 공간은 상하의 범위를 정해 건물 기타 공작물을 소유하기 위한 지상권의 목적으로 할 수 있다(민법 289조의 2). 구분지상권은 토지의 상하 일부공간에 터널, 지하도로, 지하철, 교량, 송전선, 고가도로 등을 이용할 목적으로 설정된다. 이 경우 구분지상권자는 설정행위에서 정해진 범위(층)에서 토지를 사용할 권리를 가지고, 나머지 토지부분은 토지소유자가 사용권을 가진다.

구분지상권의 사례 – 일본 오사카의 건물 중앙을 관통하는 도로.[2]

---

2) 〈연예스포츠〉 2012. 2. 3. 기사 사진

🏠 법정지상권

법정지상권이란 "토지와 그 지상의 건물이 동일인 소유에 속하고 있었으나, 어떤 사정으로 토지와 지상건물이 각각 소유자를 달리하게 된 때에, 건물소유자에게 그 건물소유를 위해 법률상 당연히 인정되는 지상권"으로서, 현행법이 아래와 같이 4가지 유형을 인정하고 있다.

한편, 법정지상권의 성립여부가 문제되는 사례를 보면, 건물은 매각에서 제외되고 토지만 매각되는 경우가 대부분이고, 매각물건명세서상 '법정지상권 성립여지 있음'이라고 적는다. 경매사이트에서 법정지상권이 문제되는 사례는 아래와 같다.

인터넷 경매사이트 '두인경매' 자료

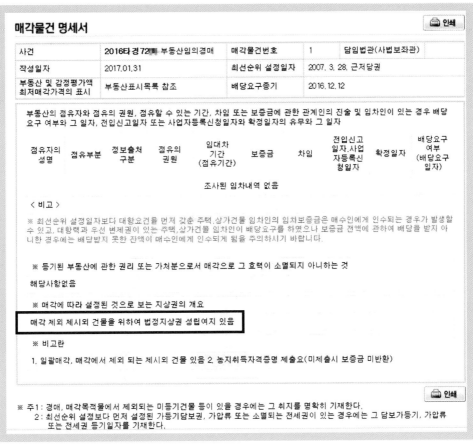

부동산의 점유자와 점유의 권원, 점유할 수 있는 기간, 차임 또는 보증금에 관한 관계인의 진술 및 임차인이 있는 경우 배당 요구 여부와 그 일자, 전입신고일자 또는 사업자등록신청일자와 확정일자의 유무와 그 일자

점유자의 성명	점유부분	정보출처 구분	점유의 권원	임대차 기간 (점유기간)	보증금	차임	전입신고 일자.사업 자등록신 청일자	확정일자	배당요구 여부 (배당요구 일자)

조사된 임차내역 없음

〈 비고 〉

※ 최선순위 설정일자보다 대항요건을 먼저 갖춘 주택.상가건물 임차인의 임차보증금은 매수인에게 인수되는 경우가 발생할 수 있고, 대항력과 우선 변제권이 있는 주택,상가건물 임차인이 배당요구를 하였으나 보증금 전액에 관하여 배당을 받지 아니한 경우에는 배당받지 못한 잔액이 매수인에게 인수되게 됨을 주의하시기 바랍니다.

※ 등기된 부동산에 관한 권리 또는 가처분으로서 매각으로 그 효력이 소멸되지 아니하는 것

해당사항없음

※ 매각에 따라 설정된 것으로 보는 지상권의 개요

매각 제외 제시외 건물을 위하여 법정지상권 성립여지 있음

※ 비고란

1. 일괄매각, 매각에서 제외 되는 제시외 건물 있음 2. 농지취득자격증명 제출요(미제출시 보증금 미반환)

🖨 인쇄

※ 주1 : 경매, 매각목적물에서 제외되는 미등기건물 등이 있을 경우에는 그 취지를 명확히 기재한다.
  2 : 최선순위 설정보다 먼저 설정된 가등기담보권, 가압류 또는 소멸되는 전세권이 있는 경우에는 그 담보가등기, 가압류 또는 전세권 등기일자를 기재한다.

인터넷 경매사이트 '두인경매' 자료

■ 민법 305조(전세권 설정자의 법정지상권)

민법 305조 1항은 "대지와 건물이 동일한 소유자에 속한 경우에 건물에 전세권을 설정한 때는 그 대지소유권의 특별승계인은 전세권설정자에 대해 지상권을 설정한 것으로 본다. 그러나 지료는 당사자의 청구에 의해 법원이 이를 정한다"라고 하고, 2항은 "전항의 경우에 대지소유자는 타인에게 그 대지를 임대하거나 이를 목적으로 한 지상권 또는 전세권을 설정하지 못한다"라고 해서 건물 전세권 설정자의 법정지상권에 대해 규정하고 있다.

즉, 토지와 건물이 동일한 소유자에 속한 경우에 건물에 대해서만 전세권을 설

정한 후 토지소유자가 변경된 경우, 토지소유자는 전세권설정자에 대해 지상권을 설정한 것으로 본다는 것이다.

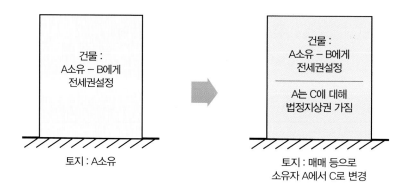

■ 민법 366조(저당권 실행에 의한 법정지상권)

민법 366조는 "저당물의 경매로 인해 토지와 그 지상건물이 다른 소유자에 속한 경우에는 토지소유자는 건물소유자에 대해 지상권을 설정한 것으로 본다. 그러나 지료는 당사자의 청구에 의해 법원이 이를 정한다"라고 해서 저당권[3] 실행에 의한 법정지상권에 대해 규정하고 있다.

즉, 토지와 그 지상의 건물이 동일한 소유자에 속하는 경우에, 어느 한쪽에만 저당권이 설정된 후, 저당권의 실행으로 경매됨으로써, 토지와 건물의 소유자가 다르게 된 때, 토지소유자는 건물소유자에게 지상권을 설정한 것으로 본다는 것이다.

한편 민법 366조의 법정지상권은 저당권이 설정된 공장재단이나 광업재단에 토지나 건물이 속하는 경우에 준용된다. 따라서, 공장재단이나 광업재단에 토지나 건물이 속해 있는 경우, 어느 한쪽에만 저당권이 설정된 후, 저당권의 실행으

---

3) 민법이나 민사집행법에서는 '저당권'으로 원칙론적인 표기하고 있으나, 실무상 이용되는 저당권은 거의 대부분 '근저당권'이므로 저당권을 근저당권으로 이해하면 될 것이다.

로 경매됨으로써, 토지와 건물의 소유자가 다르게 된 때, 토지소유자는 건물소유자에게 지상권을 설정한 것으로 보게 된다(공장 및 광업재단저당법 24조 1항 및 54조 1항[4]).

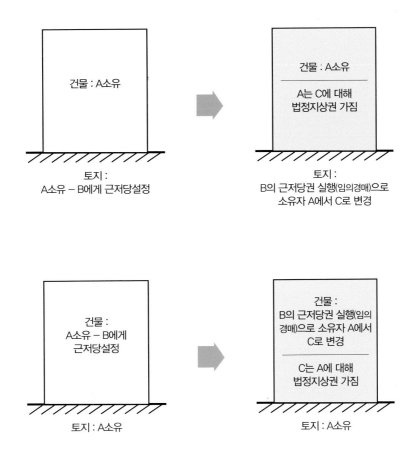

4) · 공장 및 광업재단저당법 제24조(준용규정) 제1항
   저당권이 설정된 공장재단에 토지나 건물이 속하는 경우에는 제3조, 제4조, 「민법」 제359조, 제365조 및 제366조를 준용한다.
· 공장 및 광업재단저당법제54조(공장재단 규정의 준용)
   광업재단에 관해서는 이 장에 특별한 규정이 있는 경우를 제외하고는 제2장의 공장재단에 관한 규정을 준용한다. 이 경우 "공장재단"은 "광업재단"으로 본다.

■ 가등기담보 등에 관한 법률 10조(가등기담보권 실행에 의한 법정지상권)

토지와 그 지상건물이 동일한 소유자에 속하는 경우에 그 토지나 건물에만 가등기담보권, 양도담보권 또는 매도담보권이 설정된 후, 이들 담보권의 실행(이른바 귀속청산) 또는 담보가등기에 기한 본등기가 이루어져 토지와 건물의 소유자가 다르게 된 때, 건물 소유를 목적으로 토지 위에 지상권이 설정된 것으로 본다. 이 경우 그 존속기간과 지료는 당사자의 청구에 의해 법원이 정한다.

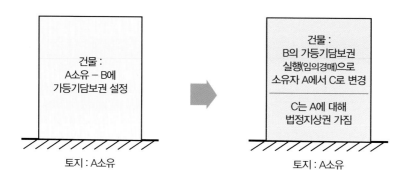

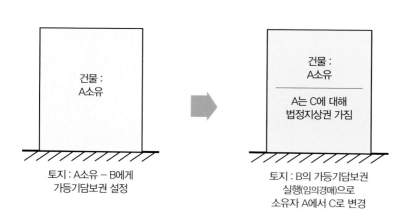

■ 입목에 관한 법률 6조(입목소유자의 법정지상권)

입목에 관한 법률 6조 1항은 "입목(立木)[5]의 경매나 그 밖의 사유로 토지와 그 입목이 각각 다른 소유자에게 속하게 되는 경우에는 토지소유자는 입목소유자에 대해 지상권을 설정한 것으로 본다"라고 하고, 2항은 "제1항의 경우에 지료(지료)에 관해서는 당사자의 약정에 따른다"라고 해서 입목소유자의 법정지상권에 대해 규정하고 있다.

즉, 토지와 그 지상의 입목이 동일한 소유자에 속하고 있는 경우에, 경매 기타 사유로 인해 토지와 입목이 각각 다른 소유자에 속하게 되는 경우에는 토지소유자는 입목소유자에 대해 지상권을 설정한 것으로 본다는 것이다.

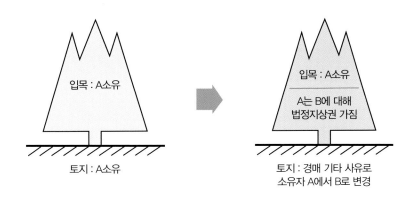

🏠 관습법상의 지상권

판례에 의해 확립된 관습법상의 지상권으로는 관습법상의 법정지상권과 분묘기지권이 있다. 여기서 관습법(慣習法)이란, 사회의 거듭된 관행으로 생성한 사회생활규범이 사회의 법적 확신과 인식에 의해 법적 규범으로 승인 강행되기에 이

---

5) 토지에 자라고 있는 수목의 집단을 말한다.

르른 것으로 통상 판례에 의해 확립된다.[6] 즉, 사회에 어떤 관행에 반복되어 일반인들이 법으로 인식할만한 단계에 이르게 된 것을 말한다.

■ 관습법상의 법정지상권

동일한 소유자의 토지와 건물 중 어느 하나가 매매 기타의 원인(경매 등)으로 소유자를 달리할 경우, 건물철거 약정이 없는 한, 법률상 당연히 건물소유자에게 인정되는 지상권을 말한다.

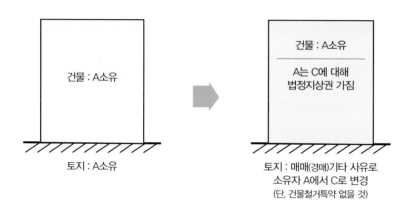

---

6) 대법원 1983. 6. 14. 선고 80다3231 판결[분묘이장]. 민법 제1조는 민사에 관해 법률에 규정이 없으면 관습법에 의하고 관습법이 없으면 조리에 의한다고 규정해 관습법 및 조리의 법원으로서의 근거를 천명하고 있으며 한편 같은 법 제106조는 법령 중의 선량한 풍속 기타 사회질서에 관계없는 규정과 다른 관습이 있는 경우에 당사자의 의사가 명확하지 아니한 때는 그 관습에 의한다고 규정해 사실인 관습의 효력을 정하고 있다. 관습법이란 사회의 거듭된 관행으로 생성한 사회생활규범이 사회의 법적 확신과 인식에 의해 법적 규범으로 승인 강행되기에 이르른 것을 말하고 사실인 관습은 사회의 관행에 의해 발생한 사회생활규범인 점에서는 관습법과 같으나 다만 사실인 관습은 사회의 법적 확신이나 인식에 의해 법적 규범으로서 승인될 정도에 이르지 않은 것을 말해 관습법은 바로 법원으로서 법령과 같은 효력을 갖는 관습으로 법령에 저촉되지 않는 한 법칙으로서의 효력이 있는 것이며 이에 반해 사실인 관습은 법령으로서의 효력이 없는 단순한 관행으로서 법률행위의 당사자의 의사를 보충함에 그치는 것이다. 일반적으로 볼 때 법령과 같은 효력을 갖는 관습법은 당사자의 주장 입증을 기다림이 없이 법원이 직권으로 이를 확정해야 하나 이와 같은 효력이 없는 사실인 관습은 그 존재를 당사자가 주장 입증해야 한다고 파악할 것이나 그러나 사실상 관습의 존부 자체도 명확하지 않을 뿐만 아니라 그 관습이 사회의 법적 확신이나 법적 인식에 의해 법적 규범으로까지 승인된 것이냐 또는 그에 이르지 않은 것이냐를 가리기는 더욱 어려운 일이므로 법원이 이를 알 수 없을 경우 결국은 당사자가 이를 주장 입증할 필요에 이르게 될 것이다.

■ 분묘기지권

타인의 토지에서 분묘라는 특수한 공작물을 설치한 자가 있는 경우에 그 자가 그 분묘를 소유하기 위해 분묘의 기지부분인 토지를 사용할 수 있는 권리로서, 지상권의 성질을 갖는 물권을 말한다.

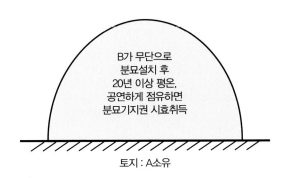

B가 무단으로
분묘설치 후
20년 이상 평온,
공연하게 점유하면
분묘기지권 시효취득

토지 : A소유

다. 경매와 지상권

🏠 경매와 최선순위 지상권

등기부상 권리순위에서 최선순위인 지상권, 즉 지상권이 저당권 등 말소기준권리[7]에 대항할 수 있는 경우에는 매수인에게 인수된다(집행법 90조 3, 4,항).

그러나 매수인은 지상권자를 상대로 지료를 청구할 수 있고, 지료를 2년 이상 체납한 경우에는 지상권 소멸청구도 할 수 있다.

---

7) 말소기준권리란 부동산 경매에서 부동산이 낙찰될 경우, 그 부동산에 존재하던 권리가 소멸하는가, 그렇지 않으면 그대로 남아 낙찰자에게 인수되는가를 가늠하는 기준이 되는 권리를 말한다. 말소기준권리보다 선순위의 권리는 매수인이 인수하고, 후순위의 권리는 소멸한다. 이러한 말소기준권리에는 최초의 근저당권, 압류, 가압류, 담보가등기 등이 있다. 최선순위로 설정된 전세권의 경우 건물전체에 대한 것이고, 배당요구를 한 경우에 한해 말소기준권리가 될 수 있다.

순위	권리	말소기준권리 여부	인수여부
1	지상권		인수
2	근저당권	말소기준권리	소멸
3	전세권		소멸
4	가압류		소멸
5	가등기		소멸

🏠 경매와 법정지상권

토지가 경매로 매각되었는데 지상 건물 등에 대해 법정지상권이 성립하면 매수인은 법정지상권의 부담을 안게 되어 토지의 사용, 수익이 상당한 장기간(15년, 30년) 제한되는 부담을 지게 된다. 즉, 지상의 건물 등의 부담 때문에 토지에 대한 사용이나 개발행위, 건축행위 등을 거의 할 수 없고 오로지 지료만 받을 수 있기 때문에, 결국 법정지상권자로부터 건물을 매수하거나 거꾸로 토지를 팔아야 궁극적으로 해결된다.

02 법정지상권, 왜 인정될까?

가. 법정지상권의 역사적 뿌리

🏠 법정지상권의 탄생배경을 알아야 할 이유

우리 민법이 약정지상권이 아닌, 난해한 법정지상권을 굳이 인정해야만 하는 이유를 제대로 알려면, 법정지상권이 탄생하게 된 역사적 배경부터 알아야 한다. 그래야 법정지상권의 실체 내지 정체성에 대해 입체적으로 이해할 수 있다.

우선 결론부터 말하면, 우리와 일본 민법은 토지와 건물을 별개의 독립한 부동산으로 다루다 보니 어느 하나가 처분될 때를 대비해 법정지상권이란 개념이 필요한데, 독일, 프랑스, 영국 등은 건물을 토지의 구성부분으로 보아 건물은 토지처분에 수반하므로 법정지상권이 아예 문제되지 않는다.

각국의 입법례

입법례	토지와 건물의 관계	법정지상권
로마법, 독일, 프랑스, 영국 민법	건물은 토지의 구성부분 (건물은 토지와 일체로 거래)	불인정
한국, 일본 민법	건물은 토지와 별개의 부동산 (건물은 토지와 별개로 거래가능)	인정

여기서, 타임머신을 타고 독일, 프랑스, 영국법의 모태인 로마법 시대로 되돌아가서 역사적 흐름을 살펴보다 보면, 우리 민법에 왜 이 골치 아픈 법정지상권이란 괴물이 자리잡게 되었는지 조금이나마 이해할 수 있을 것이다. 법률이나 제도만으로도 머리 아픈데 그 역사까지 공부해야 하냐는 회의감이 들 수 있겠지만, 역사의 이해가 보다 깊은 통찰의 통로임을 자각하고 여행하는 편안한 마음으로 로마시대부터 둘러보자.

🏠 로마법

지상권의 역사는 로마법까지 거슬러 올라간다. 로마법에서는 "지상물은 토지에 속한다", "토지 위에 세워진 건축물은 토지와 일체로 된다" 또는 "토지에 정착한 것은 그 토지의 일부로 된다"라는 법원칙이 지배했다.

즉, 타인의 토지에 건물을 지으면 그 건물은 토지에 부합해 토지소유자에게 귀속된다고 보았고 이러한 원칙이 로마법 초기시대에는 잘 관철되었으나, 점차 사회경제가 발달하고 토지가격이 급등하며, 토지대여 수요가 증대하자, 토지소유자와 지상물소유자를 구별하고, 지상물소유자로 하여금 타인의 토지상에 건물 등을 지어 소유자처럼 이용할 수 있는 권리를 줄 필요가 절실해졌다.

결국 로마법상 지상권이란 '지상물을 존치시키기 위해 타인 소유의 토지를 사용하기 위한 권리'라기보다는 '타인의 토지에 부합된 지상물 특히 건물에 대해 물권적 권리, 특히 소유권을 행사한다는 데 중점이 있는 권리'로서 인정되었고, 이는 근대의 독일법, 프랑스법에 계승되었다.[8]

🏠 독일법

기본적으로 로마법을 계승한 독일민법 94조는 "토지의 정착물 특히 건물과 토

---

8) 《민법주해[VI] 물권(3)》, 편집대표 곽윤직, 박영사, 1996. 2면

지에 부착되어 있는 토지의 산출물은 토지의 본질적 구성부분에 속한다"라고 해서, 건물이 토지의 본질적 구성부분이 되므로, 건물만이 독립된 권리의 객체가 될 수 없다.[9]

독일민법상 지상권은 건물 기타 공작물의 소유만을 목적으로 하고, 지상권자가 설치한 공작물, 특히 건물은 지상권의 구성부분이 되며, 우리 민법처럼 독립한 소유권의 객체가 되지 않는다. 따라서 지상권이 소멸하면 건물은 토지소유자에게 속하게 되고 다만 토지소유자는 그에 대해 상당한 보상을 해야 한다. 이에 반해 우리 민법에서는 지상권이 소멸해도 건물 등 공작물의 소유권은 여전히 지상권자에게 있다.

🏠 프랑스법

프랑스민법도 "지상물은 토지에 속한다"는 로마법 이래의 원칙을 받아들였다.

민법 553조 1항에서 "지상 또는 지중에 있는 모든 건축물, 식재, 공작물은 반증이 없는 한 토지소유자가 자기의 비용으로 설치하고 그의 소유에 속하는 것으로 추정한다"라고 규정하고, 건물 기타 지상물은 토지의 일부로 보아, 독립된 소유권을 인정하지 않았다.[10] 프랑스민법에서의 지상권은 "토지소유자의 승낙을 얻어 건물을 건축한 경우 그 건물에 대해 가지는 지상소유권"으로서, 명문규정으로 인정되는 권리는 아니다.

🏠 영국법

영국법에서도 대륙법(독일, 프랑스 등)과 마찬가지로 건물 등 공작물은 토지와 일체를 이룬다는 원칙이 존재한다.

따라서 토지를 빌려서 그 위에 건물 등 공작물을 지으면 토지소유자의 소유자가 되고, 토지를 빌린 자는 토지와 함께 그 공작물도 빌린 것이 되며, 기간 만료시

---

9) 〈법정지상권의 성립과 이전에 관한 연구〉, 진상욱, 영남대학교 대학원 박사학위 논문, 2008, 23면
10) 진상욱, 앞의 논문 24~25면

공작물에 대한 수거권이나 매수청구권도 인정되지 않는다. 영국법에서는 일반적으로 토지를 빌리는 관계는 모두 임차권(Lease)에 의해 이뤄지고 임차권과 지상권의 내립은 존재하시 않는다.[11]

🏠 일본법

독일, 프랑스민법을 이어받은 일본민법의 입안자들은 토지와 건물을 원칙적으로 하나의 물건으로 생각하고 있었지만, 입법과정에서 별개의 부동산으로 취급되었다. 즉 입법과정에서 일본의 관습이 토지와 건물을 별개로 보는 점, 토지를 저당잡히는 경우 건물이 제외되는 점, 토지와 건물에 대해 각각 별개의 등기부가 존재하는 점 등을 이유로 토지와 건물을 하나의 물건으로 보는 입안자들의 입장이 비판을 받은 결과 이원적 소유권체계가 된 것이다.

따라서 일본민법 388조는 "토지 또는 그 위에 존재하는 건물이 동일의 소유자에 속하는 경우에, 그 토지 또는 건물만을 저당으로 한 때는, 그 실행에 의해 소유자가 달라지게 되는 때는 그 건물에 대해 지상권을 설정한 것으로 본다. 이 경우에 지대는 당사자의 청구에 의해 재판소가 이를 정한다"라고 규정해 법정지상권을 명문으로 인정하고 있다.

결국 토지와 건물을 별개의 부동산으로 보기 때문에 소유자가 달라질 경우 건물이 철거될 수 있는 불합리를 제거하기 위해 위 법정지상권 규정을 둔 것으로, 우리 민법상 법정지상권 제도와 동일한 취지다.

🏠 우리 민법

조선시대의 관습으로는 가옥과 부지는 일체로 취급되어 가옥이 양도되면 그 부

---

11) 앞의 책《민법주해〔Ⅵ〕 물권(3)》, 9면

지도 함께 매매되는 것으로 보아, 부지는 가옥에 부종(附從)하는 것으로 다루어 졌다고 볼 것이다.

그런데 광무 10년(1906년)에 제정된 조선시대 최초의 근대적 등기제도인 '토지 가옥증명규칙'이 시행된 후 토지와 가옥은 각각 별도의 증명을 하는 것으로 되었고, 이로부터 토지와 가옥을 함께 처리하는 관습은 점차 소멸되다 보니, 토지만 처분되었을 경우 가옥의 존립을 위해 법정지상권을 인정할 필요가 생겼다.

1912년 제정된 조선민사령 1조에 의해 우리나라 구(舊)민법이 된 일본민법 (1898년 제정)이 우리나라에 적용됨으로써, 토지와 건물을 별개의 부동산으로 취급하는 법제가 확립되었다. 구민법 388조는 일본민법과 거의 유사하게, "토지 또는 그 위에 존재하는 건물이 동일의 소유자에 속하는 경우에, 그 토지 또는 건물 만을 저당으로 한 때는, 저당권 설정자는 경매의 경우에 관해 지상권을 설정한 것으로 본다. 단 지대는 당사자의 청구에 의해 재판소가 이를 정한다"라고 규정해, 법정지상권을 명문으로 도입한 뒤, 현행 민법 366조로 이어졌다.

그런데 구민법이 '저당권 실행에 의한' 법정지상권만 인정했으므로, 그에 해당하지 않는 유사한 경우를 구제해줄 필요가 있었는데, 일제 강점기 조선고등법원[12]은 '조선에 있어서의 관습'이라 해서 관습법상의 법정지상권을 인정한 바 있다.

즉, "동일인의 소유에 속하는 토지와 가옥이 임의매매에 의해 각각 그 소유권을 달리하게 된 경우에, 그 가옥의 매매에서 특히 가옥을 부수어 이를 철거하는 합의가 있다고 볼 수 없는 한, 가옥의 소유자는 그 토지 위에 지상권을 취득하고, 그 토지의 소유자는 그 권리에 의해 가옥의 소유자에 대해 그 철거를 강요할 수 없다는 것이 조선에 있어서의 일반적인 관습이다", "이러한 일반적인 관습은 강제경매의 경우에도 그 적용이 있다"라고 해서 관습법상의 법정지상권을 인정했다.

---

12) 조선고등법원 판결 1916. 9. 29.

우리 대법원 대법원[13] 역시 1960년경 '우리나라의 관습'이라 해서 위 조선고등법원 판례의 취지에 따라 관습법상 법정지상권을 인정한 이래 판례로 확립되었다.[14]

대법원은 "우리 민법은 일정한 조건하에서의 법정지상권을 인정하고 있으나, 민법에서 정하는 요건을 구비하지 않았다 하더라도 토지와 건물이 같은 소유자의 소유에 속했다가 그 건물 또는 토지가 매각 또는 그 외의 원인으로 인해 양자의 소유자가 다르게 될 때는 특히 그 건물을 철거한다는 조건이 없는 이상 당연히 건물소유자는 토지소유자에 대해 소위 관습에 의한 법정지상권을 취득하게 되는 것"이라고 했다.

나. '건물철거의 방지'라는 사회경제상의 '공익적 이유'

이상과 같이, 우리나라는 기본적으로 건물을 토지의 구성부분으로 보아 일체로 거래시키는 독일, 프랑스, 영국 등과 달리 토지와 건물을 별개의 부동산으로 보아 독립해 거래의 객체가 되게 하다 보니, 토지와 건물이 각각 다른 자에게 귀속되는 경우 건물소유자는 아무런 권원 없이 타인의 토지를 사용하는 결과가 되어 토지소유자가 철거를 구한다면 사회경제적으로 상당한 손실을 초래하게 된다.

건물의 이용은 토지의 이용을 불가분적으로 수반하게 되는데, 건물소유자가 미리 토지소유자와 사이에 지상권, 임차권 등 토지이용관계를 설정할 수 없는 경우

---

13) 1960. 9. 29. 선고 4292민상944 판결
14) 그런데 일부 대법원 판례는 관습법상의 법정지상권의 인정근거가 "건물로 하여금 건물로서의 가치를 유지하게 하자는 국민경제상 필요에 의해 인정된 제도"라고 보기도 하고(대법원 1968. 8. 30. 선고 68다1029 판결), 일부 학설은 "민법 제366조의 확장해석"이라거나(이영준, 이은영 등), "토지이용관계의 합리성이나 국민경제적인 요청에 따라 이를 인정하게 되었다고 하는 것이 훨씬 타당하다."고 보았다.(강태성, 배병일, 이시윤 등)

에, 잠재적인 토지이용권을 법률상 당연히 현실화시켜줌으로써 건물을 독립한 부동산으로 보는 우리 법제의 특수성에서 생기는 결함을 바로잡으려는 제도가 바로 법정지상권이다.

대법원[15])도 민법 366조 소정의 법정지상권을 인정하는 법의 취지가 "저당물의 경매로 인해 토지와 그 지상 건물이 각 다른 사람의 소유에 속하게 된 경우에 건물이 철거되는 것과 같은 사회경제적 손실을 방지하려는 공익상 이유에 근거하는 점"이라고 해서, '공익상 이유'가 법정지상권의 인정근거임을 명백히 하고 있다.

🏠 법정지상권이 인정되지 않아 반쪽이 철거된 건물

반쪽이 잘라진 건물의 철거 전, 후 모습

---

15) 대법원 1999.11.23. 선고 99다52602 판결

- 서초동 1573-13 및 1573-14 양지상에 겹쳐 지어진 5층 업무용 삼덕다솜빌딩
- 삼형제 소유 : 건물은 첫째가 대표인 법인소유, 토지는 둘째와 셋째가 1필지씩 소유
- 둘째가 상속세 못내 국세청이 둘째 소유 토지만 공매
- 감정가 65억 7,000만 원인 토지를 37명이 공투로 46억 1,000만 원에 매수
- 매수자들이 삼형제에게 도로 팔려고 협상했으나 여의치 않자 첫째가 대표인 법인 상대로 건물철거 소송제기 - 4년만에 대법원에서 최종 철거판결 확정(법정지상권 불성립)
- 매수자들이 토지를 126억 원에 제3자에 매도 - 시세차익이 79억 9,000만 원에 이름
- 그 후 제3자가 2필지 토지 모두 매수해 지하 6층, 지상 11층 건물 완공함

다. 저당권 설정 당사자의 합리적 의사와 이익에 부합

나아가 법정지상권의 인정근거로 토지와 건물의 소유자가 달라질 경우 건물의 존속을 원하는 저당권 설정 당사자의 의사와 기대에 부합된다는 점도 거론된다. 즉, 토지에 대해 저당권이 설정되어 경매가 실시된 경우, 토지의 매수인이 건물을 위한 토지이용권의 제한을 받는다는 점을 인용했을 것이고, 그 반대로 건물이 저당물로서 경매된 경우 토지소유자는 건물소유자를 위해 토지이용권을 유보해 준 것으로 볼 수 있기 때문이다.

이런 이유로 민법 366조는 "토지소유자는 건물소유자에 대해 지상권을 설정한 것으로 본다"라고 규정해, 토지소유자 또는 토지의 매수인에게 지상권 설정 의사가 존재했다고 간주한다.

03 법정지상권의 문제점과 해법

🏠 저당권의 침해와 보호

저당권은 담보가치의 확보를 목적으로 하는 가치권인 반면, 법정지상권은 토지 상의 건물 등의 소유를 목적으로 하는 용익권인데, 토지상의 건물에 용익권인 법 정지상권이 성립되면 저당물인 토지의 담보가치가 감소하게 된다. 건물철거가 사 회경제상의 불이익이라는 법정지상권의 인정이유가 강조되면 법정지상권을 넓 게 인정해야 하지만, 저당권자의 담보가치를 저하시켜 원활한 금융거래를 저해한 다는 측면에서는 오히려 법정지상권을 좁게 인정해야 하므로, 법정지상권과 저당 권의 상호조화적인 관점에서 민법 366조의 법정지상권의 성립여부 및 성립범위 를 파악하는 것이 바람직하다.

🏠 토지소유권 침해와 보호

법정지상권의 취득은 법률의 규정에 의한 취득으로서, 개인의사를 존중하는 사 적자치의 원칙, 특히 사유재산권 존중의 원칙에 대한 중대한 예외다.

사적자치의 원칙은 사법의 영역에서 어떠한 가치보다도 존중되어야 할 기본원 칙이므로, 사유재산으로서의 토지소유권의 보호는 건물의 존립을 보호하는 것보 다 더 중요한 것이다. 헌법상 기본권으로서의 재산권 보장을 고려할 때, 법정지 상권에 의해 건물의 존립을 보호하는 것은 토지소유권의 본질적 내용을 침해하 지 않는 범위 내에 한정되어야 하므로, 법정지상권의 요건 및 범위를 엄격히 정 해야 할 것이다.

🏠 공시방법의 필요성

등기부에 공시되지 않는 법정지상권의 존재는 토지소유자에게 큰 부담 혹은 리스크다. 이에 법정지상권의 존재유무를 용이하게 확인할 수 있도록 토지등기부와 건물등기부를 일원화하자는 입법론을 주장하는 의견도 있다.[16] 즉, 등기부의 표제부에 토지와 건물의 표시에 관한 사항을 동일 페이지에 접수번호의 순서대로 기재하면 토지와 건물의 물리적 현황을 종합적·유기적으로 분석해 법정지상권의 존재를 파악하기 용이하다는 점을 들거나, 등기부의 동일한 페이지에 토지와 건물 소유자의 동일여부가 나타나도록 하면 권리분석이 용이하다는 점 등을 이유로 들고 있다.

🏠 관습법상 법정지상권의 문제점과 개선안

관습법상 법정지상권은 이론적 근거 자체에 의문이 있을 뿐만 아니라 요건이 불명확하고, 공시가 불안정해서 거래의 안전을 크게 해치고 있으므로, 먼저 토지이용권에 대해 합의할 기회가 없는 경우에만 인정할 필요가 있는 점, 토지소유자의 철거청구를 모든 경우에 금지할 것이 아니라, 건물철거가 사회경제적으로 지나치게 손실이 크다고 인정되는 예외적인 경우에 한해 인정하되 그 근거는 판례가 인정하는 신의성실의 원칙이나 권리남용 금지의 원칙의 법리를 적용하는 것이 타당한 점 등이 주장되고 있다.[17]

입법론적으로는 당사자의 의사에 의하지 않은 토지와 건물의 소유자가 달라지는 경우에는 민법에 새로운 조항을 신설해 "강제경매, 법원에 의한 공유물 분할, 국세체납처분에 의한 공매, 귀속재산의 귀속에 의한 경우에 토지소유자는 건물소유자에게 법정지상권을 설정한 것으로 본다"는 규정을 두자는 의견, 토지소유자에게 자기를 위한 지상권을 설정하도록 하는 자기지상권을 인정하는 규정을

---

16) 이승호, 〈효율적인 권리분석을 위한 등기부의 개선방안에 관한 연구〉, 순천향대학교 대학원 박사학위논문, 2005. 126면
17) 윤옥화, 〈관습법상 법정지상권에 관한 연구〉, 동의대학교 대학원 석사학위논문, 2005. 56~57면

두면 무분별한 관습법상 법정지상권 발생을 막을 수 있다는 견해, 토지와 건물을 합의에 의해 양도하는 경우에는 함께 처분하는 규정을 두고, 합의에 의한 양도가 아닌 경우에도 건물과 토지를 일괄해서 경매·공매하는 규정을 두자는 견해 등이 있다.[18]

---

18) 최동로, 〈법정지상권에 관한 연구〉, 상지대학교 경영·행정·산업대학원 석사학위 논문, 2009. 73~74면

04 법정지상권도 한 성질(?) 한다

가. 법률의 규정에 의해 성립되는 용익물권으로서 토지의 사용권

법정지상권은 법률이나 관습법에 의해 성립하는 것을 제외하고는 약정지상권과 별 차이가 없다는 것이 통설, 판례의 태도다. 즉, 그 존속기간, 내용, 지료 등에 대해 약정지상권에 관한 규정이 적용된다.

지상권은 '타인의 토지에 대한 권리'이므로, 지상권과 토지소유권이 동일인에게 귀속되면 지상권은 혼동[19]으로 소멸한다.

지상권은 건물 기타 공작물을 소유하기 위해 타인의 토지를 '사용하는 권리'이지, 독일 등 유럽 법제에서와 같이 타인의 토지에서 건물 등 공작물을 소유하는 것을 본체로 하는 것이 아님을 유의해야 한다. 이처럼 우리의 지상권은 토지의 사용을 본체로 하므로, 현재 토지에 건물 기타 공작물이 존재하지 않더라도 유효하게 성립할 수 있고, 또한 기존의 공작물이나 수목이 멸실하더라도 지상권은 존속될 수 있다.

---

19) 서로 대립하는 2개의 법률적 지위가 동일인에게 귀속하는 것을 혼동(混同)이라 한다. 주로 물권·채권·채무의 소멸원인으로서의 의미가 있는데, 혼동을 인정하는 이유는 2개의 법률적 지위를 병존시켜두는 것이 무의미하기 때문이다. 따라서 양립시킬 특별한 사정이 있는 경우에는 혼동으로 물권·채권·채무가 소멸하지 않는다. 혼동의 법적 성질은 '사건'이다.

또한 지상권은 토지사용권이므로 토지를 점유할 수 있는 권리를 포함하고, 점유를 방해하는 행위에 대한 물권적 청구권을 가지며, 상린관계에 관한 규정도 준용된다[20](민법 290조).

그리고 지상권은 '물권'으로서 직접 그 객체인 토지를 지배하는 권리이므로, 토지소유자의 변경은 지상권의 운명에 영향을 주지 않으며, 물권으로서 당연히 양도성과 상속성을 가지므로, 지상권을 양도하거나 지상권자가 토지를 타인에게 임대를 함에도 토지소유자의 동의가 필요 없다(민법 282조).

나. 강행규정성과 법정지상권 포기

🏠 강행규정성

저당권 실행에 의한 법정지상권을 규정한 민법 366조는 가치권인 저당권과 건물의 이용권의 조절을 꾀한다는 공익상의 목적에 의해 지상권 설정을 강제하는 강행규정이다.[21]

따라서 저당권을 설정하는 당사자 사이에 특약으로써 건물을 위한 지상권의 성

---

20) 인접하고 있는 부동산 소유자 또는 이해관계자 상호간에 각 부동산의 이해관계를 조절하기 위해 서로 그 권능을 일정한 한도까지 양보·협력하도록 규정한 법률관계를 말한다(민법 제215조~제244조). 또한 그러한 상린관계로부터 발생하는 권리를 상린권(相隣權)이라고 한다. 인접한 부동산의 소유자가 각자의 소유권을 무제한으로 주장한다면 그들의 부동산의 완전한 이용을 바랄 수 없으므로 각 소유권 또는 이용권의 내용을 일정범위 안에서 제한하고 각 소유자로 하여금 협력시키는 제도다. 그 작용은 지역권(地役權)과 유사하므로 프랑스민법에서처럼 법정지역권으로 규정한 입법례도 있지만 대부분의 국가에서는 이를 소유권의 한계로 규정하고 있다. 우리 민법은 부동산 소유권에 대해 규정을 두고 지상권(地上權) 및 전세권(傳貰權)에 준용하고 있으나(민법 제290조, 제319조), 임차권(賃借權)에도 준용해야 할 것으로 해석된다. 즉 건물구분소유(建物區分所有)(제215조)·통행(通行)(제219조)·배수(排水)와 유수(流水)(제221조, 제222조)·경계(境界)(제237조, 제239조)·경계(境界)넘는 수목(樹木)(제240조)·건축방법(建築方法)(제242조, 제243조)·인지사용(隣地使用)(제216조)·안온방해금지(安穩妨害禁止)(제217조)에 관한 것 등이 있다. 민법의 상린관계의 규정은 이웃 간의 특별한 계약이 없을 때의 최소한의 규제를 정한 것이다. 만약 그 이상으로 인지를 사용할 수 있는 권리를 취득하려면 인지상(隣地上)의 지역권(地役權)(제291조~제302조)을 설정해야 한다.[네이버 지식백과] 상린관계 [相隣關係] (법률용어사전, 2011. 1. 15., 법문북스).

21) 이 점에 대해서는 학설, 판례가 일치하고 있다.

립을 미리 배제할 수는 없고, 배제하는 약정을 하더라도 그 특약은 효력이 없다.

🏠 민법 366조의 법정지상권의 사전포기 – '무효'

그렇다면 토지소유자와 건물소유자 사이의 특약에 의해 법정지상권의 성립을 배제할 수 있을까. 즉, 사전포기를 인정할 수 있을까.

이에 대해 법정지상권은 공익적 성질을 가지지만 그 포기를 불허할 성도로 강력한 공익성을 갖는 것은 아니라 할 것이므로 선량한 풍속 기타 사회질서에 반하지 않는 한 지상권의 포기는 인정된다고 보는 긍정설[22]과 민법 366조는 강행규정이므로 당사자 사이의 특약으로도 배제할 수 없다는 부정설[23]이 대립한다.

그런데, 민법 366조의 법정지상권은 관습법상의 법정지상권과 달리 토지소유자와 건물소유자는 원칙적으로 경매가 있은 후에 비로소 접촉을 하게 되므로, 법정지상권의 사전 포기는 원칙적으로 문제가 되지 않는다. 다만, 저당권 설정의 당사자가 사전에 건물을 위한 지상권의 성립을 배제하는 특약을 한 경우 건물의 저당권자가 경매 절차에 참가해 매수인이 되었다면 사전포기가 문제될 수 있는데, 사전포기는 가치권과 이용권의 조절을 도모한다는 법정지상권의 공익적 취지를 몰각시키므로 무효라 할 것이다.

대법원[24]은 "민법 366조는 가치권과 이용권의 조절을 위한 공익상의 이유로 지상권의 설정을 강제하는 것이므로 저당권 설정 당사자 간의 특약으로 저당목적물인 토지에 대해 법정지상권을 배제하는 약정을 하더라도 그 특약은 효력이 없다"라고 하거나, "대지에 대해 저당권을 설정할 당시 저당권자를 위해 동시에

---

22) 이영준,《물권법》, 1991. 808면
23) 곽윤직,《물권법》, 1990. 586면, 김증한,《물권법강의》, 1984. 421면 등
24) 대법원 1988.10.25. 선고 87다카1564 판결[건물명도]

지상권을 설정해주었다고 하더라도 저당권 설정 당시 이미 그 대지상에 건물을 소유하고 있고 그 건물에 관해 이를 철거하기로 하는 등 특별한 사유가 없으며, 저당권의 실행으로 그 지상권도 소멸한 경우에는 건물을 위한 법정지상권이 발생하지 않는다고 할 수 없다[25]"라고 해서, 사전포기는 효력이 없다고 보고 있다.

🏠 법정지상권의 사후포기 – '유효'

그러나 사후포기는 자율적 의사에 의해 포기하는 것이므로 유효하다. 대법원[26]도 비록 관습법상 법정지상권에 대한 것이지만, "동일인 소유의 토지와 그 토지상에 건립되어 있는 건물 중 어느 하나만이 타에 처분되어 토지와 건물의 소유자를 각 달리하게 된 경우에는 관습상의 법정지상권이 성립한다고 할 것이나, 건물소유자가 토지소유자와 사이에 건물의 소유를 목적으로 하는 토지 임대차계약을 체결한 경우에는 관습상의 법정지상권을 포기한 것으로 봄이 상당하다"라고 해서 사후포기를 인정하고 있다.

---

25) 대법원 1991.10.11. 선고 91다23462 판결[가건물철거 등]
26) 대법원 1992.10.27. 선고 92다3984 판결

05 경매 절차상 법정지상권의 지위

가. 경매의 '숨은 함정'

경매절차상 법정지상권은 유치권과 마찬가지로 약정에 의해 성립하는 것이 아니라, 일정한 요건을 갖추면 법률의 규정에 의해 당연히 성립되는 법정물권으로서, 등기부에 공시되지 않는 숨은 권리인 까닭에 경매의 함정 중의 함정에 속한다.

이러한 법정지상권을 가진 건물의 소유자는 경매 절차에서 어떤 지위를 가질까.

우선 법정지상권이 성립하면 경매 절차의 토지 매수인으로서는 상당기간 토지의 사용·수익을 제한당할 수 있다는 점에서 실질적으로 인수하는 권리가 된다.

그리고, 법정지상권자는 법정지상권이 성립함을 증명하면 이해관계인으로서 경매절차 전반에 걸쳐 제반 권리를 행사할 수 있다.

또한 지상에 법정지상권의 성립여지 있는 건물이 존재하면 토지의 최저매가격을 정하기 위한 감정평가 시 그 영향을 고려해 평가해야 한다.

매각물건명세서 작성 시에도 '매각에 의해 설정된 것으로 보게 되는 지상권의 개요'로 표시하도록 규정하고 있다.

나. 매각절차의 이해관계인으로서의 권리

법정지상권자가 그 권리를 증명하면 민사집행법 90조 4호(부동산 위의 권리자로서 그 권리를 증명한 자)의 이해관계인이 되어 이해관계인으로서의 제반 권리를 행사할 수 있게 된다. 그런데 법정지상권을 가지고 있다고 신고하는 것만으로 당연히 이해관계인이 되는 것은 아니고, 집행법원에 스스로 그 권리를 '증명'한 때에만 비로소 이해관계인이 되기 때문에[27] 이해관계인이 되려면 법정지상권을 어떻게 증명할 것인가 여부가 관건이다.

민법 366조의 법정지상권이면 토지에 최초의 근저당권이 설정될 당시 이미 건물이 지어져 있었다는 사실을 입증할 건축 인허가 서류, 공사현장 사진, 공사일지 등 감리서류, 감리자의 사실확인서, 준공서류, 보존등기가 된 등기부 등을 제출하면 될 것이다. 관습법상 법정지상권은 처분당시 동일인 소유였음을 증명하는 등기부나 미등기 건물의 경우 건축물관리대장, 대장이 없다면 실제 건축행위를 한 증빙서류 등을 제출할 필요가 있다.

그리고 법정지상권자가 권리를 법원에 증명하는 정도에 관해, 증명이 어떤 의미인지 여부가 문제된다.

통상 '증명(證明)'이란 '사실의 존부에 관해 진실에 대한 고도의 개연성이 있어서 법관으로 하여금 확신을 가지게 하는 입증행위'를 말한다. 그런데 이해관계인으로서 권리를 증명하는 방법에는 특별한 형식을 요하는 것은 아니라고 하는 점[28]에 비춰볼 때, 민사집행법 90조 4호에서 말하는 '증명'은 민사소송법상의 엄격한 증명으로 보기는 어렵다. 이와 관련해서 '증명'이라는 용어 대신 '증명 신고'란 용어를 사용하는 취지도 같은 맥락이다.[29] 따라서 법정지상권을 주장하기 위

---

27) 대법원 1994. 9. 14. 선고 94마1455 결정
28) 주석《민사집행법 [Ⅲ]》, 한국사법행정학회, 2004. 319면
29) 이재성, "민사소송법 제607조 제4호의 이해관계인",《판례평석집 Ⅵ》, 1982. 280면

해서는 어느 정도 성립요건을 증빙할 수 있는 서류를 제출하면 족하고, 이해관계인으로 인정할 것인지 여부는 사법보좌관의 판단의 문제로 남는다고 본다.[30]

그렇다면 엄격한 증명이 아니면 소명으로 볼 것인지, 소명보다는 더 증명에 가까운 개념인지 여부가 문제된다. '소명(疏明)'이란 '증명에 비해 저도의 개연성 즉 법관이 확실한 것이라는 추측을 얻은 상태 또는 그와 같은 상태에 이르도록 증거를 제출하는 당사자의 노력'을 말하고, 소명절차는 증명과 달리 엄격한 형식에 의하지 않아도 되며, 법원이 적당하다고 인정하는 방법으로 하면 된다.

이러한 권리증명은 매각허가결정이 있을 때까지 할 수 있고,[31] 집행법원이 권리증명 이외의 사유로 법정지상권자임을 알게 되었더라도 스스로 권리를 증명해 신고한 것이 아니므로 이해관계인이 될 수 없다. 그런데 매각허가결정이 있은 후 항고를 제기하면서 그 권리를 주장한 자는 이해관계인이 될 수 없다.[32]

이상과 같이 법정지상권자가 경매 법원에 권리증명을 하면 경매 절차에서 아래와 같은 권리행사를 할 수 있다. 이러한 권리행사는 공익적 절차규정 위배 및 자기의 권리에 관한 절차 규정 위배에 관해서만 행사할 수 있고, 다른 이해관계인의 권리에 관한 이유를 들어 권리행사를 할 수 없다(민사집행법 122조).

민사집행법 및 판례가 인정하는 이해관계인에게 인정되는 권리는 다음과 같다.
그런데 법정지상권자는 배당과 무관하므로 배당기일 관련한 권리는 행사할 여지가 없고, 다른 권리들도 행사할 실익이 없는 경우가 대부분이어서, 수동적으로 각종 통지를 받는 것 외, 능동적으로 권리를 증명해 이해관계인으로서 권리를 행사하는 사례는 극히 드물다 할 것이다.

---

30) 김응용, 앞의 책, 158면
31) 대법원 1994. 9. 13. 선고 94마1342 결정
32) 대법원 1988. 3. 24. 선고 87마1198 결정

🏠 법정지상권자가 이해관계인으로서 행사할 수 있는 권리(민사집행법)

- 집행에 관한 이의신청권(16조)
- 부동산에 대한 침해방지신청권(83조 3항)
- 경매개시결정에 대한 이의신청권(86조)
- 배당요구신청 또는 이중경매신청이 있으면 법원으로부터 그 통지를 받을 권리(89조)
- 매각기일과 매각결정기일을 통지받을 수 있는 권리(104조 2항)
- 매각기일에 출석해 매각기일조서에 서명날인을 할 수 있는 권리(116조 2항)
- 최저매각가격 외의 매각조건변경에 관해 합의할 수 있는 권리(110조)
- 매각결정기일에 매각허가에 관한 의견을 진술할 수 있는 권리(120조)
- 매각허가여부의 결정에 대해 즉시항고를 할 수 있는 권리(129조)
- 배당기일의 통지를 받을 권리(146조)
- 배당기일에 출석해 배당표에 관한 의견을 진술할 수 있는 권리(149조)
- 배당기일에 출석해 배당에 대한 합의를 할 수 있는 권리(150조 2항)
- 매각 후의 경매신청취하에 동의할 수 있는 권리(대법원 1961. 5. 5. 선고 4294 민재항13결정)

다. 감정평가에서 법정지상권 평가방법

🏠 법정지상권의 부담을 고려해 '감액평가'

법정지상권은 부동산을 평가할 당시에는 아직 발생하지 않았고 매각에 의해 비로소 발생하는 경우에도 매수인이 매각허가로 인해 토지소유권을 취득할 때는 그 토지의 부담으로 성립되기 때문에 매수신청가격의 기준을 제시하는 의미를 가지는 최저매각가격의 취지로 미루어 그러한 것도 부동산을 평가할 때 고려해야 한다.[33]

결국 법정지상권이 성립하는 경우에 토지의 매수인이 지료를 받게 된다는 점과 지상권의 존속기간을 고려해 법정지상권에 의한 부담을 평가해 감가한다.[34]

---

33) 대법원 1991. 12. 27. 91마608 결정
34) 법원실무제요 민사집행 Ⅱ 부동산집행, 법원행정처, 2014. 140면

통상 법정지상권 부담없는 상태의 건물의 30% 정도 감가하는 것으로 알려져 있다. 그러므로 법정지상권이 있는 부동산은 통상 시세의 70%로 감정평가하므로, 첫매각기일에 최초매각가격으로 낙찰받아도 시세보다 30% 싸게 닉찰받는 셈이다. 따라서, 경매로 법정지상권 있는 물건에 투자할 때, 이러한 점을 잘 활용할 필요가 있다.

🏠 법정지상권의 대상이 되는 '제시외 건물'의 평가방법

실무상 법정지상권의 성립여부를 판단할 때, 등기된 건물보다 등기 안 된 소위 '제시외 건물'이 더 난해하다. 여기서, 제시외(提示外) 건물이라 함은 단순히, 감정평가 의뢰인이 감정평가해줄 것을 요청한 감정평가의뢰서(경매의 경우 감정평가명령서)에 기재되어 있지 않거나, 건물등기부등본 또는 건축물대장에 등재되지 아니한 건물을 지칭한다.

서울중앙지방법원 등에서는 실무상 평가명령서에 "제시외 건물이 있는 경우에는 반드시 그 가액을 평가하고, 제시외 건물이 경매 대상에서 제외되어 그 대지가 소유권행사를 제한받는 경우에는 그 가액도 평가하라"고 명시하고 있다.

대법원도 "지상의 미등기건물이 같이 경매되는 경우와 그렇지 아니한 경우는 경매 목적물인 그 부지의 평가액에도 영향이 있다 할 것인데, 집행법원이 미등기건물을 경매 목적물에서 제외하면서 감정인에게 미등기건물이 제외된 경우의 토지평가액의 보정을 명하는 등의 조치를 취하지 아니하고 종전에 제출된 평가서의 미등기건물이 포함된 전체평가액에서 미등기건물의 가액만을 공제하고 최저경매가격을 정한 것은 최저경매가격결정에 중대한 하자가 있다 할 것이다"라고 해서, 토지에 대한 감정평가 시, 경매에서 제외되는 지상의 미등기건물의 영향을 고려해야 함을 분명히 하고 있다.[35]

---

35) 대법원 1991. 12. 27. 자 91마608 결정[부동산경락허가결정]

감정평가 및 감정평가사에 관한 법률 28조 1항은 "감정평가업자가 감정평가를 하면서 고의 또는 과실로 감정평가 당시의 적정가격과 현저한 차이가 있게 감정평가를 하거나 감정평가 서류에 거짓을 기록함으로써 감정평가 의뢰인이나 선의의 제3자에게 손해를 발생하게 했을 때는 감정평가업자는 그 손해를 배상할 책임이 있다"라고 규정하고 있다. 여기에서 '감정평가'라 함은 '토지 및 그 정착물 등 재산의 경제적 가치를 판정해 그 결과를 가액으로 표시하는 것'을 말한다.[36]

그런데 집행법원으로부터 감정평가명령을 받은 감정평가사가 제시외 건물이 있는 데도 불구하고 그 가액을 적절히 평가하지 않거나 간과했다면 집행법원으로부터의 문책은 물론, 민사상 손해배상책임과 형사책임까지 질 수도 있다. 즉, 감정평가업자의 부실감정으로 인해 손해를 입게 된 감정평가의뢰인이나 낙찰자 등 선의의 제3자는 감정평가 및 감정평가사에 관한 법률 28조 1항의 손해배상책임과 민법상의 불법행위로 인한 손해배상책임을 함께 물을 수 있다.[37] 또한 위 감정평가사법 49조는 고의로 잘못 평가한 감정평가사에게 2년 이하의 징역 또는 3천만원 이하의 벌금형에 처하도록 하고 있다(5호).

그런데 감정평가 실무상에서 제시외 건물의 특정 및 그 가액을 평가하는 데는 여러 가지 애로가 따르고 있으며, 이에 관해서는 아직까지 구체적인 기준이 마련되어 있지 않은 것으로 보인다. 제시된 건물의 감정평가는 당연한 것이고 그 제시된 바에 따르면 문제의 발생 소지가 없다고 할 수도 있을 것이다. 그러나 제시외

---

36) 대법원 1997. 9. 12. 선고 97다7400 판결[손해배상(기)]
37) 대법원 1998. 9. 22. 선고 97다36293 판결[손해배상(기)]. 이때 불법행위로 인한 재산상 손해는 위법한 가해행위로 인해 발생한 재산상 불이익, 즉 위법행위가 없었더라면 존재했을 재산 상태와 위법행위가 가해진 현재의 재산 상태와의 차이이므로, 낙찰자가 감정평가업자의 불법행위로 인해 입은 손해도 감정평가업자의 위법한 감정이 없었더라면 존재했을 재산 상태와 위법한 감정으로 인한 재산 상태와의 차이가 되고, 이는 결국 위법한 감정이 없었다면 낙찰자가 낙찰받을 수 있었던 낙찰대금과 실제 지급한 낙찰대금과의 차액이 된다(다만 위법한 감정에도 불구하고 시가보다 더 낮은 가격으로 낙찰받은 경우, 위법한 감정이 없었다면 실제 지급한 낙찰대금보다 더 낮은 가격으로 낙찰받을 수 있었다는 사정은 이를 주장하는 자가 입증해야 한다).

건물의 감정평가의 경우에는 그 구조, 건축 면적, 완공시점 및 잔존 내용년수, 제시된 감정평가 대상 대지 위에 적절히 건축되었는지의 여부 등을 특정하기가 곤란한 경우가 대부분이다. 따라서, 제시외 건물의 적정가격 산정이 제시된 건물의 가격 산정보다도 곤란하다고 할 수밖에 없다.

그렇지만, 제시외 건물의 감정평가방법은 제시된 건물의 그것과 상이할 이유가 전혀 없다. 한국감정평가협회는 건물평가에서 건축물대장에 등재 또는 건물등기부에 등기 경료 여부에 따라서 보상평가액이 다르지는 않다는 취지로 유권해석을 한 바도 있다.[38] 따라서 제시외 건물의 감정평가방법도 감정평가에 관한 규칙 15조(건물의 감정평가)를 준수해야 한다. 위 규칙 15조 1항은 "감정평가업자는 건물을 감정평가할 때 원가법을 적용해야 한다"고 규정하고 있다.

그런데 실무상 무허가 및 미등기 건물의 경우, 등기부등본 및 건축물대장을 발급받지 못하는 경우가 대부분이므로, 측량사의 자격이 없거나 측량의 기법을 숙지하지 못하는 감정평가사의 경우에는, 가격산정의 기초가 되는 건물 면적의 특정이 곤란하게 된다. 또한 감가수정의 바탕이 되는 잔존 내용연수의 특정도 만만치 않다.

그러나, 전술한 판례[39]처럼 대법원이 "경매물건명세서 중 부동산의 표시는 목적물의 동일성을 인식할 수 있는 정도의 기재면 된다"고 판시했으므로, 정식측량까지는 할 필요없이 개략적인 방법으로 측량해 면적을 특정하는 등 적정한 방법을 선택해 목적물의 동일성을 인식할 수 있는 정도로만 특정해 평가하면 족하다 할 것이다.

마지막으로, 지상 건물에 법정지상권이 성립되는 토지의 감정평가시 감가의 정도에 관해 한국감정평가협회 유권해석을 참고할 필요가 있다. 즉, 한국감정평가

---

38) 〈감정평가 및 손실보상 관련 질의회신집〉 한국감정평가협회, 1999
39) 대법원 1991. 12. 27. 자 91마608 결정[부동산경락허가결정]

협회의 질의회신집(65면)[40]에는 감정평가 대상 토지가 지상권의 제약을 받는 경우, 토지사용권의 제약정도 및 그에 따른 건물소유자의 토지사용권의 평가방법과 관련해 토지가격을 산출하는 산식을 제시하면서, 그 말미에 "… 이에 대한 평가가 곤란할 경우에는 지상권이 설정되지 않는 상태의 당해 토지가격의 통상 70% 정도 수준에서 감정평가하는 경우가 있음"이라고 회신하고 있는데, 실제로 약 30%를 감가해 평가한다.[41]

라. 매각물건명세서의 법정지상권 기재와 기재상 하자

경매 법원은 부동산의 표시, 부동산의 점유자와 점유의 권원, 점유할 수 있는 기간, 차임 또는 보증금에 관한 관계인의 진술, 등기된 부동산에 대한 권리 또는 가처분으로서 매각으로 효력을 잃지 않는 것, 매각에 따라 설정된 것으로 보게 되는 지상권의 개요 등에 대한 사항을 적은 매각물건명세서를 작성해, 현황조사보고서 및 평가서의 사본과 함께 법원에 비치해 누구든지 볼 수 있도록 해야 한다(민사집행법 105조).

그 취지는 경매 절차에서 매각대상 부동산의 현황을 되도록 정확히 파악해 일반인에게 그 현황과 권리관계를 공시함으로써, 매수희망자가 매각대상 부동산에 필요한 정보를 쉽게 얻을 수 있도록 해서 예측하지 못한 손해를 입는 것을 방지하고자 함에 있다.[42]

매각물건명세서에는 매각에 따라 설정된 것으로 보게 되는 지상권의 개요를 적어야 한다. 토지가 매각목적물이 되어 지상권을 부담하게 되는 경우는 물론, 건

---

40) 「감정평가 및 손실보상 관련 질의회신집」 한국감정평가협회, 1999
41) 이상의 내용은 다음 논문을 발췌한 것이다. 권오순, '제시외 건물의 감정평가에 관한 연구(법정지상권과의 관련을 중심으로)', 한국감정평가협회 발간 '감정평가' 통권 41호, 2000.
42) 대법원 2008. 6. 2. 자 2006마807 결정

물이 매각목적물이 되어 지상권을 취득하게 되는 경우에도 모두 기재대상이다.

　　매각물건명세서에 기재할 것은 지상권의 개요이므로, "이 사건 물건을 위해 그 대지에 법정지상권이 성립한다" 또는 "지상건물을 위해 이 사건 토지의 대지부분에 법정지상권이 성립한다"는 식으로 간결하게 기재하면 된다.

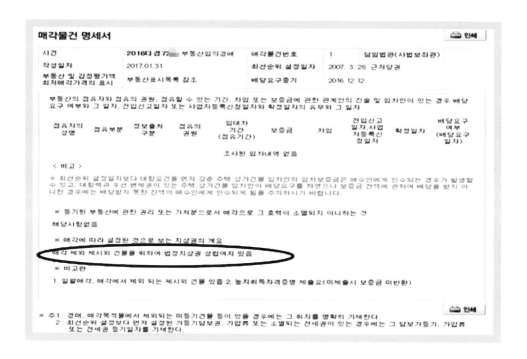

　　토지의 일부에 대해서만 법정지상권이 성립하는 경우에는 그 뜻을 기재하면 되고, 구체적으로 그 범위를 특정해서 표시할 필요가 없다. 지상권이 설정된 것으로 보게 될 가능성은 있으나, 확실히 밝혀지지 않는 경우에는 "별지도면 표시 미등기 건물을 위해 이 사건 토지의 대지부분에 지상권이 설정된 것으로 보게 될 여지가 있음" 또는 "법정지상권이 성립할 여지가 있음" 등으로 그 취지를 그대로 기재한다.

　　이러한 매각물건명세서의 작성에 중대한 하자가 있으면 매각허가에 대한 이의사유가 되며, 나아가 직권에 의한 매각불허가 사유가 된다(민사집행법 121조 5호, 130조 1항).

대법원도 앞서 살펴본 바와 같이, 경락으로 인해 미등기건물을 위한 법정지상권이 생길 여지가 있음을 명확히 하지 않은 매각물건명세서 작성에 중대한 하자가 있다고 보았다.[43]

즉, 부동산 경매 절차에서 매수희망자가 목적부동산의 자세한 현황에 접할 수 있는 것은 법률상 경매기일공고와 경매물건명세서 또는 집행기록 전체를 열람하는 방법 등이 있는바, 그중 경매기일공고는 신문공고의 경유 그 지면의 제한으로 인해 이 사건과 같이 미등기건물이 있는지 여부 등을 나타내기에는 적절하지 않고, 법원게시판에 게시하는 방법은 그 방법상의 한계로 인해 그 의도와는 달리 널리 매수희망자에게 부동산의 현황을 알리기에는 미흡하며, 기록 전체의 열람은 경매기일 전에는 그 열람권자가 제한되어 있고 경매기일에서의 열람은 시간상의 제약 아래 대체로 방대한 기록 전체를 파악하는 것이 물리적으로 거의 불가능하다고 보아, 민사소송법과 민사소송규칙은 집행법원으로 하여금 경매물건명세서를 작성해 현황보고서 및 감정평가서 등과 함께 그 사본을 경매기일의 일주일 전까지 비치하고 일반인에게 제한 없이 열람시키도록 하는 제도를 마련한 것이다.

경매물건명세서 중 부동산의 표시는 목적물의 동일성을 인식할 정도의 기재이면 되고 그 이상 자세히 기재할 필요는 없으나, 등기부상 표시 외에 미등기건물이 있음을 표시한 경우에는 그것이 경매목적물에 포함됨을 전제로 한 것으로 보게 되므로 이 사건에서와 같이 미등기건물을 목적물에서 제외할 경우에는 그 취지를 명확히 해서 매수희망자들로 하여금 그 취지를 알 수 있도록 해야 할 것이고, 그 경우에는 지상권의 개요를 기재하는 난에 경락으로 인해 미등기건물을 위한 법정지상권이 생길 여지가 있음을 기재해야 하며, 그 사본의 비치 후에도 오류가 발견된 경우에는 이를 정정해야 함에도, 기록에 의하면 이 사건 경매법원은 경매물건명세서의 부동산 표시에 등기부상 목적물 외에 미등기건물이 있음을 아무 설명 없이 표시해 마치 미등기건물이 목적물에 포함되어 있는 것처럼 기재했

---

43) 대법원 1991. 12. 27. 자 91마608 결정[부동산경락허가결정]

고, 지상권의 개요 난에도 토지와 건물이 다른 사람에게 매각되면 지상권이 설정되는 것으로 보게 될 여지가 있다고만 기재했으며 그 사본을 비치한 후에도 이를 정정하지 않아 경매물건명세서의 작성에 중대한 하자를 초래했다 할 것이나.

Chapter 02

법정지상권
깨트리는 방법

01 법정지상권의 성립 저지사유, 소멸사유를 밝힌다

유치권 다음으로 '경매의 블루칩'인 법정지상권 깨트리기, 어떻게 해야 할까. 유치권을 깨뜨릴 때 성립을 저지시키는 사유와 소멸사유를 찾아내 깨트리는 것과 마찬가지로 법정지상권을 깨트리는 방법도 다르지 않다. 즉, 법정지상권의 성립 요건과 소멸사유를 면밀히 분석해, 법정지상권 성립을 저지시키는 사유 및 소멸사유를 주장, 입증하면 된다.

그런데 법정지상권이 여러 유형이 있어, 그 깨트리는 방법을 유형에 따라 별도로 다루어야 할 것인지 여부가 문제되지만, 여기서 기술의 편의상 주로 문제되는 민법 366조의 저당권실행에 의한 법정지상권과 관습법상 법정지상권에 대해 다루고, 입목지상권 등 다른 유형의 법정지상권은 관련되는 부분에서 간략히 언급하고자 한다.

02 법정지상권 깨트리기 체크리스트

민법 366조의 법정지상권과 관습법상 법정지상권을 통틀어, 법정지상권의 성립을 저지시키는 사유와 소멸사유를 개략적으로 체크리스트화해보면 다음과 같다.

☑ 법정지상권의 대상이 '건물이 아님'을 밝힌다.
☑ 토지와 건물 어느 한쪽에 '저당권 설정 당시' 또는 '처분 당시', '동일인 소유가 아님'을 밝힌다.
☑ 토지에 '저당권 설정 당시', '건물이 없었음'을 밝힌다.
☑ 당사자간 '건물철거특약이 있음'을 밝힌다.
☑ 지상권 소멸청구 사유인 '지료연체 등이 있음'을 밝힌다.
☑ 법정지상권의 '존속기간이 경과했음'을 밝힌다.

구체적으로 법정지상권을 깨트리는 방법에 관한 기술할 때, 우선 민법 366조의 법정지상권과 관습법상의 법정지상권의 순으로 그 성립요건 및 소멸사유에 대해 판례를 중심으로 자세히 검토하고, 해당 사례별로 법정지상권이 깨트려지는지 여부에 관해 분석, 정리해나가기로 한다.

참고로 독자여러분의 이해의 신속성, 편의성을 위해, 쟁점별로 법정지상권이 성립하는 경우는 '성립', 성립하지 않는 경우, 즉 깨트려지는 경우는 '불성립', 경우에 따라 성립여부가 달라지는 경우는 '성립 또는 불성립'으로 표기하기로 한다.

법정지상권이 성립하는 경우	'성립'
법정지상권이 성립하지 않는 경우	'불성립'
법정지상권이 경우에 따라 성립 여부가 달라지는 경우	'성립' 또는 '불성립'

03 법정지상권 깨트리기 실전 사례 소개

법정지상권을 깨트리는 사례는 유치권 깨트리기에 비해 훨씬 사례가 적고 비교적 정형화되어 있어 실무상 치열하게 다툰 경우는 별로 없다.

대부분 수학공식을 대입하듯이 법리를 적용하면 해결되므로, 유사한 내용의 다수 사례를 반복해 소개할 필요가 없어, 법정지상권 파트 말미에서 표준적인 사례 하나를 소개하는 것으로 대신하고자 한다.

Chapter 03

법정지상권 성립요건과
법정지상권 깨트리기

01 법정지상권 성립요건, 어떤 순서로 검토할까

민법과 관습법이 인정하는 5가지의 법정지상권 중 민법 366조의 법정지상권과 관습법상의 법정지상권이 가장 중요하고 핵심적인 것이기에 이들의 성립요건부터 자세히 알아보고, 개별적인 사례에서 법정지상권이 성립되는지 여부에 대해 판례나 이론을 통해 결론을 도출해보고자 한다.

02 민법 366조의 법정지상권의 성립요건 및 성립시기

가. 민법 366조와 법정지상권 성립요건의 구체화

민법 366조는 저당권 실행에 의한 법정지상권에 대해, "저당물의 경매로 인해 토지와 그 지상건물이 다른 소유자에 속한 경우에는 토지소유자는 건물소유자에 대해 지상권을 설정한 것으로 본다. 그러나 지료는 당사자의 청구에 의해 법원이 이를 정한다"라고 규정하고 있다.

건물소유자를 위한 법정지상권은 토지소유권에 대한 제한이 되므로 그 성립요건을 엄격히 정해야 하지만, 민법은 366조에서 "저당물의 경매로 인해 토지와 그 지상건물이 다른 소유자에 속한 경우에는"이라고만 규정하고 있다.

따라서 구체적으로 어떠한 경우에 법정지상권이 성립하는지에 대해 상세한 규정을 두고 있지 않아 결국 위 규정의 입법취지에 따라 그 요건을 정할 수밖에 없다.

민법 366조의 규정내용을 분해해, 법정지상권의 성립요건을 나누어보면, ① 저당권 설정 당시부터 건물이 존재할 것, ② 토지와 건물이 저당권 설정 당시 동일인 소유일 것, ③ 토지와 건물 어느 하나에 저당권이 설정되어 있을 것, ④ 토지와 건물 중 하나가 경매로 소유자를 달리할 것 등 4가지로 분류할 수 있는데, 차례로 살펴보고, 해당항목에서 법정지상권 깨트리는 방법을 정리하기로 한다.

나. '저당권 설정 당시부터' '건물이 존재'할 것

건물이 아닌, 수목이나 수목의 집단, 도로의 포장, 담장, 도랑, 둑, 교량, 옹벽 등 토지의 구축물, 공작물, 농작물, 미분리과실 – '불성립'

(1) '건물'에 한한다

건물로서 외형 갖춘 건축 중인 건물[44]

입목에 관한 법률에 의해 성립되는 입목지상권의 대상인 입목에 해당하는 수목의 집단 이외에는 법정지상권은 오로지 '건물'에 대해서만 인정된다.

---

44) http://blog.naver.com/aaaaa5266/60072086589

여기서 건물이란 "일정한 면적·공간의 이용을 위해 지상·지하에 건설된 것"을 말한다. 즉, 건물이란 동산인 수개의 물건들이 일정한 기획에 의해 구조물로서 형성된 것이며, 그 건축과정상 일정한 단계에 도달할 때 비로소 토지와 분리된 독립의 부동산이 된다.[45] 건물이면 지상이 아닌 '지하에 있는 것'도 법정지상권의 대상이 된다.

우리 민법은 "토지 및 그 정착물은 부동산이다"라고 규정하는데, 토지의 정착물 중 대표적인 것이 건물이다. 건물은 토지와는 별개로 권리 내지 거래의 객체가 되고 토지의 일부 또는 구성부분이 되지 않으며, 토지에 부합되지 않는다.

토지의 정착물 중 입목에 해당하지 않는 수목이나 수목의 집단, 도로의 포장, 담장, 도랑, 둑, 교량, 옹벽 등 토지의 구축물, 공작물, 농작물, 미분리과실[46] 등은 법정지상권의 대상이 아니다. 참고로 토지의 구성부분이 아닌 수목, 농작물,[47] 미분리과실 등이 토지소유자가 아닌 타인이 경작하거나 소유한 것이면 그 타인의 소유에 속하므로, 경매 등 토지소유권 취득에 당연히 수반되는 것이 아니라, 별도로 경작자나 소유권자로부터 취득해야 하고, 협의취득이 안 되면 철거 내지 수거하고 토지를 인도하라는 청구를 해야 하는데, 그 수확기까지는 수거나 인도를 구할 수 없음을 유의해야 한다.

---

45) 편집대표 곽윤직,《민법주해[Ⅱ] 총칙(2)》, 박영사, 1996. 48~51면
46) 미분리과실이나 수목의 집단도 민법상 '명인방법(누구 소유인지 외부에서 인식할 수 있게 새끼줄 등으로 둘러치고 소유자 이름을 쓴 표찰을 세워두는 것 등)'을 갖추면 독립한 부동산(동산이란 견해도 있음)으로 거래의 객체가 되지만, 건물이 아니므로, 법정지상권의 대상이 아니다.
47) 특히 농작물(벼, 인삼, 담배 등)은 타인의 토지에 무단으로 심은 것이라도 토지에 부합되지 않고 경작자의 소유에 속한다는 것이 대법원의 확고한 태도다. 대법원 1979.8.28. 선고 79다784 판결 ; "적법한 경작권 없이 타인의 토지를 경작했더라도 그 경작한 입도(벼)가 성숙해 독립한 물건으로서의 존재를 갖추었으면 입도의 소유권은 경작자에게 귀속한다."

한편 민법 366조의 법정지상권은 저당권이 설정된 공장재단이나 광업재단에 토지나 건물이 속하는 경우에 준용되므로, 공장재단이나 광업재단에 속한 건물도 법정지상권의 대상이 된다.

(2) 건물의 정도 – '기둥, 지붕, 주벽'의 존재

건물이 어느 정도의 구조를 갖추어야 독립한 부동산으로 인정될 수 있을까. 특히 '건축 중의 건물'이 문제되는데, 대법원은 "독립된 부동산으로서의 건물이라고 하기 위해서는 최소한의 기둥과 지붕 그리고 주벽이 이루어지면 된다"라고 보았다.[48]

원두막도 기둥, 지붕, 마루만 있는 것은 건물로 볼 수 없겠지만, 마루 아래에 방이나 창고로서의 구조가 갖추어졌다면 건물로 보아야 할 것이다.

🏠 **건물의 주요 구조부**[49]

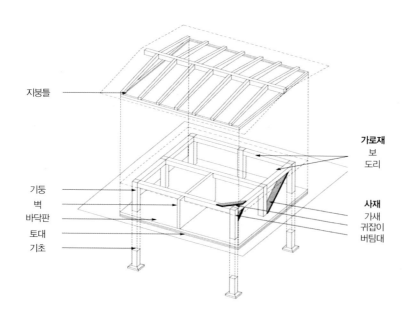

---

48) 대법원 1996. 6. 14. 선고 94다53006 판결 등
49) [네이버 지식백과] 건축 – 5가지 건축 행위(그림으로 이해하는 건축법)

건물로 보아야 할 원두막

(3) 건물의 구성부분 – '성립'

법정지상권은 이러한 건물 뿐만 아니라 '건물로부터 분리되어 설치된' 건물의
구성부분에도 미쳐 법정지상권의 존속기간 동안 철거를 구하지 못한다.

대법원은 '3층 건물의 인접 필지에 설치된 정화조'를 건물의 구성부분으로 보
아 법정지상권의 범위에 포함시켰다.[50]

정화조는 건축법시행령 제47조 , 오수, 분뇨 및 축산폐수의 처리에 관한법률 제2조 제
5호에 따라 수세식 화장실에서 배출하는 오수의 정화처리를 위해 필수적으로 설치되
어야 하고, 또 기록에 의하면, 이 사건 정화조가 위 3층건물의 대지가 아닌 인접한 다른
필지의 지하에 설치되어 있기는 하지만 위 3층건물 화장실의 오수처리를 위해 위 건물

---

50) 대법원 1993.12.10. 선고 93다42399 판결

옆 지하에 바로 부속해 설치되어 있음을 알 수 있어 독립된 물건으로서 종물이라기보다는 위 3층건물의 구성부분으로 보아야 할 것이다.

따라서 위 김○○가 원고로부터 위 3층 건물을 매수하면서 그 일부인 위 정화조를 철거하기로 한 특약이 엿보이지 않는 이 사건에서 이 사건 대지에 위 건물의 소유를 위한 관습상의 법정지상권을 취득했다 할 것이고, 그 후 피고가 위 건물을 경락취득함으로써 특별한 사정이 없는 한 민법 제100조 제2항의 유추적용에 의해 건물과 함께 종된 권리인 법정지상권도 양도되었다고 봄이 상당하다(당원 1992.7.14. 선고 92다527 판결 참조) 할 것이므로, 위 김○○를 대위해 원고에게 지상권설정등기를 청구할 수 있는 피고에게 위 정화조의 철거를 구함은 신의칙상 허용될 수 없다 할 것이다(당원 1985.4.9. 선고 84다카1131,1132 판결; 1991.5.28. 선고 91다6658 판결 각 참조).

정화조[51]

그 외 건물의 구성부분으로 오수정화설비를 들 수 있다.

---

51) http://blog.naver.com/juan6958/220755119864
52) 전주지법 2001.08.31. 선고 2000가합3711 판결 : 변경판결, 상고
53) http://blog.naver.com/hsenv9679/220982226097

전주지법[52]은 "이 사건 오수정화설비는 이 사건 상가 건물과 온천탕 건물 사이의 지하에 부속해 설치되어 있을 뿐만 아니라, 그 형태, 기능, 설치장소, 설치방법 및 고착정도 등에 비추어 사실상 분리복구가 불가능한 사실을 인정할 수 있는바, 여기에 오수정화설비는 건축법 제26조, 제55조, 같은법시행령 제87조, 같은법시행규칙 제17조 및 오수·분뇨및축산폐수처리에관한법률 제2조, 제9조에 의해 오수를 배출하는 건물을 설치할 경우 필수적으로 설치해야 하는 점을 더해보면, 이사건 오수정화설비는 설치 당시 이미 거래상 독립한 거래의 객체성을 상실해 이 사건 3동의 건물의 구성부분이 되었음을 인정할 수 있어(대법원 1985. 12. 24. 선고 84다카2428 판결, 1993. 12. 10. 선고 93다42399 판결 등 참조), 결국 이 사건 오수정화설비의 소유권은 이 사건 3동의 건물의 구성부분으로 그 소유자들에게 공동으로 귀속된다 할 것이다"라고 보았다.

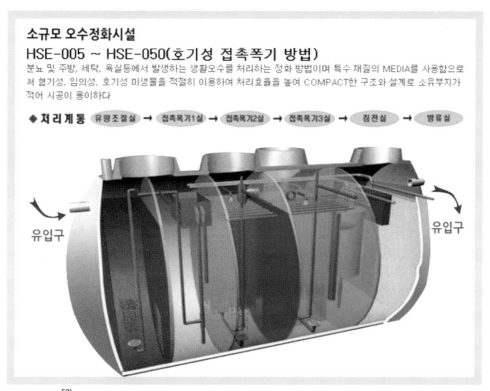

오수정화시설[53)]

(4) 건물로 보아야 할 경우 – '성립'

지하 1, 2층 및 지상 1층까지의 콘크리트 골조 및 기둥, 천장(슬라브)공사가 완료된 경우[54]

경락 당시 지하 1, 2층 및 지상 1층까지의 콘크리트 골조 및 기둥, 천장(슬라브)공사가 완료되어 있고, 지상 1층의 전면(남쪽)에서 보아 좌측(서쪽) 벽과 뒷면(북쪽) 벽 그리고 내부 엘리베이터 벽체가 완성되었으니, 이 사건 공작물은 최소한의 지붕과 기둥 그리고 주벽(主壁)이 이루어졌다고 할 것이어서 미완성 상태의 독립된 건물(원래 지상 7층 건물로 설계되어 있으나, 지상 1층만으로도 구분소유권의 대상이 될 수 있는 구조임이 분명하다)로서의 요건을 갖추었다고 할 것이다.

지하1층 골조공사 중[55]

주택의 지붕과 벽(기둥역할)이 갖춰진 경우[56]

주택용 건물의 지붕과 벽이 갖추어져 있으면, 방바닥(마루)이나 천정이 없어도 독립의 건물로 보아야 할 것이다.

가건물이지만, 기둥, 지붕, 주벽이 갖추어져 사무실, 방 등으로 사용되는 경우[57]

---

54) 대법원 2001.01.16. 선고 2000다51872 판결 ; "…그럼에도 불구하고 이 사건 공작물에는 주벽이 완성되어 있지 않고 공사진척도가 20-30%에 불과해 독립된 건물로 보기 어렵다는 이유를 들어, 독립된 건물로 보기는 어렵고 토지에 부합되어 토지와 함께 경락인을 거쳐 원고의 소유가 되었다고 판단한 원심은, 채증법칙을 위배해 사실을 오인하는 한편, 독립된 건물에 관한 법리를 오해한 위법을 범했다."
55) http://blog.naver.com/worldbdq/120172524925
56) 日 大判 大15(1926). 2. 22(民集 5, 99) 등
57) 대법원 1996.06.14. 선고 94다53006 판결

이 사건 가건물들은 시멘트블록조, 철골조 혹은 목조이고, 지붕은 슬레이트, 함석, 천막 등으로 되어 있으며, 주벽이 이루어진 상태로 사무실, 점포, 공장, 창고, 물치장, 주거용 방 등의 용도로 사용되고 있는 사실이 인정되므로, 이 사건 가건물들은 부동산으로서의 건물에 해당된다고 할 것이다.

2층 일부와 3층 벽 및 지붕공정 등이 완성되지 않은 상태의 신축건물[58]

위 신축건물이 2층 일부와 3층 벽 및 지붕공정 등이 완성되지 않은 상태에서 공사비의 부족으로 공사가 중단되자, 그 후 위 피고가 이를 이어받아 잔여공정을 마쳤다면, 공사가 중단된 시점에서의 위 미완성건물은 사회통념상 독립한 건물로서 당초의 건축주가 원시취득했다고 볼 것이다.

고정식의 견고한 비닐하우스[59]

비닐하우스라도 비교적 견고한 기둥, 벽체가 갖추어지고, 주거나 카센타 등 영업시설까지 갖추어 사람이 상주할 정도라면 법정지상권이 인정되는 건물로 판단될 여지가 크다.

서울고법은 법정지상권에 관한 내용은 아니지만, "피고인이 방화한 이 사건 비닐하우스는 비닐을 사용해 축조한 7평 가량 넓이의 반원형 모양의 가건물로서 거실과 부엌에는 찬장과 취사도구를 장치

주거용의 견고한 비닐하우스[60]

---

58) 대법원 1993.04.23. 선고 93다1527 판결
59) 서울고법 1982.12.22. 선고 82노2843 제1형사부판결 : 확정[현주건조물방화피고사건]
60) http://www.bhabm.com/up_load/1353310039.gif

해 피고인의 부모와 동생이 주거로 사용해왔는바 이는 형법 제164조 소정의 사람의 주거에 사용하는 건조물에 속한다고 해석함이 상당하고 비록 위 비닐하우스가 비닐을 사용해 간단하게 축조된 가건물이라고 해도 위 인정을 달리할 사유가 되지 못한다"라고 해서 주거용 비닐하우스를 건조물로 보아 방화죄의 객체로 보았다.

한편 '농업용 고정식 온실'도 견고한 구조로서, 건물로 인정될 여지가 크다.

고정식 컨테이너(하우스)

컨테이너는 토지로부터 분리해 손쉽게 이동이 가능한지 여부에 따라 법정지상권 성립유무를 따져봐야 한다. 컨테이너를 가설건축물 설치허가를 받아 설치하거나 허가받지 않더라도 토지에 고정시켜 수도, 전기 등의 시설로 주거·영업 등의 목적으로 사용한다면 법정지상권이 성립할 여지가 크다. 무허가 컨테이너는 법정지상권이 성립하지 않는다는 의견도 있으나, 무허가 건물도 법정지상권이 성립하므로 무허가 컨테이너도 건물로 보는 한 허가유무는 묻지 않고 법정지상권이 성립된다고 볼 것이다.

주거로 사용되는 고정식 컨테이너 하우스[62]

대법원[61]은 "공터에 설치된 벽과 지붕이 철재로 되고 길이 약 12.2m, 폭 약 2.4m, 높이 약 2.6m, 건평 29.7m 인 '콘테이너 하우스'가 내부는 베니아판으로 되어 있고 창문 4개와 출입문이 2개가 있어 이것을 토지에 정착하면 건축

---

61) 대법원 1991.06.11. 선고 91도945 판결
62) http://cafe.naver.com/binjib/9087

물과 같은 형태를 가지고 실제 1년 동안 배터리 수리상의 사무실 및 창고로 사용되었으며, 이를 보통 사람의 힘만으로는 이동할 수 없고 이를 이동시키기 위해서는 상당한 동력을 가진 장비에 의해서만 가능하다면, 위 '콘테이너 하우스'는 건축법 제2조 제2호가 규정하는 '건축물'에 해당한다고 보아야 한다"라고 보았다.

※ 군사시설물은 건물에 해당되어도 제외

국가가 국가소유의 임야에 진지, 참호, 교통호 등 구조물을 설치하고 점유하던 중 임야만 개인에게 소유권이 이전된 후, 임야 소유자가 국가를 상대로 구조물철거 및 토지인도청구의 소송을 제기했고, 이에 국가가 관습법상의 법정지상권이 성립했다고 주장했다. 누구의 주장이 옳을까.

서울중앙지법[63]은 "원래 관습법상의 법정지상권을 인정한 취지는 건물과 토지를 별개의 물건으로서 취급하고 있는 우리 법체제하에서 건물과 그 건물이 서 있는 토지가 항상 별개의 건물로 거래되고 있으나, 실제로 건물은 그 성질상 그 토지의 이용 없이는 건물로서의 이용을 할 수 없는 것이므로, 같은 소유자의 소유에 속했던 건물과 그 대지 중 어느 하나가 매매 등으로서 그 소유자를 달리한 때는 다른 특별한 사정이 없는 한, 건물소유자로 하여금 대지에 대해 지상권

건물 형태를 갖춘 군사시설물[64]

63) 서울중앙지법 2014.3.19. 선고 2011가단198720 판결; 이 사건에서는 진지 등이 임야 곳곳에 산재해 있어 임야 전체에 대한 국가의 부당이득을 인정했다.
64) http://a1k1.blog.me/100189653650

을 취득한 것으로 봄으로써 그 건물로 하여금 건물로서의 가치를 유지하게 하자는 국민경제상의 필요에 의해 인정된 제도인바(대법원 1968. 8. 30. 선고 68다1029 판결 능 참조), 이러한 제도의 취지에 비추어, 어떠한 토지에 건물의 소유를 목적으로 하는 관습법상 법정지상권이 인정되기 위해 그 건물이 독립해 거래의 대상이 될 수 있는 경제적 가치를 지니는 구조물에 해당해야 할 것인데, 이 사건 구조물은 진지, 참호, 교통호로서 거래의 대상이 될 수 없고 독립해 경제적 가치를 지닌다고 보기 어려우므로, 이 사건 구조물은 관습법상 법정지상권이 인정되는 건물에 해당한다고 할 수 없다"라고 했다.

(5) 건물과 유사하지만, 건물로 볼 수 없는 경우 – '불성립'

기둥과 주벽만 존재하거나, 기둥과 지붕만 존재하거나, 주벽만 존재하는 경우 등

4개의 나무기둥을 세우고 그 위에 유지로 만든 지붕을 얹었고, 4면 중 앞면을 제외한 3면에 송판을 띄엄띄엄 가로질러 놓았을 뿐 벽이라고 볼만한 시설이 되어 있지 않은 물건은 이를 쉽게 해체, 이동할 수 있는 것이어서 이를 토지의 정착물, 즉 건물이라고 볼 수 없다.[65]

기둥과 주벽만 이뤄진 상태[66]

세차장 구조물[67]

이 사건 각 세차장구조물은 콘크리트 지반 위에 볼트조립방식 등을 사용해 철제

65) 대법원 1966.5.31. 선고 66다551 판결
66) http://cafe.daum.net/lhj7484
67) 대법원 2009.01.15. 선고 2008도9427 판결

파이프 또는 철골의 기둥을 세우고 그 상부에 철골 트러스트 또는 샌드위치 판넬 지붕을 덮었으며, 기둥과 기둥 사이에 차량이 드나드는 쪽을 제외한 나머지 2면 또는 3면에 천막이나 유리 등으로 된 구조물로서 주벽이라고 할 만한 것이 없고, 볼트만 해체하면 쉽게 토지로부터 분

건물로 보기 어려운 세차장[68]

리·철거가 가능하므로 이를 토지의 정착물이라 볼 수는 없다고 할 것이다(대법원 1966. 5. 31. 선고 66다551 판결 참조).

아파트의 자전거보관소[69]

시멘트 콘크리트조 바닥에 4개의 철파이프를 박아 고정시킨 다음 비닐 천만을 씌운 가건물인 자전거보관소는 독립된 건물로 볼 수 없어 관습법상 법정지상권을 취득할 여지가 없다.

아파트 자전거 보관소[70]

68) http://cafe.naver.com/selfwash1/37614
69) 대법원 1993.2.23. 선고 92다49218 판결
70) http://blog.naver.com/bikeym/220684117768

유류탱크[71)]

콘크리트 기초 위에 축조된 유류탱크는 폐유 등을 저장하기 위한 직육면체 형태의 철＋조물로서 기둥이나 주벽 등 건물이 갖추어야 할 구조를 지니지 못했을 뿐만 아니라 쉽게 해체되거나 이동될 수 있는 것이어서 건물로 볼 수 없음이 명백하므로 관습법상 법정지상권이 성립되지 않는다.

공장의 집진설비, 컨테이너, 파이프배관 등[72)]

공장의 집진설비나 컨테이너, 파이프배관 등은 그 위치, 기능, 구조 및 형태 등에 비춰볼 때, 사회통념상 독립된 '건물'에 해당한다고 볼 수 없고, 이 사건 공장건물의 불가분적 구성부분으로서 공장건물의 일부에 해당한다고 보기도 어려워(즉, 이들은 공장건물의 효용을 돕기 위한 종된 시설물에 불과한 것으로 보임) 이들이 건물이거나 공장건물의 구성부분임을 전제로 한 민법상 또는 관습법상 법정지상권 주장은 이유없다.

집진설비[73)]

비닐하우스[74) 75) 76)]

쇠파이프를 반원모양으로 구부려 양끝을 땅에 박고 이를 지지대로 해서 비닐

---

71) 부산고법 2007.5.11. 선고 2006나20306 판결
72) 인천지법 2005.4.1.선고 2004나9176 판결
73) http://cafe.naver.com/duclean/413

을 둘러씌운 뒤 다시 그 위
에 차양막을 덮어놓은 지
렁이양식용 비닐하우스는
토지에 정착하는 구조물
이라 보기 어렵고, 구조면
에 있어서도 지붕 및 기둥
또는 벽을 구비하고 있다
고 보기도 어려워 건축법
이 규제대상으로 삼고 있
는 건축물에 해당하지 않

통상의 비닐하우스[77]

는다(대법원 1990.11.27. 선
고 90도2095 판례).

　피고 회사의 전신인 부산화훼회는 화초의 판매용지로 사용하기로 해서 원고로
부터 이 사건 토지를 임차한 후 피고측의 필요에 의해 그 지상에 비닐하우스(2m
간격으로 지름 50cm, 깊이 80 내지 120cm의 구덩이를 파고 그 안에 철재 기둥을 세워 이
를 시멘트 콘크리트로 고정시킨 후 철재파이프로 골격을 만들어 그 위에 비닐을 씌워 만
든 것임)를 설치하고서 이를 화훼 판매를 위한 시설로 사용해온 사실, 위 비닐하우
스는 철재파이프로 만든 기둥 등 주 구조체에 지붕과 벽을 비닐로써 막아 온도와
습도를 유지하고 비바람도 막는 시설로서 지붕 등의 비닐은 노후해 재사용이 어
렵고 철재파이프는 위 토지상에서 쉽게 분리해 그 자체로서 매도하거나 다른 곳
에서도 재사용할 수 있는 사실을 인정한 다음, 위 비닐하우스는 화훼 판매를 위해
필요한 시설물이라 하더라도 그 자체의 소유가 이 사건 임대차의 주된 목적은 아

---

74) 대법원 1990.11.27. 선고 90도2095 판결
75) 대법원 1997.02.14. 선고 96다46668 판결
76) 서울고법 1998.04.08. 선고 96구36625 판결 : 확정
77) http://cafe.naver.com/good5548/226

니었을 뿐 아니라, 비용이 다소 든다고 하더라도 토지상에서 쉽게 분리 철거해낼 수 있는 그 구조에 비추어 이를 철거할 경우 전혀 쓸모가 없어진다거나 사회경제적으로 큰 손실을 초래하지 않는다는 이유로, 피고에게 위 비닐하우스의 배수정구권이 있다는 피고의 주장을 배척한 것은 정당하다.[78]

천막하우스와 염소막사는 본건물인 주택의 효용과 편익을 위한 부대시설로서 하나의 주거용 건물의 일부로 볼 여지가 있다고 할 것이니, 한편, 갑 제11호증의 13의 영상에 위 천막하우스와 염소막사의 구조 및 용도 등을 보태어보면 위 천막하우스와 염소막사는 무허가로 축조한 임시적인 구조물에 불과한 것으로 보여져 이를 건물로서의 실체를 갖춘 토지의 정착물이라고 할 수 없으므로, 그 부지가 법 제8조 제1항 제4호 본문 소정의 주택의 부속토지에 해당되어 토지초과이득세의 부과대상에서 제외된다고 볼 수는 없다고 한 것이다.[79]

※ 법정지상권이 성립하지 않는 채소 비닐하우스 등 철거를 구하는 소장의 청구취지 사례[80]

1. 피고는 원고에게,
   가. 별지 목록 기재 1, 2, 3 토지 위의 같은 목록 4 내지 19 기재 비닐하우스와 저온저장고를 철거하고,
   나. 그 비닐하우스 안에 있는 채소, 자재 등을 수거 또는 취거하며,
   다. 위 토지를 인도하고,
   라. 2012. 12. 1.부터 위 비닐하우스와 저온저장고의 철거 및 위 토지의 인도 완료일까지 월 500,000원의 비율에 의한 금원을 지급하라.
2. 소송비용은 피고가 부담한다.
3. 제1항은 가집행할 수 있다.
라는 판결을 구합니다.

---

78) 대법원 1997.02.14. 선고 96다46668 판결
79) 서울고법 1998.04.08. 선고 96구36625 판결 : 확정
80) 서울고법 2010.09.03. 선고 2010나22431 판결[비닐하우스철거등]

이동식 컨테이너

컨테이너를 토지에 고정하는 장치 없이 그대로 두거나, 바퀴를 달아 이동이 가능한 상태로 설치한다면, 법정지상권이 성립하지 않을 가능성이 매우 크다 할 것이다.

대법원[81]도 "토지에 정착하지 아니한 상태로 있

일반 컨테이너[82]

는 '콘테이너 하우스' 그 자체는 건축물이라고 할 수 없고, 이것을 토지에 정착하기 이전에는 하나의 제조물 또는 공작물이라고 보아야 할 것이다"라고 한다.

기타

파고라, 주유소 캐노피, 기둥 및 지붕뿐인 원두막, 정자, 철구조물(골프연습장, 야외 철구조물 주차장 등)도 건물에 해당하지 않으므로 법정지상권의 대상이 될 수 없다.

파고라[83]

주유소 캐노피[84]

---

81) 대법원 1991.06.11. 선고 91도945 판결
82) http://blog.naver.com/bluesk20/120154650207
83) 향토문화전자대전 자료
84) http://blog.naver.com/kim1128kh/90088570855

시골 원두막[85]

정자[86]

골프연습장 철구조물[87]

철구조물 야외주차장[88]

(6) 무허가, 미등기건물 – '성립'

건물로서의 형태만 갖추었다면 행정청의 허가여부, 등기여부와 무관하게 법정지상권이 성립된다. 즉, 무허가건물이나 미등기건물도 포함된다.

대법원[89]도 "민법 366조는 저당물의 경매로 인해 토지와 그 지상건물이 다른 소유자에 속한 경우에 토지소유자는 건물소유자에 대해 지상권을 설정한 것으로 보기에, 이 경우에서 그 지상건물은 반드시 등기를 거친 것임을 필요로 하지 않고, 또 그 건물은 건물로서의 요소를 갖추고 있는 이상 무허가 건물이고 건평 5평에

---

85) http://photo.naver.com/view/2014091308054066643
86) 다음카페 '동해시 범고개길 전원생활'에서
87) http://golf100pro.com/220797476516
88) http://blog.naver.com/khmap01/220367364389
89) 대법원 1964.09.22. 신고 63아62 판결[건물철거 등], 내법원 1988.4.12. 선고 8/다카2404 판결 능

지나지 않다고해도 법정
지상권 성립에 아무런 장
애도 될 수 없다"라고 하
고 있다. 그런데 무허가건
물은 건축물관리대장 등
이 없어 후술하는 바와 같
이 그 신축한 자나 신축시
기를 확인하기 쉽지 않다.

무허가건물[90]

(7) 건물의 존재시기

'토지에 저당권 설정 당시부터' 건물이 존재해야 한다 – 즉 토지에 저당권 설정 후 임의로
건축한 건물은 '불성립'

법정지상권이 성립되기 위해서는 토지에 저당권 설정 당시부터 건물이 존재해
야 한다.[91] 토지에 저당권 설정 후 세워진 건물에 법정지상권을 인정할 경우, 토
지의 교환가치 하락으로 저당권자가 피해를 보기 때문이다.

그런데 소수설[92]은 법정지상권을 넓게 인정해 저당권 설정 당시에 토지에 건물
이 존재하는 경우뿐만 아니라 토지에 저당권이 설정될 당시에는 건물이 없었으나
나중에 건물이 지어진 경우에도 법정지상권이 성립된다고 하면서, 그 근거로 저당
토지 위에 지은 건물에 대해 법정지상권을 인정하지 않으면 그 건물은 철거되어야
하므로 사회경제적으로 손실일 뿐만 아니라, 토지를 목적으로 저당권을 설정한 후
설정자가 그 토지에 건물을 축조한 때는 저당권자는 토지와 건물을 일괄경매할 수
있다고 규정한 민법 365조의 취지에 비춰볼 때도 저당토지 위에 지은 건물에 대해
서도 법정지상권을 인정해야 한다고 한다. 그러나 소수설에 의할 경우 토지 저당

90) http://blog.naver.com/no1_goodyear/40171367751
91) 통설, 판례의 입장이다.
92) 김용한, 물권법론, 1985. 575면

권자를 보호하기 불충분하다 할 것이어서, 다수설이 타당하다.

대법원[93]도 "민법 제366조의 규정은 저당권 설정 당시부터 저당권의 목적되는 토지 위에 건물이 존재할 경우에 한해 법정지상권이 성립되며 건물 없는 토지에 대해 저당권이 설정되었는데 그 후에 설정자가 그 위에 건물을 건축한 경우에는 법정지상권이 생긴다고 할 수 없다는 종전의 대법원판례는 아직 변경할 필요가 없나"라고 해서, 동설과 같은 결론이다.

다만, 민법 365조는 토지 저당권자의 일괄경매권을 규정하고 있다.[94] 즉, 토지를 목적으로 저당권을 설정한 후 설정자가 그 토지에 건물을 축조한 때는 저당권자는 토지와 건물을 일괄경매할 수 있으므로, 일괄경매된 때는 법정지상권이 성립될 여지가 없게 된다. 그러나, 토지저당권자가 나중에 지어진 건물을 포함해 일괄경매를 하더라도 건물의 매각대가에 대해서는 우선변제권이 없어 신축건물에 공동저당권이 설정되지 않은 한 통상 토지만 매각하게 되므로 여전히 법정지상권이 문제된다.

건물이 없는 토지 위에 저당권이 설정된 후에 저당권자의 양해 아래 건물이 건축된 경우 – '불성립'

건물이 없는 토지 위에 저당권이 설정된 후에 저당권자의 양해 아래 건물이 건축된 경우, 저당권자의 양해여부를 알 수 없는 제3자 보호(거래안전)차원에서 법정지상권은 성립되지 않는다.

대법원[95]도 "토지에 관해 저당권이 설정될 당시 그 지상에 토지소유자에 의한 건물의 건축이 개시되기 이전이었다면, 건물이 없는 토지에 관해 저당권이 설정

---

93) 대법원 1978.08.22. 선고 78다630 판결
94) 제365조(저당지상의 건물에 대한 경매청구권) 토지를 목적으로 저당권을 설정한 후 그 설정자가 그 토지에 건물을 축조한 때는 저당권자는 토지와 함께 그 건물에 대해서도 경매를 청구할 수 있다. 그러나 그 건물의 경매대가에 대해서는 우선변제를 받을 권리가 없다.
95) 대법원 2003.09.05. 선고 2003다26051 판결[건물등철거등]

될 당시 근저당권자가 토지소유자에 의한 건물의 건축에 동의했다고 하더라도 그러한 사정은 주관적 사항이고 공시할 수도 없는 것이어서 토지를 낙찰받는 제3자로서는 알 수 없는 것이므로, 그와 같은 사정을 들어 법정지상권의 성립을 인정한다면 토지 소유권을 취득하려는 제3자의 법적 안정성을 해하는 등 법률관계가 매우 불명확하게 되므로 법정지상권이 성립되지 않는다고 보아야 한다"라고 했다.

다만, 저당권자가 매수인(경락인)인 경우에는 신의칙에 의해 매수인은 건물소유자를 위해 지상권을 설정해줄 의무를 부담할 수 있으므로 약정지상권이 성립할 수는 있다. 반면 저당권자가 아닌 매수인은 저당권자의 행위에 구속되지 않으므로 건물소유자에 대해 지상권을 설정해줄 의무를 부담하지 않는다.[96]

건물이 없는 토지 위에 1번 저당권이 설정된 후에 건물이 건축되고 이어서 그 토지 위에 2번 저당권이 설정되고 실행된 경우 – '불성립'

토지상 1번 저당권자는 나대지[97]로 평가해 저당권을 설정받은 것이므로, 이 경우에도 법정지상권을 인정하면 1번 저당권자가 파악하고 있던 담보가치가 손상되기 때문에 법정지상권이 성립하지 않는다.[98]

건물이 없는 토지에 저당권이 설정된 후에 건물이 건축되고, 그 건물에 저당권이 설정된 후에 건물저당권의 실행으로 토지와 건물의 소유자가 달라진 경우 – '성립 또는 불성립'

토지에 대한 저당권실행이 되기 전까지는 건물매수인이 법정지상권을 취득하나, 토지에 대한 저당권실행이 있은 후에는 매각으로 그 법정지상권이 소멸한다.[99]

---

96) 곽윤직, 앞의 책, 587면
97) 건물이 없는 대지를 말한다.
98) 이영준,《한국민법론(물권편)》, 신정2판, 박영사, 2004. 838면, 곽윤직, 앞의 책 587면 등
99) 양창수, "지상건물의 재건축과 법정지상권", 민사판례연구, 제14집, 민사판례연구회, 1992. 44면, 이영준 앞의 책, 838면

(8) 저당권 설정 당시의 건물이 그 후 '개축'·'증축'된 경우 – '성립'

저당권 설정 당시 건물이 존재한 이상 그 이후 건물을 개축·증축하는 경우에도 건물의 동일성이 인정되는 한(면적이 다소 증감하거나 구조에 일부 변동이 있는 경우 등) 법정지상권이 성립하며, 이 경우의 법정지상권의 내용인 존속기간, 범위 등은 구건물을 기준으로 해서 그 이용에 일반적으로 필요한 범위 내로 제한된다.[100]

■ 개축(改築, renovation)[101]

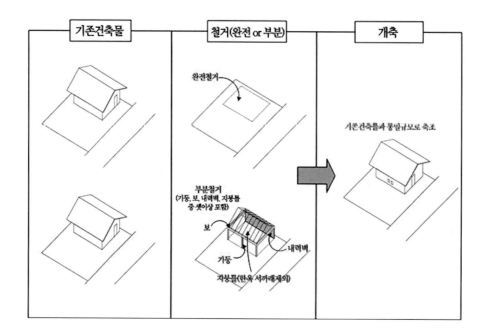

---

100) 대법원 1991.04.26. 선고 90다19985 판결 ; 이 판례는 건물이 멸실되거나 철거된 후 재축·신축하는 경우에도 법정지상권이 성립한다고 보았으나, 이는 대법원 2003. 12. 18. 선고 98다43601 전원합의체 판결에 의해 변경되었다. 즉, "동일인의 소유에 속하는 토지 및 그 지상건물에 관해 공동저당권이 설정된 후 그 지상건물이 철거되고 새로 건물이 신축된 경우에는, 그 신축건물의 소유자가 토지의 소유자와 동일하고, 토지의 저당권자에게 신축건물에 관해 토지의 저당권과 동일한 순위의 공동저당권을 설정해주는 등 특별한 사정이 없는 한 법정지상권이 성립하지 않는 것"으로 변경되었다.

101) [네이버 지식백과] 건축 – 5가지 건축 행위 (그림으로 이해하는 건축법)
'개축'이란 기존 건축물의 전부 또는 일부[내력벽·기둥·보·지붕틀(제16호에 따른 한옥의 경우에는 지붕틀의 범위에서 서까래는 제외한다) 중 셋 이상이 포함되는 경우를 말한다]를 철거하고 그 대지에 종전과 같은 규모의 범위에서 건축물을 다시 축조하는 것을 말한다. 〈「건축법 시행령」 제2조 제3호〉

■ 증축(增築, extension)[102]

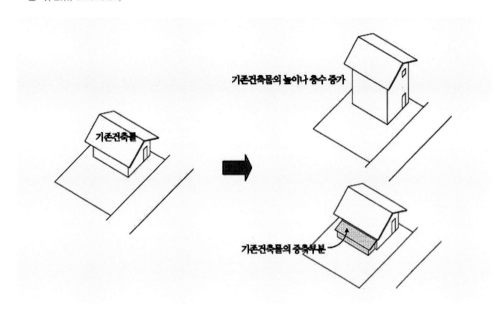

(9) 저당권 설정 당시의 건물을 '재축' 또는 '신축'한 경우

학설

신축된 건물이 구건물과 동일성을 가지는 한에서 법정지상권이 성립하고, 구건물을 기준으로 법정지상권의 내용을 결정해야 한다는 견해(다수설)[103], 신축의 경우 신·구건물간 동일성이 유지되지 않으므로 구건물 위의 저당권은 일단 소멸하고 신축건물 위에 신축건물을 기준으로 하는 법정지상권이 성립한다는 견해[104], 신축건물이 구건물과 동일성이 인정되지 않더라도 그것이 저당물의 가치를 현저히 감소하게 하는 결과를 가져오지 않는 한 원칙적으로 신건물을 기준으로 법정지상권을 정해야 한다는 견해[105] 등이 있다. 그러나 다수설을 따르던 종전의 입장

---

102) [네이버 지식백과] 건축 – 5가지 건축 행위(그림으로 이해하는 건축법)
　　 '증축'이란 기존 건축물이 있는 대지에서 건축물의 건축면적, 연면적, 층수 또는 높이를 늘리는 것을 말한다. 〈「건축법 시행령」 제2조 제2호〉
103) 곽윤직, 앞의 책, 588면, 이영준 앞의 책, 810면, 김용한 앞의 책 575면 등
104) 김상용, 구건물 철거 후 신축한 경우의 민법 제366조에 의한 법정지상권성립여부, 월보, 46, 7.
105) 양창수, 지상건물의 재건축과 법정지상권, 민사판례연구14, 31-2

을 변경한 아래 대법원 판례에 따라 해석하는 것이 판결 이유에 비추어 타당하다.

■ 신축(新築, new construction)[106]

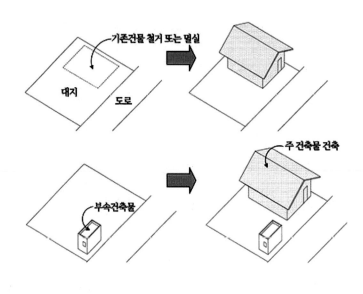

■ 재축(再築, reconstruction)[107]

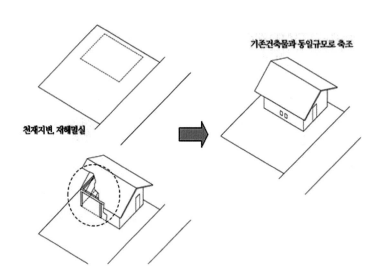

동일인의 소유에 속하는 토지 및 그 지상 건물에 관해 공동저당권이 설정된 후, 그 지상 건물이 철거되고, 새로이 건물이 신축된 경우

토지와 신축 건물이 '동일인 소유이고, 동일 순위의 공동저당권이 설정된 경우	'성립'
토지와 신축 건물의 소유자가 다르거나, 동일 순위의 공동저당권이 설정되지 않은 경우	'불성립'

대법원은 종전에는 건물의 재축, 신축의 경우에도 법정지상권이 성립하며, 이 경우 신건물과 구건물 사이에 동일성이 있거나 소유자가 동일할 것을 요하지 않는다고 보았다.[108]

그러나 대법원은 2003. 전원합의체 판결로 종전 태도를 변경해, "동일인의 소유에 속하는 토지 및 그 지상건물에 관해 공동저당권이 설정된 후 그 지상건물이 철거되고 새로 건물이 신축된 경우에는, 그 신축건물의 소유자가 토지의 소유자와 동일하고, 토지의 저당권자에게 신축건물에 관해 토지의 저당권과 동일한 순위의 공동저당권을 설정해주는 등 특별한 사정이 없는 한, 저당물의 경매로 인해 토지와 그 신축건물이 다른 소유자에 속하게 되더라도 그 신축건물을 위한 법정지상권은 성립하지 않는다"라고 해서 동일인 소유의 토지와 건물에 공동저당권이 설

---

106) [네이버 지식백과] 건축 – 5가지 건축 행위(그림으로 이해하는 건축법)
    '신축'이란 건축물이 없는 대지(기존 건축물이 철거되거나 멸실된 대지를 포함한다)에 새로 건축물을 축조(築造)하는 것[부속건축물만 있는 대지에 새로 주된 건축물을 축조하는 것을 포함하되, 개축(改築) 또는 재축(再築)하는 것은 제외한다]을 말한다.〈「건축법 시행령」제2조 제1호〉
107) [네이버 지식백과] 건축 – 5가지 건축 행위 (그림으로 이해하는 건축법)
    '재축'이란 건축물이 천재지변이나 그 밖의 재해(災害)로 멸실된 경우 그 대지에 종전과 같은 규모의 범위에서 다시 축조하는 것을 말한다.〈「건축법 시행령」제2조 제4호〉
108) 대법원 2001.3. 3. 선고 2000다48517,48524,48531 판결, 대법원 1993.6.25.선고 92다20330 판결 등 한편 1985.5.14.선고 85다카13 판결은 법정지상권이 성립하려면 신구건물의 동일성을 요한다고 판결하고 있으나, 이 판례는 그후에 나온 위 판례들에 의해 변경된 것으로 보여진다.

정된 경우에는 그 후 신축건물의 소유자가 토지소유자와 동일인이고, 토지저당권자에게 신축건물에 관해 종전과 동일한 순위의 공동저당권을 설정해주는 등 특별한 사정이 있어야만 법정지상권이 성립하고, 그렇지 아니하면 법정지상권이 성립할 수 없다고 보았다.[109] 또한 종전 판례와 달리 공동저당의 경우 법정지상권이 성립하려면 신·구 건물의 소유자가 동일인일 것을 요구하고 있다.

판결 이유를 보면 "동일인의 소유에 속하는 토지 및 그 지상 건물에 관해 공동저당권이 설정된 경우에는, 처음부터 지상 건물로 인해 토지의 이용이 제한받는 것을 용인하고 토지에 대해서만 저당권을 설정해 법정지상권의 가치만큼 감소된 토지의 교환가치를 담보로 취득한 경우와는 달리, 공동저당권자는 토지 및 건물 각각의 교환가치 전부를 담보로 취득한 것으로, 저당권의 목적이 된 건물이 그대로 존속하는 이상은 건물을 위한 법정지상권이 성립해도 그로 인해 토지의 교환가치에서 제외된 법정지상권의 가액 상당 가치는 법정지상권이 성립하는 건물의 교환가치에서 되찾을 수 있어 궁극적으로 토지에 관해 아무런 제한이 없는 나대지로서의 교환가치 전체를 실현시킬 수 있다고 기대하지만, 건물이 철거된 후 신축된 건물에 토지와 동순위의 공동저당권이 설정되지 않았는데도 그 신축건물을 위한 법정지상권이 성립한다고 해석하게 되면, 공동저당권자가 법정지상권이 성립하는 신축건물의 교환가치를 취득할 수 없게 되는 결과 법정지상권의 가액 상당 가치를 되찾을 길이 막혀 위와 같이 당초 나대지로서의 토지의 교환가치 전체를 기대해 담보를 취득한 공동저당권자에게 불측의 손해를 입게 하기 때문이다"라고 판례의 변경이유를 밝혔다.

그런데, 토지와 신축건물에 대해 공동저당권을 설정해주었다면, 공동저당권자가 경매 신청 시 토지와 건물이 함께 매각될 것이므로, 토지와 건물 소유자가 달

---

109) 대법원 2003.12.18. 선고 98다43601 전원합의체 판결

라지는 경우는 예상하기 어려워 법정지상권이 성립되는 사례가 희박할 것으로 보여진다. 즉, 일반 채권자 등이 토지나 건물 중 하나만 경매 신청하는 경우에나 있을 수 있는 일이다. 결국 철거 후 신축한 건물이 있는 경우 법정지상권이 성립되는 경우가 희박해 법정지상권을 깨트리기가 그만큼 쉬워진다.

♠ 전원합의체 판결의 반대 의견

민법 제366조가 법정지상권제도를 규정하는 근본적 취지는 저당물의 경매로 인해 토지와 그 지상건물이 다른 사람의 소유에 속하게 된 경우에 건물이 철거됨으로써 생길 수 있는 사회경제적 손실을 방지하려는 공익상 이유에 있는 것이지 당사자 어느 한편의 이익을 보호하려는 데 있는 것이 아니고, 법정지상권은 저당권 설정 당사자의 의사와 관계없이 객관적 요건만으로써 그 성립이 인정되는 법정물권인바, 저당권자가 그 설정 당시 가졌던 '기대'가 어떤 것이었느냐에 의해 법정지상권의 성립 여부를 달리 판단하는 다수의견은 법정지상권 성립요건의 객관성 및 강제성과 조화되기 어렵고, 토지와 건물 양자에 대해 공동으로 저당권이 설정된 경우, 원칙적으로 그 공동저당권자가 토지에 관해 파악하는 담보가치는 법정지상권의 가치가 제외된 토지의 가치일 뿐이고, 건물에 관해 파악하는 담보가치는 건물 자체의 가치 외에 건물의 존속에 필요한 법정지상권의 가치가 포함된 것이며, 법정지상권은 그 성질상 건물에 부수하는 권리에 불과하므로 구건물이 멸실되거나 철거됨으로써 건물저당권 자체가 소멸하면, 공동저당권자는 건물 자체의 담보가치는 물론 건물저당권을 통해 파악했던 법정지상권의 담보가치도 잃게 되고, 이에 따라 토지소유자는 건물저당권의 영향에서 벗어나게 된다고 보는 것이 논리적으로 합당하다. 그러므로 토지소유자는 그 소유권에 기해 토지 위에 신건물을 재축할 수 있고, 그 후 토지저당권이 실행되면 신건물을 위한 법정지상권이 성립하며, 다만 그 내용이 구건물을 기준으로 그 이용에 일반적으로 필요한 범위로 제한됨으로써 공동저당권자가 원래 토지에 관해 파악했던 담보가치, 즉 구건물을 위한 법정지상권 가치를 제외한 토지의 담보가치가 그대로 유지된다고 보아야 하고, 이것이 바로 가치권과 이용권의 적절한 조절의 모습이다.

집합건물의 전부 또는 일부 전유부분과 대지 지분에 관해 공동저당권이 설정된 후 그 지상 집합건물이 철거되고 새로운 집합건물이 신축된 경우

토지와 신축 집합건물이 '동일인 소유이고, 동일 순위의 공동저당권이 설정된 경우	'성립'
토지와 신축 집합건물의 소유자가 다르거나, 동일 순위의 공동저당권이 설정되지 않은 경우	'불성립'

동일인의 소유에 속하는 토지 및 그 지상건물에 관해 공동저당권이 설정된 후 지상 건물이 철거되고 새로 건물이 신축된 경우에, 신축건물의 소유자가 토지의 소유자와 동일하고 토지의 저당권자에게 신축건물에 관해 토지의 저당권과 동일한 순위의 공동저당권을 설정해주는 등 특별한 사정이 없는 한, 저당물의 경매로 인해 토지와 신축건물이 다른 소유자에 속하게 되더라도 신축건물을 위한 법정지상권은 성립하지 않는다. 이는 건물이 철거된 후 신축된 건물에 토지와 동순위의 공동저당권이 설정되지 않았어도 신축건물을 위한 법정지상권이 성립한다고 해석하게 되면, 공동저당권자가 법정지상권이 성립하는 신축건물의 교환가치를 취득할 수 없게 되는 결과 법정지상권의 가액 상당 가치를 되찾을 길이 막혀 당초 토지에 관해 아무런 제한이 없는 나대지로서의 교환가치 전체를 실현시킬 수 있다고 기대하고 담보를 취득한 공동저당권자에게 불측의 손해를 입게 하기 때문에, 이러한 법리는 집합건물의 전부 또는 일부 전유부분과 대지 지분에 관해 공동저당권이 설정된 후 그 지상 집합건물이 철거되고 새로운 집합건물이 신축된 경우에도 마찬가지로 보아야 한다.[110]

---

110) 대법원 2014.09.04. 선고 2011다73038 판결
111) 대법원 2003.12.18. 선고 98다43601 전원합의체 판결

동일인의 소유에 속하는 토지 또는 그 지상 건물 중 어느 하나에만 저당권(단독저당권)이 설정된 후 그 지상 건물이 철거되고 새로 건물이 신축된 경우 – '성립'

위 대법원 전원합의체 판결[111]의 다수의견 쪽 보충의견에 따르면, "단독저당, 공동저당 어느 경우나 원칙적으로 저당권 설정 당시 존재하던 건물이 헐린 후 재축된 신건물에 대해서는 물권법정주의의 원칙상 법정지상권이 성립될 수 없지만, 예외적으로 그 성립을 인정해도 저당권자의 의사 내지 기대에 반하지 아니하는 경우(단독저당이 여기에 해당한다)에 국한해서 건물보호를 위해 법정지상권의 성립범위를 확장해석하는 것은 법정지상권의 성립요건의 객관성이나 강제성과는 관련이 없다"라고 해서, 단독저당의 경우에는 종전의 입장과 같이 신·구 건물의 동일성이나 소유자의 동일성이 없어도 법정지상권이 성립한다고 보았다. 법정지상권의 존속기간, 범위 등은 구건물을 기준으로 하는 점도 종전과 같다.

♠ **전원합의체 판결의 다수의견 쪽 보충의견**

민법 제366조가 '저당물의 경매로 인해 토지와 그 지상건물이 다른 소유자에게 속한 경우'라고 규정해, 마치 경매 당시에 건물이 존재하기만 하면 법정지상권이 성립할 수 있는 것처럼 규정하고 있지만 위 조문의 해석상 법정지상권이 성립하기 위해 저당권 설정 당시 토지상에 건물이 존재해야 하고, 따라서 나대지에 저당권 설정 후 설정자가 그 지상에 건물을 신축 후 경매로 토지와 건물의 소유자가 달라진 경우에는 그 신축 건물을 위한 법정지상권의 성립을 부정하는 것이 판례·통설인바, 이는 이러한 경우에도 건물보호라는 공익적 요청을 고려해 법정지상권의 성립을 허용하면 당초 건물 없는 토지의 교환가치를 기대한 저당권자의 기대 내지 의사에 반하기 때문에 이러한 당사자의 의사를 고려한 것으로 볼 수 있고, 이를 미루어보아 법정지상권제도가 당사자의 의사를 전혀 도외시한 채 건물보호라는 공익적 요청에 의한 것이라고만 할 수는 없으며, 단독저당, 공동저당 어느 경우나 원칙적으로 저당권 설정 당시 존재하던 건물이 헐린 후 재축된 신건물에 대해서는 물권법정주의의 원칙상 법정지상권이 성립될 수 없지만 예외적으로 그 성립을 인정해도 저당권자의 의사 내지 기대에 반하지 아니하는 경우(단독저당이 여기에 해당한다)에 국한해 건물보호를 위해 법정지상권의 성립범위를 확장해석하는 것은 법정지상권의 성립요건의 객관성이나 강제성과는 관련이 없다.

토지와 공동근저당권이 설정된 건물이 그대로 존속함에도 등기부에 멸실의 기재가 이루어지고 이를 이유로 등기부가 폐쇄된 후 토지에 대해서만 경매 절차가 진행되어 토지와 건물의 소유자가 달라진 경우 – '성립'

토지와 건물에 공동저당권이 설정된 후 그 지상 건물이 철거되고 새로 건물이 신축되어 두 건물 사이의 동일성이 부정되는 결과 공동저당권자가 신축건물의 교환가치를 취득할 수 없게 되었다면, 공동저당권자의 불측의 손해를 방지하기 위해, 특별한 사정이 없는 한 저당물의 경매로 인해 토지와 그 신축건물이 다른 소유자에 속하게 되더라도 그 신축건물을 위한 법정지상권은 성립하지 않는다고 볼 것이나, 토지와 함께 공동근저당권이 설정된 건물이 그대로 존속함에도 불구하고 사실과 달리 등기부에 멸실의 기재가 이루어지고 이를 이유로 등기부가 폐쇄된 경우, 저당권자로서는 멸실 등으로 인해 폐쇄된 등기기록을 부활하는 절차 등을 거쳐 건물에 대한 저당권을 행사하는 것이 불가능한 것이 아닌 이상 저당권자가 건물의 교환가치에 대해 이를 담보로 취득할 수 없게 되는 불측의 손해가 발생한 것은 아니라고 보아야 하므로, 그 후 토지에 대해서만 경매 절차가 진행된 결과 토지와 건물의 소유자가 달라지게 되었다면 그 건물을 위한 법정지상권은 성립한다 할 것이고, 단지 건물에 대한 등기부가 폐쇄되었다는 사정만으로 건물이 멸실된 경우와 동일하게 취급해 법정지상권이 성립하지 아니한다고 할 수는 없다.[112]

(10) 저당권 설정 당시의 건물이 '합동'된 경우 – '성립'

동일인 소유 토지와 그 지상 건물에 공동근저당권이 설정된 후 그 건물이 다른 건물과 합동(合同)되어 신건물이 생긴 경우, 그 후 경매로 토지와 신건물이 다른 소유자에게 속하게 되면 신건물을 위한 법정지상권이 성립한다. 다만, 그 법정지상권의 내용인 존속기간과 범위 등은 '종전 건물'을 기준으로 해서 그 이용에 일반적으로 필요한 범위 내로 제한된다.[113]

---

112) 대법원 2013.03.14. 선고 2012다108634 판결[건물철거 등]
113) 대법원 2010.01.14. 선고 2009다66150 판결[건물철거및토지인도]

한편 경매 대상 건물이 인접한 다른 건물과 합동됨으로 인해 건물로서의 독립성을 상실하게 되었다면 경매 대상 건물만을 독립해서 양도하거나 경매의 대상으로 삼을 수는 없고, 이러한 경우 경매대상 건물에 대한 채권자의 저당권은 위 합동으로 인해 생겨난 새로운 건물 중에

2개 이상 건물의 합동[114]

서 위 경매 대상 건물이 차지하는 비율에 상응하는 공유지분 위에 존속하게 된다.

(11) 저당권 설정 당시 지하층만 건축되었어도 건물로서의 형태를 갖춘 경우 – '성립'

토지에 저당권 설정 당시 지하 중 1개 층이라도 건물로서 형태를 구비했다면 법정지상권이 성립한다.

대법원[115]은 "원심은 경매로 토지의 소유자가 변경될 때까지는 건축 중의 건물이 사회관념상 토지와 별도의 소유권의 객체로서 독립한 건물로 될 수 있을 정도로 공사가 진행되어야 그 건물에 대한 별도의 소유권이 성립되고 이를 위한 법정지상권도 발생하게 되는데, 이 사건의 경우 신축 건물의 지하 1층 가운데 일부만이 판매시설일 뿐, 나머지 지하 1층과 지하 2, 3층은 그 용도가 모두 주차장 또는 기계실로서 완성된 건물을 위한 보조적·부수적 구조물에 불과하고, 나아가 지상부분은 단순히 에이치 빔을 조립한 상태로서 벽체, 바닥 및 천장 등이 완성되지

---

114) 서울신문 2016. 6. 3. 기사자료
115) 대법원 2003.05.30. 선고 2002다21592 판결[지상권설정등기절차이행·임료 등]

않아야 물리적으로도 건물로서의 구조와 형태를 갖추지 못했으므로 신축 건물은 사회관념상 독립한 거래의 객체로 보기는 부족하다는 이유로, 동성건설을 대위해 법정지상권 취득을 원인으로 한 지상권설정등기절차의 이행을 구하는 원고의 본 소청구를 배척하는 한편, 이 사건 토지의 불법점유를 원인으로 한 임료 상당의 손해배상을 구하는 피고의 반소청구를 인용했다."그러나 독립된 부동산으로서의 건물이라고 하기 위해서는 최소한의 기둥과 지붕 그리고 주벽이 이루어지면 된다고 할 것이다(대법원 2001. 1. 16. 선고 2000다51872 판결 참조). 기록에 의하면, 신축 건물은 경락대금 납부 당시 이미 지하 1층부터 지하 3층까지 기둥, 주벽 및 천장 슬라브 공사가 완료된 상태이었을 뿐만 아니라 지하 1층의 일부 점포가 일반에 분양되기까지 한 사정을 엿볼 수 있는바, 비록 피고 등이 경락을 원인으로 이 사건 토지의 소유권을 취득할 당시 신축 건물의 지상층부분이 골조공사만 이루어진 채 벽이니 지붕 등이 설치된 바가 없다 하더라도, 지하층부분민으로도 구분소유권의 대상이 될 수 있는 구조라는 점에서 신축 건물은 경락 당시 미완성 상태이기는 하지만 독립된 건물로서의 요건을 갖추었다고 봄이 상당하다"라고 해서, 경락대금 납부당시 지하층만이라도 건물의 형태를 갖추면 관습법상 법정지상권이 성립한다는 점을 분명히 했다.

이는 민법 366조의 법정지상권의 경우에도 그대로 타당하므로, 토지에 저당권 설정 당시 지하 1개 층이라도 건물의 형태를 갖추었다면 법정지상권이 성립한다 할 것이다.

지하층 공사중[116)]

(12) 저당권 설정 당시 아직 건물의 형태를 갖추지 못한 경우

원칙 - '불성립'

민법 366조의 법정지상권은 토지에 관해 저당권이 설정될 당시 토지소유자에 의해 그 지상에 건물을 건축 중이었던 경우 그것이 아직 사회관념상 독립된 건물로 볼 수 있는 정도에 이르지 않았다면 법정지상권이 성립하지 않음이 원칙이다. 관련 판례를 보면 다음과 같다.

■ 토지에 저당권 설정 당시 나대지 상태인데다가 착공도 하지 않은 경우

대법원[117]은 "이 사건 토지는 1996. 8. 30.자 근저당권 및 1996. 8. 31.자 근저당권이 설정될 당시 나대지 상태였고, 이 사건 건물은 착공되지도 않았다는 것이므로, 1996. 8. 30.자 근저당권에 기한 임의경매 절차에서 경락으로 인해 그 소유권이 김○○에게 넘어간 이 사건 토지에 대해 이 사건 건물의 소유를 위한 법정지상권이나 관습상의 법정지상권이 인정될 여지는 없다"라고 보았다.

■ 토지에 저당권 설정 당시 터파기공사를 마친 후, 토사붕괴 방지를 위해 에이치빔 철골구조물만을 설치한 상태에서 공사 중단된 경우

대법원[118]은 "피고 및 소외 유채영, 망 박지영은 이 사건 토지에 골프연습장 및 예식장을 건축하기 위해 1992. 3. 14.경 공동으로 건축허가를 받아 그 무렵 공사에 착공했으나 터파기공사를 마친 후 토사붕괴방지를 위해 에이치빔(H-beam) 철골구조물만을 설치한 상태에서 공사가 중단된 사실을 인정하고, 피고 등 3인이 이 사건 구조물을 균등한 비율로 공유하고 있다고 인정되므로 피고는 원고에게 이 사건 구조물 중 1/3 지분을 철거할 의무가 있다고 판시한 다음, 이 사건 구조물은 건축 중의 건물로서 이를 위해 민법 제366조의 법정지상권을 취득했다

---

116) http://blog.naver.com/anglekim3708/220697596582
117) 대법원 2003.09.05. 선고 2003다26051 판결[건물등철거 등]
118) 대법원 2004.02.13. 선고 2003다29043 판결[지장물철거]

지하터파기 후 H빔 가설한 모습[119]

는 피고의 항변에 대해, 이 사건 구조물은 제1순위 근저당권 설정 당시에 이미 그 건물의 규모, 종류가 외형상 예견할 수 있는 정도까지 건축이 진전된 정도에 이르렀다고 인정할 만한 증거가 없고, 그 후 경매 절차에서 매수인이 매각대금을 다 낸 때까지 최소한의 기둥과 지붕 그리고 주벽이 이루어지는 등 독립된 부동산으로서 건물의 요건을 갖추었다고 볼 수조차 없다는 이유로 이를 배척한 것은 정당하다"라고 했다.

■ 근저당 설정 당시 터파기공사를 위한 준비로서 지하연속벽 공사 중 공사 중단된 경우[120]

서울고법은 "이 사건 근저당 설정 당시 지하연속벽[121]을 완성하기 위한 43개의 판넬 중 18개만 타설하고 19개째 굴착작업 중 공사가 중단되어 흙을 파내는 공사조차 착수하지 못한 사정이 있다면, 즉, 근저당권 설정 당시 이 사건 건물은 지하층의 벽체를 이루게 될 판넬 중 절반이 채 안 되는 부분이 시공된 상태로서, 그것도 이 사건 대지에 파묻혀져 있었을 뿐이어서 그러한 사정만으로 건물의 규모 및 종류가 외형상 예상할 수 있는 정도까지 건축이 진전되어 있었다고 보기 어렵고,

---

119) http://cafe.daum.net/taewang0534307000700
120) 서울고법 2007.4.20. 선고 2005나108331 판결[대지인도]
121) 지하층 공사를 위한 공법으로, 일정한 폭과, 길이, 깊이의 판넬이 들어갈 공간을 파서 그 공간에 안정액을 채워 주변 흙이 무너지거나 지하수가 유입되는 것을 방지하면서 미리 제작한 철근망을 넣어 콘크리트를 타설하는 방법을 반복함으로써 지하연속벽을 만드는데, 이렇게 만들어진 지하연속벽은 나중에 지하층의 벽체 역할을 한다.

당시 근저당권자인 외환은행이 이 사건 건물의 규모 등을 알고 있었다고 해도 피고들 주장의 법정지상권이 성립하는 것은 아니다"라고 보았다.

예외 – '성립'

- 근저당 설정 당시 이미 1층 바닥 기초공사(콘크리트 타설 공사)가 되어 있고, 매각대금 납부시까지 건물로서의 형태를 갖춘 경우

대법원[122]은 "토지에 관해 저당권이 설정될 당시 토지소유자에 의해 그 지상에 건물을 건축 중이었던 경우 그것이 아직 사회관념상 독립된 건물로 볼 수 있는 정도에 이르지 않다 하더라도 건물의 규모·종류가 외형상 예상할 수 있는 정도까지 건축이 진전되어 있었고, 그 후 경매절차에서 매수인이 매각대금을 다낸 때까지 최소한의 기둥과 지붕 그리고 주벽이 이루어지는 등 독립된 부동산으로서 건물의 요건을 갖추면 법정지상권이 성립하며, 그 건물이 미등기라 하더라도 법정지상권의 성립에는 아무런 지장이 없다"라고 보았다. 즉, 토지에 근저당설정일 이전에 이미 1층 바닥 기초공사(콘크리트 타설 공사)까지 마쳤다면 건물의 규모·종류가 외형상 예상할 수 있는 정도까지 건축이 진전되어 있었다고 볼 것이고, 법정지상권이 성립하는 시점인 매수인의 매각대금납부 시까지 건물의 형태를 갖춘다면 즉, 벽체와 지붕공사가 완성되었다면 법정지상권이 성립한다는 결론이다.

이 사건 각 주택의 공사는 위 근저당권 설정일인 1997. 5. 23. 이전인 1997. 4. 초순경에 1층 바닥의 기초공사(콘크리트 타설공사)까지 마쳐진 사실을 인정할 수 있고, 한편 원심이 배척하지 않은 증거들인 을3호증, 을5호증의 1의 각 기재와 원심 증인 노영도의 증언에 의하면, 이 사건 각 주택을 시공한 건축업자인 소외 노영도는 "1층 기초공사가 끝난 후 공사가 중단되지 않은 채 계속 진행되어

---

122) 대법원 2004.06.11. 선고 2004다13533 판결[건물철거및토지인도 등], 대법원 1992. 6. 12. 선고 92다7221 판결, 2004. 2. 13. 선고 2003다29043 판결 등

1층 바닥 기초공사가 된 상태[123]

1997. 5. 말경에는 이 사건 각 주택의 벽체와 지붕공사가 완성되었다"는 취지로 진술하고 있고, 소외 성영석은 "1997년 음력 5. 15.(양력으로는 6. 19.임) 모친상을 당했는데, 그때 조문객들이 이 사건 각 주택에서 잠을 잤고, 당시 이 사건 주택은 벽체와 지붕공사는 완성되었지만, 바닥 장판과 도배공사는 하지 않은 상태였다"고 진술하고 있으므로 이 사건 각 주택은 늦어도 1997. 6.경에는 벽체와 지붕공사가 완성되어 독립된 부동산으로서의 요건을 갖춘 것으로 인정할 수 있는바, 사실이 이와 같다면 위 근저당권이 설정될 당시 이 사건 각 주택은 사회관념상 독립된 건물로 볼 수 있는 정도에 이르지는 않았더라도 1층 바닥의 기초공사(콘크리트 타설공사)가 완성되었으므로 '건물의 규모·종류가 외형상 예상할 수 있는 정도까지 건축이 진전되어 있는 경우'에 해당한다고 할 것이고, 그 후 약 2개월만에 벽체와 지붕공사가 완성되어 독립된 건물로서의 요건을 갖추었다고 인정함이 상당하다.

---

123) http://blog.naver.com/dong5873383/220949407544

■ 근저당 설정 당시 요사채부분의 지하 1층 슬라브 및 벽면 등 골조공사를 마무리한 상태였고, 매각대금을 납부할 당시 건물 중 주된 부분인 대웅전 등은 거의 완공된 상태였던 경우

대법원[124]은 "피고 1은 2000. 11. 14.경 그 소유의 이 사건 토지 지상에 이 사건 건물을 신축하기 위한 건축허가를 받았고, 다시 2002. 1. 8. 건축주를 피고들 공동명의로 변경하는 건축관계자 변경신고를 마친 사실, 피고 1은 이 사건 건물 중 요사채부분의 지하 1층 슬라브 및 벽면 등 골조공사를 마무리한 후인 2002. 8. 7. 소외인과 사이에 나머지 공사에 관해 공사도급계약을 체결하고, 그 공사대금채무를 담보하기 위해 2002. 9. 18. 이 사건 토지에 관해 채권최고액 2억 원의 이 사건 근저당권을 설정해준 사실, 이 사건 근저당권은 2003. 11. 27. 마천농업협동조합으로 이전되었다가 임의경매 절차가 개시되었고, 그 경매 절차에서 원고가 2007. 4. 10. 매각대금을 납부하고 소유권을 취득한 사실, 원고가 이 사건 토지에 관한 매각대금을 납부할 당시 이 사건 건물 중 주된 부분인 대웅전 등은 거의 완공되어 있었으며, 나머지 부분도 대부분 공사가 완료되어 있었던 사실 등을 인정한 다음, 그 판시와 같은 사정에 비춰보면 이 사건 근저당권이 설정될 당시 이 사건 건물의 규모, 종류가 외형상 예상할 수 있는 정도까지 건축이 진전되어 있었다고 봄이 상당하고, 그 후 경매 절차에서 원고가 매각대금을 납부할 때까지 이 사건 건물의 공사가 대부분 완료되었으므로, 이 사건 건물의 공유자인 피고들은 이 사건 토지에 관해 민법 366조의 법정지상권을 취득했다고 판단한 것은 정당하다"라고 했다.

---

124) 대법원 2011.01.13. 선고 2010다67159 판결[건물철거 등]

다. 토지와 건물이 '저당권 설정 당시 동일인 소유'일 것

(1) 저당권 설정 당시 동일인 소유일 것 – 저당권 설정 당시 동일인 소유 아니면 '불성립'

민법 366조의 법정지상권이 성립하려면, 토지와 건물이 어느 하나에 '저당권 설정 당시' 동일인의 소유에 속해야 한다. 따라서, 토지나 건물에 저당권을 설정할 당시 이미 토지와 건물의 소유자가 다르면 건물소유자를 위한 법정지상권이 성립하지 않는데, 그 이유를 살펴보면, 대부분의 경우 이미 당사자들간의 합의로 건물을 위해 토지소유자에게 대항할 수 있는 용익권을 설정해두었을 것이기 때문에 굳이 따로 법정지상권까지 인정해줄 필요가 없거나, 당사자 사이에 용익권을 설정하지 않았으면 보호해줄 필요가 없기 때문이다.

(2) 토지 또는 건물이 저당권 설정 당시는 동일인 소유였다가 저당권 실행으로 매각되기 전에 어느 하나가 제3자에게 양도된 경우 – '성립'

토지에 저당권을 설정할 당시 토지의 지상에 건물이 존재하고 있었고 그 양자가 동일 소유자에게 속했다가 그 후 저당권의 실행으로 토지가 낙찰되기 전에 건물이 제3자에게 양도된 경우, 민법 366조 소정의 법정지상권을 인정하는 법의 취지가 저당물의 경매로 인해 토지와 그 지상 건물이 각 다른 사람의 소유에 속하게 된 경우에 건물이 철거되는 것과 같은 사회경제적 손실을 방지하려는 공익상 이유에 근거하는 점, 저당권자로서는 저당권 설정 당시에 법정지상권의 부담을 예상했을 것이고 또 저당권 설정자는 저당권 설정 당시의 담보가치가 저당권이 실행될 때도 최소한 그대로 유지되어 있으면 될 것이므로 위와 같은 경우 법정지상권을 인정하더라도 저당권자 또는 저당권 설정자에게는 불측의 손해가 생기지 않는 반면, 법정지상권을 인정하지 않는다면 건물을 양수한 제3자는 건물을 철거해야 하는 손해를 입게 되는 점 등에 비추어 위와 같은 경우 건물을 양수한 제3자는 민법 366조 소정의 법정지상권을 취득한다.[125]

---

125) 대법원 1999.11.23. 선고 99다52602 판결[부당이득금 등]

(3) 토지 또는 건물이 저당권 설정 당시 서로 다른 소유자의 소유였으나 경매로 매각될 때까지 동일소유자에 속하게 된 경우

토지에 저당권이 설정된 경우 – '불성립'

먼저 토지에 저당권 설정 당시 토지와 건물 소유자가 달랐으나, 매각 시에는 동일인 소유에 속한 경우에 관해, 아직 판례는 없고, 통설은 법정지상권의 성립을 부정한다(우리나라, 일본).

즉, 저당권 설정 당시 건물을 위한 토지이용관계가 설정되어 있을 것이고, 이러한 토지이용관계는 저당권이 미치는 범위에 포함될 것이므로, 토지와 건물이 동일 소유자에 속하면 이 토지이용관계는 혼동의 예외로서 존속할 것이어서, 법정지상권을 인정할 필요가 없다 본다.

그러나 토지를 저당할 때 이미 지상건물이 존재해 토지저당권자는 '건물이 있는 토지'로 평가할 것이 보통이므로, 법정지상권의 제한을 인정해도 저당권자에게 불리하지 않다는 이유 등으로 법정지상권이 성립한다고 보는 견해도 있다.

결론적으로 민법 366조의 규정내용에 충실하게 해석하고, 거래안전을 보호한다는 차원에서도 법정지상권이 성립하지 않는다고 보는 것이 타당하다.

건물에 저당권이 설정된 경우 – '불성립'

건물에 저당권 설정 당시 토지와 건물소유자가 다른 경우에는 건물소유자를 위한 토지이용권이 설정되어 있을 것이고, 그 후에 건물과 토지가 동일인 소유로 되었어도, 건물 저당권의 효력이 건물의 종된 권리인 토지이용권에 미치기 때문에 토지이용권은 혼동에 의해 소멸하지 않으므로, 건물매수인을 위한 법정지상권을 인정할 필요가 없다고 보는 것이 통설이다(우리나라, 일본). 이 경우도 토지에 저당권이 설정된 경우와 마찬가지로 법정지상권이 성립하지 않는다고 보는 것이 타당하다.

건물에 1번 저당권을 설정할 당시 토지와 건물의 소유자를 달리하다가, 동일인 소유로 된 후, 건물에 2번 저당권이 설정된 상황에서 경매가 실시된 경우 – '불성립'

건물에 1번 저당권 설정 당시 토지와 건물소유자가 다른 경우에는 건물소유자를 위한 토지이용권이 설정되어 있을 것이고, 그 후 1번 저당권이든, 2번 저당권이든 저당권에 의해 경매가 실행되면 매수인은 약정 토지이용권이 붙은 건물을 취득하게 되므로, 법정지상권의 성립을 인정할 필요가 없다고 보는 것이 통설이다 [126](우리나라, 일본).

이에 대해 2번 건물저당권이 설정될 당시 이미 법정지상권의 성립요건을 갖추었고, 1번 건물저당권이 채무의 변제 등으로 소멸하면 토지와 건물이 동일인에게 귀속된 시점에서 2번 건물저당권만 남게 되는데, 법정지상권이 인정되어도 2번 건물저당권자에게 불이익이 되지 않는다는 이유로 법정지상권이 성립한다는 견해도 있다. 이때도 1번 근저당권자는 물론, 경매의 매수인도 보호할 필요가 있어 민법 366조의 법리에 충실하게 해석해 법정지상권이 성립하지 않는다고 봄이 타당하다.

(4) 토지와 건물을 친자, 부부 등 가족 사이 또는 개인과 그 개인이 대표이사로 있는 법인 사이에 따로 소유하는 경우 – '불성립'

토지와 지상건물의 소유자가 친자관계, 부부관계, 개인과 그 개인이 대표이사로 있는 법인과의 관계에 있는 경우, 친밀한 관계, 밀접한 관계이므로 동일인 소유로 착각할 여지가 있다.

그러나, 친자나 부부 등 가족 사이라 하더라도 엄연히 별개의 권리주체이고, 개인과 법인 또한 별개여서 동일인 소유라는 요건을 충족하지 못해 법정지상권이 성립할 수 없다.

---

126) 진상욱, 앞의 논문 123~126면 ; 1번 건물저당권이 채무의 변제 등으로 소멸한 경우에도 약정 토지이용권은 2번 건물저당권의 목적으로 되어 있어 혼동으로 인해 소멸하지 않으므로, 2번 건물저당권에 기해 경매가 행해지는 경우에도 건물매수인은 약정 토지이용권이 붙은 건물을 취득하게 된다.

(5) 건물 또는 대지 소유명의가 타인에게 신탁된 경우

건물이 명의신탁된 경우 – '불성립'

민법 366조 소정의 법정지상권은 저당권 설정 당시 동일인의 소유에 속하던 토지와 그 지상건물이 경매로 인해 각기 그 소유자가 다르게 된 때 건물의 소유자를 위해 발생하는 것이므로, 건물의 등기부상 소유명의를 타인에게 신탁한 경우에 신탁자는 제3자에게 그 건물이 자기의 소유임을 주장할 수 없고, 따라서 그 건물과 부지인 토지가 동일인의 소유임을 전제로 한 법정지상권을 취득할 수 없다.[127]

대지가 명의신탁된 경우 – '불성립'

대지를 매수했으나 그 명의로 소유권이전등기를 적법하게 마치지 않고 이를 타인 명의로 신탁한 경우에는 신탁자는 수탁자 이외의 제3자에게 자기의 소유임을 주장해 대지와 그 지상 건물이 동일인의 소유임을 전제로 한 법정지상권을 취득할 수 없다.[128]

신탁법상 신탁된 경우 – '불성립'

대지의 명의신탁의 경우와 달리 그동안 신탁법상 신탁된 경우에 관한 대법원 판례는 아직 없다고 보여지나, 하급심에서는 부동산 신탁에 있어서 대지가 수탁자 앞으로 소유권이전등기를 마치게 되면 대내외적으로 소유권이 수탁자에게 완전히 이전되므로,[129] 위탁자는 대지와 그 지상건물이 동일인의 소유임을 전제로 하는 법정지상권을 취득할 수 없다고 보았다.[130]

---

127) 대법원 1995.05.23. 선고 93다47318 판결[건물명도 등]
128) 대법원 1991.05.28. 선고 91다7200 판결[건물철거]
129) 대법원 2002. 4. 12. 선고 2000다70460 판결
130) 부산지법 2017. 2. 15. 선고 2016가합45222 건물등철거

(6) 대지를 양도담보한 후에 채무자가 그 대지상에 건물을 지었을 경우 – '불성립'

대지를 양도담보한 후에 채무자가 그 대지상에 건물을 지었을 경우에는 채권자의 승낙을 얻었나 하더라도 채무자는 그 대지상에 관습에 의한 지상권이나 또는 지상권 유사의 물권을 취득한 것이라고는 볼 수 없다.

양도담보의 경우에는, 담보권자가 채무자로부터, 담보 목적물에 대한 소유권을 취득하되, 다만, 담보의 목적에 의해, 채권적으로 제한을 받는데 불과하다 할 것이기 때문에, 대지소유권은 양도담보권자에게, 건물소유권은 채무자에게 있다 할 것이므로, 동일인 소유 요건이 충족되지 않아 법정지상권이 성립하지 않는다.[131]

(7) 공유관계와 법정지상권

토지만 공유 – 토지의 공유자 1인이 다른 공유자들의 승낙을 받아 건물을 신축한 다음 일부 대지지분이 타인에게 양도된 경우 – '불성립'

토지공유자의 한 사람이 다른 공유자의 지분 과반수의 동의를 얻어 건물을 건축한 후 토지와 건물의 소유자가 달라진 경우 토지에 관해 관습법상의 법정지상권이 성립되는 것으로 보게 되면 이는 토지공유자의 1인으로 하여금 자신의 지분을 제외한 다른 공유자의 지분에 대해서까지 지상권설정의 처분행위를 허용하는 셈이 되어 부당하다. 그리고 이러한 법리는 민법 366조의 법정지상권의 경우에도 마찬가지로 적용된다.[132] 즉, 대지지분에만 근저당권이 설정되었다가 실행으로 소유자가 달라진 경우에도 적용된다.

---

131) 대법원 1966.05.17. 선고 66다504 판결[가건물철거 등]
132) 대법원 2014.09.04. 선고 2011다73038 판결[건물등철거·건물철거 등], 토지나 건물 중 하나가 공유관계라면 기본적으로 저당권 설정 당시나, 처분 당시, 토지와 건물의 소유자가 동일해야 한다는 요건이 결여되었으므로 법정지상권이 성립하지 않는다고 보아야 할 것인데, 건물만 공유의 경우에는 예외적으로 법정지상권을 인정한다고 볼 여지가 있다.

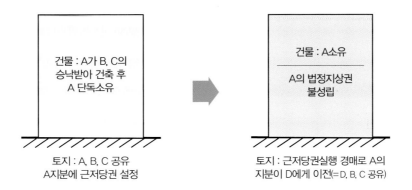

건물 : A가 B, C의
승낙받아 건축 후
A 단독소유

건물 : A소유
_____
A의 법정지상권
불성립

토지 : A, B, C 공유
A지분에 근저당권 설정

토지 : 근저당권실행 경매로 A의
지분이 D에게 이전(=D, B, C 공유)

건물만 공유 − 토지소유자가 그 지상건물을 타인과 공유하면서 그 단독소유의 토지만을 타인에게 매도한 경우 − '성립'

대지소유자가 그 지상건물을 타인과 함께 공유하면서 그 단독소유의 대지만을 건물철거의 조건 없이 타인에게 매도한 경우에는 건물공유자들은 각기 건물을 위해 대지 전부에 대해 관습에 의한 법정지상권을 취득한다.[133] 이러한 법리는 민법 366조의 법정지상권의 경우에도 마찬가지로 적용된다고 해석된다. 즉, 대지에만 근저당권이 설정되었다가 실행으로 소유자가 달라진 경우에도 적용된다.

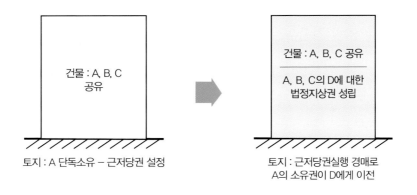

건물 : A, B, C
공유

건물 : A, B, C 공유
_____
A, B, C의 D에 대한
법정지상권 성립

토지 : A 단독소유 − 근저당권 설정

토지 : 근저당권실행 경매로
A의 소유권이 D에게 이전

---

133) 대법원 1977.07.26. 선고 76다388 판결[지상권설정등기]

자세한 판결 이유를 살펴보면, "'본건 건물'의 공유자의 한 사람인 위 이○○가 그의 단독소유인 '본건 대지들' ('본건 건물'의 부지)을 피고에게 매각해 '본건 대지들'의 소유권이 위 이○○로부터 피고 앞으로 이전됨으로써 그 순간에 '본건 대지들'의 지상건물인 '본건 건물'의 공유자인 위 이○○과 원고는 각 '본건 건물'을 위해 '본건 대지들' 전부에 대해 관습에 의한 법정지상권을 취득한 것으로 보아야 할 것이다. 왜냐하면 위의 경우에 특히 '본건 건물'을 철거한다는 조건이 없는 한 (기록상 그와 같은 조건 있음을 엿볼 수 없다) '본건 건물'의 지분권자의 한 사람인 위 이○○에게 그 부지에 대해서 한 소유권변동행위는 자기의 이익 즉 '본건 건물'에 대한 자기의 지분권을 위해 법정지상권을 취득한 것일뿐만 아니라 '본건 건물'의 다른 공유권자인 원고의 이익 즉 원고의 건물지분권을 위해서도 법정지상권을 취득한 것으로 보아야 할 것이며 또 '본건 대지들'을 매수해 그 소유권을 취득한 피고도 '본건 건물'의 공유자인 위 이○○을 위해 법정지상권을 수인하지 않으면 안되는 것과 마찬가지로 '본건 건물'의 다른 공유자인 원고를 위해서도 법정지상권을 수인하지 않으면 안되는 것으로 보아야 하고 이러한 법률관계는 '본건 대지들'의 소유권이 위 이○○으로부터 피고에게 이전된 1968.5.13 당시를 기준으로 성립하는 것이라고 할 것인바, 그 후에 본건 건물에 대한 위 이○○의 지분 (7/10)권이 원고에게 이전되어 '본건 건물'이 원고의 단독소유로 되었다가 다시 '본건 건물'의 일부지분 (7/10)권이 소외 김○○에게 이전되었다고 해서 위 법률관계와 이론을 달리할 수는 없는 것이라고 할 것이다.

토지와 건물 모두 공유

토지공유자의 한 사람이 다른 공유자의 지분 과반수의 동의를 얻어 건물을 건축한 후 토지와 건물의 소유자가 달라진 경우 토지에 관해 관습법상의 법정지상권이 성립되는 것으로 보게 되면 이는 토지공유자의 1인으로 하여금 자신의 지분을 제외한 다른 공유자의 지분에 대해서까지 지상권설정의 처분행위를 허용하는 셈이 되어 부당하다(대법원 1993. 4. 13. 선고 92다55756 판결 등 참조). 그리고 이러한 법리는 민법 366조의 법정지상권의 경우에도 마찬가지로 적용되고, 나아가 토지와 건물 모두가 각각 공유에 속한 경우(즉, 수인의 토지공유자와 건물공유자가 동일한 경우)에 토지에 관한 공유자 일부의 지분만을 목적으로 하는 근저당권이 설정되었다가 경매로 인해 그 지분을 제3자가 취득하게 된 경우에도 마찬가지로 적용된다고 할 것이다.[134)]

서울고법도 甲이 그의 토지지분만을 丙에게 이전할 당시 토지 및 건물이 모두 甲·乙의 각 공유에 있었던 사안에서, 이러한 경우 법정지상권의 성립을 인정하게 된다면, 다른 토지공유자인 乙의 의사에 기하지 아니한 채 乙의 지분에 대해서까지 지상권설정의 처분행위를 허용하는 셈이 되어 부당하다는 이유로 법정지상권의 성립을 부정했고, 그 후 乙이 자신의 토지지분만을 甲·丁·戊에게 이전한 경우에서도 당시 이미 1/2 토지지분을 보유하고 있는 丙의 의사에 기하지 않고 丙의 기존 지분에 대해서까지 지상권설정의 처분행위를 허용하는 셈이 되어 부당하다는 이유로 법정지상권의 성립을 부정했다.[135)]

위 판례들의 반대해석상 토지지분이나 건물지분 전부에 근저당권이 설정되었다가 경매되어 토지나 건물 전체를 제3자가 취득했다면 건물소유자는 법정지상권을 가진다고 본다.

한편, 당초부터 토지공유자와 건물의 공유자 중 1인이라도 불일치한다면 법정지상권은 성립할 여지가 없게 된다.

이상의 내용을 정리하면 다음과 같다.

---

134) 대법원 2014.09.04. 선고 2011다73038 판결[건물등철거·건물철거 등]
135) 서울고법 2001. 7. 6. 선고 2001나1333 판결

- 토지(A, B, C)와 건물(A, B, C) 모두가 각각 공유에 속한 경우에, 토지(또는 건물)에 관한 공유자 일부(A)의 지분만을 목적으로 하는 근저당권이 설정되었다가 경매로 인해 그 지분을 제3자(D)가 취득하게 된 경우(A→D) – '불성립'

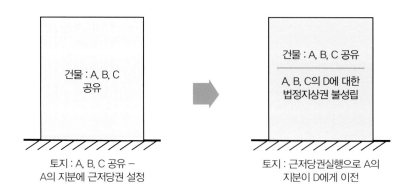

토지 : A, B, C 공유 –
A의 지분에 근저당권 설정

토지 : 근저당권실행으로 A의
지분이 D에게 이전

- 토지(A, B, C)와 건물(A, B, C) 모두가 각각 공유에 속한 경우에, 토지지분이나 건물지분 전부에 근저당권이 설정되었다가 경매로 인해 토지나 건물지분 전부를 제3자가 취득하게 된 경우(A, B, C → D) – '성립'

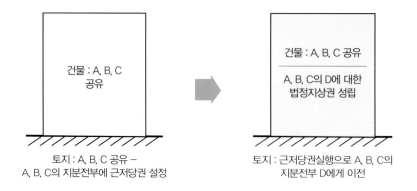

토지 : A, B, C 공유 –
A, B, C의 지분전부에 근저당권 설정

토지 : 근저당권실행으로 A, B, C의
지분전부 D에게 이전

- 토지(A, B, C)와 건물(A, B, D)의 공유자 1인이라도 불일치 한 경우 – '불성립'

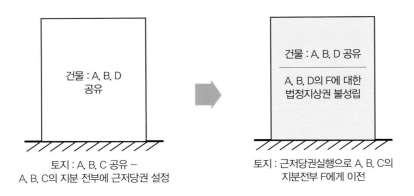

건물 : A, B, D 공유

A, B, D의 F에 대한
법정지상권 불성립

건물 : A, B, D
공유

토지 : A, B, C 공유 –
A, B, C의 지분 전부에 근저당권 설정

토지 : 근저당권실행으로 A, B, C의
지분전부 F에게 이전

집합건물의 구분소유권의 경우 – '불성립'

아파트 등 집합건물의 구분소유권에 저당권이 설정되고, 그 저당권이 실행된 경우에 법정지상권이 인정될까.

집합건물의 경우 법정지상권을 인정하더라도 그 범위는 건물소유권을 위한 공유대지의 전부가 아닌, 그 지분의 한도 내에서 건물이 존재한 대지 위에만 미치는 것으로 해석한다면, 다른 공유자에게 아무런 손해가 없으므로 인정해도 된다는 견해가 있다.[136]

그러나, 집합건물은 전유부분과 공용부분에 대한 지분을 분리해 처분할 수 없다(집합건물법 13조 2항). 그러므로, 전유부분에 대한 저당권의 설정은 항상 그 부지의 이용권(대지권)을 수반해 저당권의 목적이 되므로, 건물과 대지의 분리에 따른 법정지상권의 문제는 발생하지 않는다고 봄이 타당하다.

---

136) 양경승, "대지권의 법적성질과 관련문제", 사법논집, 제24집, 법원도서관, 1993.12. 276면

(8) 구분소유적 공유관계(내지 상호명의신탁관계)와 법정지상권 – '성립'

토지가 등기부상으로는 공유관계이지만 실질적으로는 분할해 각자 몫의 대지 위에 건물을 신축해서 점유해오다가 그 건물 또는 토지지분에 설정된 서당권의 실행으로 소유자가 달라진 경우, 건물소유자는 법정지상권을 취득하는지의 여부가 문제된다.

구분소유적 공유관계의 예(4인)– 'B 토지지분 경매 또는 C건물 경매'의 사례

공유로 등기된 토지의 소유관계가 구분소유적 공유관계에 있는 경우에는 공유자 중 1인이 소유하고 있는 건물과 그 대지는 다른 공유자와의 내부관계에서는 그 공유자의 단독소유로 되었다 할 것이므로 건물을 소유하고 있는 공유자가 그 건물 또는 토지지분에 대해 저당권을 설정했다가 그 후 저당권의 실행으로 소유자가 달라지게 되면 건물 소유자는 그 건물의 소유를 위한 법정지상권을 취득하게 되며, 이는 구분소유적 공유관계에 있는 토지의 공유자들이 그 토지 위에 각자 독자적으로 별개의 건물을 소유하면서 그 토지 전체에 대해 저당권을 설정했

다가 그 저당권의 실행으로 토지와 건물의 소유자가 달라지게 된 경우에도 마찬가지라 할 것이다.[137)

　　다만, 구분소유적 공유관계에 있는 자가 자신의 특정소유가 아닌 대지부분에 건물을 신축한 경우라면, 당초부터 건물과 토지의 소유자가 서로 다른 경우에 해당되어 그에 관해서는 관습상의 법정지상권이 성립될 여지가 없다.[138)

　　이처럼 구분소유적 공유관계는 위에서 살펴본 단순한 공유관계와는 법정지상권의 성립범위에 차이가 있기 때문에, 법정지상권을 주장하려 하든, 깨트리려 하든, 먼저 단순한 공유관계인지, 구분소유적 공유관계인지 여부부터 체크를 해야 할 필요가 있다.

♣ 구분소유적 공유관계란

부동산의 위치와 면적을 특정해 2인 이상이 구분소유할 것을 약정한 후에 필지를 쪼개어서 등기를 하지 않고 공유등기를 하는 경우를 '구분소유적 공유관계'라고 한다.

이처럼 구분소유적 공유관계는 어떤 토지에 관해 그 위치와 면적을 특정해 여러 사람이 구분소유하기로 하는 약정이 있어야만 적법하게 성립할 수 있다. 나아가, 공유자들 사이에 그 공유물을 분할하기로 약정하고 그때부터 각자의 소유로 분할된 부분을 특정해 각자 점유·사용해온 경우에도 구분소유적 공유관계가 성립할 수 있지만, 공유자들 사이에서 특정부분을 각각의 공유자들에게 배타적으로 귀속시키려는 의사의 합치가 이루어지지 않은 경우에는 이러한 관계가 성립할 여지가 없다.[139)

어떤 부동산에 구분소유적 공유가 성립하면 공유자들 사이에 일종의 상호명의신탁이 행해진 것과 같아서, 아래와 같은 주요 법률효과가 발생한다.

　① 공유자들 사이에 내부적으로는 전체에 대한 공유관계가 아닌 특정부분에 대한 단

---

137) 대법원 2004.06.11. 선고 2004다13533 판결[건물철거및토지인도등]
138) 대법원 1994. 1. 28. 선고 93다49871 판결
139) 대법원 2009.03.26. 선고 2008다44313 판결[지분소유권이전등기말소등기등]

독소유권이 발생해 이를 배타적으로 사용·수익할 권리가 있다.

② 공유자 각자는 자신의 특정 구분부분을 단독으로 처분하고 이에 해당하는 공유지분을 자유로이 이전할 수 있다.[140]

③ 구분소유적 공유지분을 양도하면 다른 구분소유자들의 승낙 없이도 새로운 구분소유자와 기존의 다른 구분소유자들 사이에 상호명의신탁 관계가 유지된다.

④ 각 구분소유자는 자신이 소유하는 특정부분에 대한 다른 구분소유자의 방해행위를 배제할 수 있다.

⑤ 외부적으로 제3자와의 관계에서는 그 부동산 전체에 대해 공유관계가 성립한다.

⑥ 구분소유적 공유관계에 있는 토지가 분할되면 분할된 각 토지에 종전 토지의 공유등기가 전사[141]돼 상호명의신탁관계가 그대로 존속된다.[142]

⑦ 구분소유적 공유관계를 해소하려면 공유물분할청구를 할 수 없고, 명의신탁 해지를 원인으로 해서 지분이전등기청구를 해야 한다.[143]

경매로 제3자가 필지 전체에 대한 진정한 공유지분을 취득한 경우, 법정지상권은 소멸되나 대법원[144]은 구분소유적 공유관계에 있어서, 각 구분소유적 공유자가 자신의 권리를 타인에게 처분하는 경우 중에는 구분소유의 목적인 특정부분을 처분하면서 등기부상의 공유지분을 그 특정부분에 대한 표상으로서 이전하는 경우와 등기부의 기재대로 1필지 전체에 대한 진정한 공유지분으로서 처분하는 경우가 있을 수 있고, 이 중 전자의 경우에는 그 제3자에 대해 구분소유적 공유관계가 승계되나, 후자의 경우에는 제3자가 그 부동산 전체에 대한 공유지분을 취득하고 구분소유적 공유관계는 소멸하는 것으로 보고 있다. 이는 경매에서도 마찬가지이므로, 전자에 해당하기 위해서는 집행법원이 공유지분이 아닌 특정 구분소유 목

---

140) 대법원 2009.10.15. 선고 2007다83632 판결
141) 전사(轉寫) ; 전등기용지의 현재 효력 있는 등기를 다른 등기용지에 옮겨 적는 것
142) 대법원 2009.10.15. 선고 2007다83632 판결 등
143) 대법원 2010.5.27. 선고 2006다84171 판결
144) 대법원 2008. 2. 15. 선고 2006다68810 판결

적물에 대한 평가를 하게하고 그에 따라 최저 경매 가격을 정한 후 경매를 실시해야 하며, 그러한 사정이 없는 경우에는 1필지에 관한 공유자의 지분에 대한 경매 목적물은 원칙적으로 1필지 전체에 대한 공유지분이라고 봐야 하는 것이다.

이처럼 지분이 경매로 매각될 경우 매수인이 제3자에게 구분소유적 공유관계의 승계를 주장하려면, '집행법원이 공유지분이 아닌 특정 구분소유 목적물에 대한 평가를 하고 그에 따라 최저경매가격을 정한 후 경매를 실시하도록 해야' 하는데, 그런 사정이 없이 경매가 실시되었다면 경매의 매수인에게 구분소유적 공유관계가 승계되지 않는다. 그렇다면 결국 경매 매수인의 권리를 침해할 수 없기 때문에 법정지상권도 성립되지 않는다고 해석될 여지가 있다.

대법원은 구분소유적 공유관계에서 지분처분 시 마치 무조건적으로 법정지상권을 인정하는 듯한 판단을 하고 있다고 보여지는데, 무엇보다도 위와 같이 1필지 전체에 대한 진정한 공유지분을 취득한 매수인의 권리를 보호하고, 명의신탁 등의 경우 외관을 중시해 소유자의 동일성을 판단해온 대법원의 입장이 일관성을 가지려면, 구분소유적 공유관계에서도 지분경매시 '집행법원이 공유지분이 아닌 특정 구분소유 목적물에 대한 평가를 하고 그에 따라 최저 경매 가격을 정한 후 경매를 실시한 경우'에 한해 구분소유자에게 법정지상권이 성립한다고 보아야 할 것이므로, 향후 대법원의 분명한 입장정리가 필요하다고 본다.

(9) 미등기건물을 대지와 함께 매수한 후, 대지만 경매된 경우 – '불성립'

민법 366조의 법정지상권은 저당권 설정 당시에 동일인의 소유에 속하는 토지와 건물이 저당권의 실행에 의한 경매로 인해 각기 다른 사람의 소유에 속하게 된 경우에 건물의 소유를 위해 인정되는 것이므로, 미등기건물을 그 대지와 함께 매수한 사람이 그 대지에 관해서만 소유권이전등기를 넘겨받고 건물에 대해서는 그 등기를 이전받지 못하고 있다가, 대지에 대해 저당권을 설정하고 그 저당권의 실행으로 대지가 경매되어 다른 사람의 소유로 된 경우에는, 그 저당권의 설정 당시에 이미 대지와 건물이 각각 다른 사람의 소유에 속하고 있었으므로 법정지상권이 성립될 여지가 없다.[145]

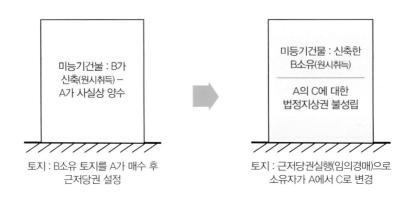

미능기건불 : B가
신축(원시취득) -
A가 사실상 양수

미등기건물 : 신축한
B소유(원시취득)

A의 C에 대한
법정지상권 불성립

토지 : B소유 토지를 A가 매수 후
근저당권 설정

토지 : 근저당권실행(임의경매)으로
소유자가 A에서 C로 변경

(10) 미등기건물, 무허가건물에 있어서 소유자의 동일성

법정지상권이 성립하기 위해서는 저당권 설정 당시 토지 위에 건물이 존재하면 되고, 건물로서 요건(기둥, 지붕, 주벽)을 갖추고 있는 한 미등기건물, 무허가건물이어도 무방하다. 그런데 토지에 저당권 설정 당시 토지와 건물의 소유자의 동일성을 판단할 때, 토지는 등기부의 소유자 기재가 있으니 문제가 없으나, 건물의 경우 등기부가 없어서 소유자를 확인하기 어렵다.

다행히 건축물관리대장, 건축허가서류나 무허가건축물대장(과세대장)이라도 있으면, 소유자 및 건축시기의 확인이 가능하지만, 그것조차 없다면 전기, 수도, 가스 등의 설치시기를 확인하거나, 건축한 자, 건축과정을 목격한 자 등을 증인으로 신청하거나, 과거의 건축사진, 항공사진, 포털사이트의 거리뷰 등을 통해 입증할 수 밖에 없다.

---

145) 대법원 2002.06.20. 선고 2002다9660 전원합의체 판결[건물등철거]

기본적으로 미등기건물이나 무허가건물은 신축한 자(미등기건물은 허가명의자)가 원시취득하게 된다. 따라서 미등기 상태로 토지와 함께 전전양도되었더라도 양수인에게 사실상의 처분권만 이전할 뿐 소유권은 신축한 자에게 여전히 남아 있으므로 토지소유자와 건물신축자를 비교해 동일성 여부를 판단하면 된다.

건축 중 건축주 명의 변경시, 미등기건물의 소유권 귀속

건축 중인 건물이 아직 건물로서의 외형을 구비하지 못해 독립된 부동산이 되지 못한 상태에서 증여나 양도 등의 이유로 건축주 명의가 변경되고, 변경된 건축주가 완공한 경우, 완공된 미등기건물은 변경된 건축주 소유로 된다.

따라서, 366조의 법정지상권이 성립하려면 토지에 저당권 설정 당시 토지소유자와 변경된 건축주가 동일인이어야 하지만, 위와 같은 경우 통상 토지소유자와 최초 건축주가 동일인일 뿐이고, 최초 건축주는 미등기건물의 소유자로 인정받지 못하므로 결국 366조의 법정지상권은 성립하지 않게 된다. 참고로 관습법상 법정지상권도 토지와 건물소유자의 동일성이 인정되지 않아 역시 성립하지 않는다.[146]

미등기건물의 원시취득자

공사업체가 여러 층으로 신축이 예정된 건물의 일부 층만 시공되어 미완성 상태인 건물을 순차로 양수하고 인도받아 원래의 설계 및 건축허가의 내용과 다르게 시공된 부분을 모두 철거하고 재시공하는 한편, 미완성 부분을 새로이 시공하는 등으로 나머지 공사를 진행해, 구조와 형태면에서 원래의 설계 및 건축허가의 내용과 사회통념상 동일하다고 인정될 정도로 건물을 축조했다면, 건물 전체의 소유권을 원시취득했다고 봄이 상당하다.[147]

---

146) 서울고법 2008.1.11.선고 2007나31169 건물철거 등
147) 부산고법 2006.11.29. 선고 2005나20538 지상권설정등기절차이행 등

신축 중인 건물의 건축허가 명의가 변경된 시점에는 기성고가 20%에 불과해 아직 독립한 부동산으로 되지 못한 상태의 건물을 증여 또는 양도해 건축허가명의를 승계한 자가 완공했다면 건물의 소유권은 건축허가명의를 승계한 자가 원시취득한다 할 것이다.[148]

♣ 미등기, 무허가건물 매수시 주의[149]

시골의 농가주택을 매수하다 보면 대지는 소유권을 이전받을 수 있으나 그 지상의 미등기 상태인 무허가건물은 이전받지 못해 애를 먹는 경우가 적지 않다.

더구나 그 무허가건물이 매도인의 것이 아니라 그 이전 소유자의 것이라면 더욱 문제가 복잡해진다. 왜냐하면 무허가건물이 여러 명을 거쳐 전전 매도되었다 해도 소유자는 처음 집을 지은 신축자이기 때문이다.

무허가건물에 관해서는 보존등기가 사실상 불가능하다고 하더라도 법률행위에 의한 물권변동에서 등기 아닌 인도가 그 공시방법으로 된다고 할 수 없다.

무허가건물의 신축은 법률행위에 의하지 아니한 물권의 취득이므로 그 신축자가 등기 없이 소유권을 원시취득한다고 할 것이지만, 이를 양도하는 경우에는 등기 없이 물권행위 및 인도에 의해 그 소유권을 이전할 수는 없으므로, 점유자가 무허가건물의 신축자로부터 이를 매수해 인도받아 점유하고 있다고 하더라도 그 소유권을 취득할 수 없고, 신축자가 법률상의 처분권한을 상실했다고 할 수 없으므로, 무허가 건물 대장상의 소유명의자가 그 후 무허가 건물을 신축자로부터 제3자를 거쳐 이중으로 매수해 무허가건물대장에 소유자명의를 등재했다 해서 점유자가 직접 소유명의자에 대해 방해배제의 방법으로서 무허가건물대장상의 명의변경을 청구할 권한이 있다고 할 수 없다.[150]

위 판례에 따르면 매수인이 설사 무허가건물대장상에 소유자로 등재되었다 하더라도 법적인 소유권이 인정되거나 소유자로 추정되는 효력이 없다.

---

148) 서울고법 2008.1.11.선고 2007나31169 건물철거 등
149) 영남일보에 게재한 필자의 칼럼
150) 대법원 1997.11.28. 선고 95다43594 판결[명의변경이행]

다만, 미등기·무허가건물의 양수인은 소유권은 없으나 법률상 또는 사실상의 처분권은 있다. 미등기건물을 그 소유권의 원시취득자로부터 양도받아 점유 중에 있는 자는 비록 소유권취득등기를 하지 못했다고 하더라도 그 권리의 범위 내에서는 점유 중인 건물을 법률상 또는 사실상 처분할 수 있는 지위에 있으므로 다시 제3자에게 처분권을 양도하거나 건물을 멸실시킬 수도 있고, 한편 그 건물의 존재로 불법점유를 당하고 있는 토지소유자는 위와 같은 건물점유자에게 그 철거를 구할 수 있다.[151] 즉, 토지소유자로서는 무허가건물의 원시취득자가 아닌 사실상의 양수인을 상대로 철거 및 토지인도청구를 할 수 있다는 것이다.

한편 이런 무허가건물을 매수할 때는 미리 매도인으로 하여금 허가와 보존등기를 마친 후 넘겨달라고 해야 함에도, 이를 간과하고 그냥 넘겨받은 후 매도인이나 신축자가 이전에 협조해주지 않을 때, 이전받는 방법이 문제된다. 실제 신축자가 오래전에 사망해 다수의 상속인으로부터 동의를 받지 못해 이전이 사실상 불가능한 경우가 많다.

해결책을 찾아보면, 먼저 매도인이 신축자인 경우 매도인을 대위해 건축허가를 신청해 허가를 받아 건축물대장에 매도인을 소유자로 등재시킨 뒤, 이를 근거로 다시 매도인을 대위해 보존등기를 마친 후 이전등기소송을 제기해 판결을 받아 이전하면 될 것으로 보인다.

다음으로, 신축자가 매도인 이전의 소유자인 경우에도 소유권이전등기청구권을 가진 매도인과 그 전 소유자를 순차로 대위해 허가받아 이전등기하는 절차를 거칠 수밖에 없는데, 특히 신축자가 오래 전에 사망하고 상속인이 많은 경우 이전등기청구소송의 소장 등의 송달에 어려움이 많다. 경우에 따라 국외송달이나 공시송달을 해야 할 경우도 생긴다.

이전절차의 어려움을 감안할 때, 매수인에게 철거권은 있으므로, 건물이 별 가치가 없다면 차라리 멸실신고 후 멸실시켜버리는 것이 나을 수도 있다.

---

151) 대법원 1989.02.14. 선고 87다카3073 판결[건물명도]

(11) 독립한 건물을 저당 토지의 부합물, 종물로 보고 토지와 함께 매각한 경우 – '성립'

저당권은 법률에 특별한 규정이 있거나 설정행위에 다른 약정이 있는 경우를 제외하고 그 저당부동산에 부합된 물건과 종물 이외에까지 그 효력이 미치는 것이 아니므로, 토지에 대한 경매 절차에서 그 지상 건물을 토지의 부합물 내지 종물로 보아 경매법원에서 저당 토지와 함께 경매를 진행하고 경락허가를 했다 해서 그 건물의 소유권에 변동이 초래될 수 없다.

결국 토지의 부합물 내지 종물이 될 수 없는 건물은 매각으로 인해 매수인 앞으로 소유자 명의변경까지 되었다 하더라도 매수인은 소유권을 취득할 수 없고, 오히려 경매로 건물의 소유자와 그 토지의 소유자가 달라지게 되어 경매 당시의 건물의 소유자는 그 건물의 이용을 위한 법정지상권을 취득한다고 할 것이다(대법원 1991. 11. 26. 선고 91다29194 판결 참조).[152]

(12) 사해행위의 수익자 또는 전득자가 건물의 소유자로서 법정지상권을 취득한 후 채무자와 수익자 사이에 행해진 건물의 양도가 사해행위로서 취소(말소등기)된 상태에서, 건물의 경매로 제3자가 매수한 경우[153] – '성립'

저당권 설정 당시 동일인의 소유에 속하고 있던 토지와 지상 건물이 경매로 인해 소유자가 다르게 된 경우에 건물소유자는 건물의 소유를 위한 민법 366조의 법정지상권을 취득한다. 그리고 건물 소유를 위해 법정지상권을 취득한 사람으로부터 경매에 의해 건물의 소유권을 이전받은 매수인은 매수 후 건물을 철거한다는 등의 매각조건하에서 경매되는 경우 등 특별한 사정이 없는 한 건물의 매수

---

152) 대법원 1997.09.26. 선고 97다10314 판결[건물명도]
153) 대법원 2014. 12. 24. 선고 2012다73158 판결[건물등철거 등]〈건물양도가 사해행위로서 취소된 경우 법정지상권 취득에 관한 사건〉이 판결은 사해행위 취소 및 원상회복의 상대적 효력이 제3자의 권리에 어떻게 영향을 미치는지 구체적인 사례를 통해 명시적으로 판단했다는 점에서 의미가 크다. 특히 법정지상권이나 관습법상 법정지상권은 등기를 통해 공시되는 권리관계에 기초해 판단하는 경우가 많은데 사해행위 취소로 인한 원상회복이 존재하는 경우, 그 효력을 주의 깊게 살펴야 할 것이다.(대한변협신문 판례 평석)

취득과 함께 위 지상권도 당연히 취득한다. 이러한 법리는 사해행위[154]의 수익자 또는 전득자[155]가 건물의 소유자로서 법정지상권을 취득한 후 채무자와 수익자 사이에 행해진 건물의 양도에 대한 채권자취소권[156]의 행사에 따라 수익자와 전득자 명의의 소유권이전등기가 말소된 다음 경매 절차에서 건물이 매각되는 경우에도 마찬가지로 적용된다. 즉 이 경우 건물의 매수인은 민법 366조의 법정지상권을 취득한다.[157]

좀 더 구체적으로 살펴보면, 토지에 근저당권이 설정된 이후 건물이 토지와 함께 수익자 또는 전득자에게 이전되었고, 그 후 당초 채무자가 토지에 설정한 근저당권의 실행에 의한 경매 절차에서 제3자가 매수해 소유권이전등기를 함으로써, 토지와 건물의 소유자가 달라져 민법 366조의 법정지상권이 성립했으며, 그 후 채권자취소권 행사로 건물에 관해 수익자 또는 전득자 명의의 소유권이전등기가 말소된 다음, 건물의 경매절차에서 제3자가 매수해 건물 소유권을 취득했다면, 건물의 매수인은 민법 366조의 법정지상권을 취득한다는 것이다.

즉, 사해행위 취소로 인해 건물의 등기는 채무자에게 회복되었으나, 위에서 살펴본 바와 같이 문제된 건물의 실질적인 소유권은 수익자 또는 전득자에게 남아 있는 것으로 보아야 하기 때문에, 건물에 대한 강제경매 절차에서 건물을 취득한 매수인은 특별한 사정이 없는 한 수익자 또는 전득자가 보유하고 있던 법정지상권을 당연히 취득하게 된다.

---

154) 채권자를 해하는 채무자의 재산권을 목적으로 하는 법률행위를 말한다. 즉, 채무이행을 회피하려고 채무자가 재산을 빼돌리는 행위다.
155) 수익자(受益者)란 곧바로 빼돌린 재산을 취득한 사람을 의미하고, 전득자(轉得者)란 수익자로부터 재산을 다시 취득한 사람을 의미한다.
156) 채권자를 해함을 알면서 행한 채무자의 법률행위(사해행위)를 취소해 채무자의 재산 회복을 재판상 청구할 수 있는 채권자의 권리다(민법 406·407조).
157) 대법원 2014.12.24. 선고 2012다73158 판결[건물등철거 등]

라. 토지와 건물 어느 하나에 '저당권이 설정'되어 있을 것

민법 366조가 '저당물의 경매로 인해'라고 표현한 문언상 석어도 토지와 지상건물 어느 하나에 '저당권'(근저당권)이 설정되어 있어야지 다른 권리가 설정되어 있거나 어느 하나에도 저당권이 설정되어 있지 않으면 민법 366조의 법정지상권은 성립할 수 없다.

토지와 지상건물 중 어느 하나에 저당권이 설정된 경우는 물론 토지와 지상건물 모두에 저당권이 설정된 경우에도 토지와 건물에 하나의 저당권이 설정되었든, 각자에 독립한 저당권이 설정되었든, 어느 경우에나 민법 366조의 법정지상권은 성립한다.

토지와 그 지상건물에 각각 저당권이 설정되어 건물이 먼저 경매되었다면 매수인은 법정지상권을 취득하나, 토지의 저당권이 먼저 실행되어 법정지상권이 성립한 후에 건물저당권이 실행된 경우에는 그 건물매수인은 전 건물주의 법정지상권도 승계취득함과 동시에 토지의 경매로 인해 새로운 법정지상권도 이중으로 취득하게 되어 신·구 법정지상권이 경합하게 된다.[158]

마. 토지와 건물 중 하나가 '경매'로 '소유자를 달리'할 것

(1) 경매에 의한 소유의 분리

민법 366조는 "경매로 인해 토지와 그 지상건물이 다른 소유자에 속한 경우"라고 규정하므로, 법정지상권이 성립하려면 반드시 경매로 인해 토지와 건물이 소유자를 달리해야 한다. 따라서, 공매, 매매, 증여, 공유물분할 등에 의해 소유권이

---

158) 박준서, 〈법정지상권〉, 사법논집, 제5집, 법원행정처, 1974. 12. 126면

분리되는 경우에는 관습법상의 법정지상권만 인정된다.

(2) 경매에 '임의경매' 외 '강제경매'도 포함되나

민법 366조는 법정지상권의 성립요건으로서 '경매'라고만 규정하고 있어, 담보권실행에 의한 임의경매만 해당하는지, 아니면 판결 등 집행권원에 의한 강제경매도 포함되는지 여부가 불분명하다.

저당권실행에 의한 경매, 즉 임의경매가 포함됨은 당연하지만, 저당권자가 저당권실행에 의한 임의경매를 하지 않고 판결 등 집행권원에 의해 강제경매 신청을 하거나, 다른 채권자가 저당권자의 저당권실행 전에 강제경매 신청을 해서 경매가 진행될 경우에도 366조의 법정지상권이 성립하는지 여부가 문제된다.

이에 대해 학설은 긍정설과 부정설로 나뉘어져 있는데, 우선 부정설[159]은 민법 366조는 토지 또는 건물에 대한 저당권의 실행으로 인해 발생하는 특수한 곤란을 해결하기 위한 규정이라고 하거나, 저당물인 토지나 건물이 강제경매된 경우에는 관습법상의 법정지상권을 인정하면 족하다는 근거를 든다.

반면 긍정설[160]은 저당물인 토지나 건물이 어떠한 형태로든 경매되기만 하면 적어도 형식적으로 366조가 규정하는 '저당물의 경매'라는 요건을 충족한다는 점을 근거로 든다.

결국 긍정설은 건물이나 토지 위에 저당권이 설정되어 있는 사실을 중시해 경매가 있기만 하면 민법 366조를 적용하는 반면, 부정설은 저당권이 설정된 토지나 건물이 실제로 '저당물로서' 경매된 경우에만 민법 366조를 적용하려는 차이가 있다.

그러나 실제에 있어서 민법 366조에 의할 것인가, 아니면 관습법에 의할 것인

---

159) 이영준, 앞의 책 182면, 황적인, 현대민법론, 1987. 725면
160) 곽윤직, 앞의 책 589면, 김용한, 앞의 책 576면, 장경학, 물권법, 1987. 813면, 김상용, 물권법, 1991. 788면

가라는 적용법규의 차이가 있을 뿐 어느 학설에 의하든 건물의 소유자가 법정지상권의 보호를 받게 된다는 점에 있어서는 동일하므로 논의의 실익은 별로 없지만, 민법 366조가 저당물인 토지나 건물이 저당권실행에 의해 경매되는 것을 고려해서 둔 규정이라는 입법목적을 생각하면 저당권실행에 의한 경매에 한정하는 부정설이 타당하다고 본다.

대법원도 "민법 제366조의 법정지상권은 저당물의 경매로 인해 토지와 그 지상건물이 다른 소유자에 속한 경우에 성립되는 것이므로, 이 사건 토지가 저당물이 아닌 이상 위 법 소정의 법정지상권은 그 성립여부를 논할 여지가 없다"라고 해서 간접적이지만 부정설을 취한 것으로 볼 수 있다.[161]

그러나, 부산고법은 위 대법원 판결의 취지에 어긋나게 강제경매의 경우에도 민법 366조의 법정지상권을 인정한 판결을 한 적이 있어 향후 대법원의 분명한 입장표명이 요구된다.

부산고법 2007.2.9.선고 2006나6157 아파트사업승인권명의변경동의절차이행(확정)
① 이 사건 근저당권이 설정될 당시 이 사건 토지와 이 사건 건물은 모두 피고 소유였다가, 그 후 이 사건 토지에 관해 실행된 경매 절차에서 원고가 그 소유권을 취득함으로써 이 사건 토지와 건물의 소유자가 달라지게 되었으므로 민법 제366조에 의해 피고는 이 사건 토지에 대해 이 사건 건물을 소유하기 위한 법정지상권을 취득했다 할 것이다.
② 그리고 위 경매 절차가 이 사건 근저당권의 실행을 위한 경매 절차가 아니라 다른 가압류권자의 신청에 의한 강제경매 절차였다 하더라도 법정지상권의 성립된다는 점에 관해 달리 볼 것은 아니다. 왜냐하면, 민법 제366조는 경매절차를 근저당권 실행을 위한 경매절차에 국한해 규정하고 있지 아니하고, 또한 민사집행법 제144조 제1항 제2호, 제268조의 규정에 의하면 강제경매의 경우와 근저당권실행을 위한 임의

---

161) 대법원 1987.07.07. 선고 87다카634 판결[건물철거]

경매의 경우 공히 매수인이 인수하지 아니한 부동산의 부담에 관한 기입등기가 모두 말소되므로 그 매수인의 법적 지위에 아무런 차이가 없으며, 앞서 본 바와 같이 이 사건의 경우는 이 사건 근저당권 설정 당시에는 이 사건 토지와 이 사건 건물이 동일인의 소유였으나, 강제경매절차에서 원고에게 매각될 당시에는 이 사건 토지와 이 사건 건물이 동일인의 소유에 속하지 않았기 때문에 관습법상 법정지상권이 성립될 여지가 없어 민법 제366조에 의한 법정지상권이 인정되지 않을 경우 이 사건 건물은 철거되지 않을 수 없는 운명에 처하게 되므로, 매수인이 단지 근저당권실행을 위한 경매 절차가 아닌 강제경매 절차에서 그 소유권을 취득했다는 절차상의 형식적 상이성을 이유로 법정지상권의 부담을 지지 않는다고 하는 것은 형평의 원칙에 반한다고 할 수 있기 때문이다.

③ 또한 이 사건 근저당권 설정 이후에 피고와 ○○개발 사이에 이 사건 건물에 관한 철거특약이 있었다 하더라도 그것은 피고와 ○○개발 사이에서 상대적 효력을 지니는 특약으로 볼 수 있을 뿐이고, 달리 위 특약이 대세적 효력을 갖는다거나 원고가 위 특약의 효력을 승계했다고 볼 만한 근거가 없으므로 원고가 이를 이유로 피고에 대해 법정지상권의 효력을 부정할 수도 없다고 할 것이다.

④ 따라서 피고는 이 사건 건물에 관한 법정지상권에 기해 이 사건 토지를 점유사용하고 있다고 할 것이므로, 이와 다른 전제에 서서 위 법정지상권이 존재하지 않는다는 이유로 이 사건 건물의 철거와 부당이득의 반환을 구하는 원고의 이 사건 청구는 받아들일 수 없다(피고가 원고에게 위 법정지상권에 따른 지료를 지급할 의무는 있다고 하더라도 원고의 위 부당이득반환청구를 지료청구로 선해해 판단할 수 없으므로(대법원 2004. 5. 14. 선고 2004다13410 판결 참조) 부당이득반환청구 부분도 역시 받아들일 수 없다.

(3) 소유권의 분리

법정지상권이 성립하려면, 경매로 토지와 지상건물이 다른 소유자에게 속해야 한다. 그래야 건물을 위해 토지에 법정지상권을 인정할 필요가 있기 때문이다. 그러므로, 토지와 건물에 저당권이 설정된 후, 둘 다 동일한 소유자에게 낙찰된 경우라면 법정지상권이 성립하지 않음은 당연하다.

한편, 토지에 대한 경매 절차에서 그 지상 건물을 토지의 부합물 내지 종물로 보아 경매 법원에서 저당토지와 함께 경매를 진행하고 경락허가를 했다고 해서 그 건물의 소유권에 변동이 초래될 수 없다.[162) 따라서, 토지에 저당권 설정 당시 존재한 건물이라면 민법 366조의 법정지상권이 성립하게 된다.

바. 성립에 등기는 필요없다

이상과 같은 성립요건을 갖춘 경우, 민법 366조의 법정지상권은 민법 187조의 법률의 규정에 의한 물권의 취득이므로, 지상건물의 소유자는 지상권취득의 등기 없이도 법정지상권을 취득하게 된다.

그 결과 지상건물의 소유자나 매수인은 법정지상권이 성립할 당시의 토지소유자에 대해서 뿐만 아니라, 그로부터 다시 소유권을 전득한 제3의 토지소유자에 대해서도 법정지상권의 취득을 주장할 수 있게 된다.

민법 187조(등기를 요하지 아니하는 부동산물권 취득)
상속, 공용징수, 판결, 경매 기타 법률의 규정에 의한 부동산에 관한 물권의 취득은 등기를 요하지 아니한다. 그러나 등기를 하지 아니하면 이를 처분하지 못한다.

사. 법정지상권의 성립시기

민법 366조의 법정지상권은 저당물에 대한 경매로 인해 토지나 지상건물이 매수인에게 이전해 토지의 소유자와 지상건물의 소유자가 달라진 때 성립한다.

즉, 경매의 매수인이 토지나 지상건물의 소유권을 취득하는 시기, 즉 매각대금

---

162) 대법원 1997.09.26. 선고 97다10314 판결[건물명도]

완납시에 법정지상권이 성립하게 된다.

아. 공장재단, 광업재단에 속하는 토지나 건물에 준용된다

앞서 살펴본 바와 같이, 민법 366조의 법정지상권은 저당권이 설정된 공장재단이나 광업재단에 토지나 건물이 속하는 경우에 준용되어, 공장재단이나 광업재단에 토지나 건물이 속해 있는 경우, 어느 한쪽에만 저당권이 설정된 후, 저당권의 실행으로 경매됨으로써, 토지와 건물의 소유자가 다르게 된 때, 토지소유자는 건물소유자에게 지상권을 설정한 것으로 보게 된다(공장 및 광업재단저당법 24조 1항 및 54조 1항).

03 관습법상 법정지상권의 성립요건 및 성립시기

가. 성립요건의 특색

지금까지 '저당권 설정 당시', '건물이 존재'하고, '동일인 소유'여야 한다는 점이 핵심요건이었던 민법 366조의 저당권 실행에 의한 법정지상권에 대해 살펴보았다. 이제 시야를 돌려 '처분당시', '건물이 존재'하고, '동일인 소유'여야 한다'는 점이 핵심요건인 관습법상 법정지상권에 대해 알아보자.

먼저, 판례에 의해 인정된 관습법상 법정지상권의 요건을 종합하면, 관습법상 법정지상권은 ① 토지와 건물이 처분당시 동일인의 소유에 속했을 것, ② 매매 기타의 원인으로 소유자가 달라질 것, ③ 당사자 사이에 건물을 철거한다는 특약이 없을 것 등 3가지 요건을 갖추어야 성립한다.

관습법상의 법정지상권은 민법 366조의 법정지상권과 인정되는 근거가 관습법이냐 민법이냐의 점과 성립요건에 있어 다소 차이가 있는 외에 본질적으로 지상권과 다를 바 없으므로, 나머지 법정지상권의 내용 등에서는 둘 다 민법의 지상권 규정에 의해 규율되는 점에서 동일하다.

여기서 성립요건의 점에서만 비교해보면, 관습법상 법정지상권은 토지와 건물이 '처분당시'에만 동일인 소유에 속하면 되는 점에서, 민법 366조의 법정지상권이 '저당권 설정 당시' 동일인 소유에 속하면 되고 처분 당시에는 서로 다른 소유자에 속해도 성립하는 것과 다르다.

또한 관습법상 법정지상권은 경매 중에서도 강제경매에 의한 처분으로 성립하는 점에서 임의경매에 의해 성립하는 민법 366조의 법정지상권과 다르고, 건물철거특약이 있으면 성립하지 않는 점에서도 다르다.

그러나 2가지 법정지상권은 건물에 한해 성립하고, 건물은 최소한 기둥, 지붕, 주벽이 갖추어져야 하며, 무허가, 미등기건물에도 성립하는 점에서는 동일하고, 공유관계, 양도담보, 명의신탁 등의 경우 소유자의 동일성 여부 판단도 대체로 같다. 판례도 하나의 사례에서 2가지 법정지상권을 함께 판단한 것이 적지 않다.

민법 366조의 법정지상권과 관습법상 법정지상권의 차이

	민법 366조의 법정지상권	관습법상의 법정지상권
다른점	'민법 366조'에 근거	판례로 확립된 '관습법'에 근거
	저당권실행에 의한 경매, 즉, '임의경매'로 성립	'강제경매', 매매, 증여 등으로 성립
	'저당권 설정 당시' 동일인 소유일 것	'처분당시' 동일인 소유일 것
	'건물철거특약 없을 것'이란 요건 불요	'건물철거특약 없을 것'
같은점	민법 지상권 규정 적용(지상권의 범위, 존속기간, 지료연체, 소멸청구 등)/건물에 한해 성립/토지와 건물이 동일인 소유이다가 소유자가 달라질 것/성립에 등기 불요/무허가나 미등기건물에 성립/공유관계나 신탁관계 등 많은 사례에서 성립여부 동일 등	

이처럼, 관습법상 법정지상권과 민법 366조의 법정지상권은 같은 점이 많아 일률적으로 분리해 설명하기 곤란하므로, 독자 여러분의 이해를 돕는다는 차원에서, 상당 부분 설명을 반복해 기술할 수 밖에 없는 점 양해해주시기 바란다.

이제 관습법상 법정지상권의 성립요건을 하나씩 차례로 살펴보자.

나. 토지와 건물이 '처분 당시' 동일인의 소유에 속했을 것

(1) '처분'이란

관습법상 법정지상권은 토지와 지상 건물 중 어느 하나가 '처분당시' 동일인 소유에 속해야 성립한다. 즉, 관습법상의 법정지상권이 성립되기 위해서는 토지와 건물 중 어느 하나가 처분될 당시에 토지와 그 지상건물이 동일인의 소유에 속했으면 족하고 원시적으로 동일인의 소유였을 필요는 없다.[163]

여기서 처분이란 후술하는 바와 같이 강제경매, 매매, 증여, 공유물분할, 귀속재산의 불하, 국세체납처분에 의한 공매 등으로 소유권이 이전되는 것을 말한다.

(2) '처분 당시'란

여기서 처분당시란, 강제경매, 매매, 증여, 공유물분할, 귀속재산의 불하,[164] 국세체납처분에 의한 공매 등으로 소유권이 이전되는 시점을 뜻한다.

그런데 최근 강제경매와 관련해 판례에 의해 아래와 같이 소유자의 동일성을 요구하는 시점이 상당히 앞당겨지게 되었다.

---

163) 대법원 1995.07.28. 선고 95다9075 판결[소유권이전등기, 건물철거 등]
164) 귀속재산(歸屬財産)이란, 미군정에 몰수된 일제강점기 때 일본인 소유의 농지, 주택, 기업 등의 재산을 이른다. 일제강점기 때 일본인 소유의 농지나 주택, 기업 등의 재산은 미군정에 몰수되어 있었는데, 이승만 정부의 정책으로 이 귀속재산의 불하(매각)가 이루어졌다. 이 귀속재산의 불하는 미군정기에 시작되었으나 실제적으로는 1948년부터 본격화되었다. 구체적으로 1949년에는 귀속재산처리법이 제정되어 귀속재산이 민간기업에 불하되었는데, 대체적으로 정치권과 유착관계를 맺고 있던 기업들에게 불하되었다. 이때 불하가격 자체가 시가 1/4~1/5 정도였으며 상환 기간도 최고 15년 분할 상환으로, 인플레이션이 심했기 때문에 불하를 받는 것 자체가 엄청난 특혜였다. 실제 수혜자가 일제시기부터 그 회사의 직원이거나 소액 주주, 미군정 관리, 일제시기의 관리들로서 귀속기업체들은 정부의 원조물자의 독점 배당, 금융 특혜, 독과점의 가격 보장 등으로 독점자본으로 성장하는 중요한 계기가 되었다. [네이버 지식백과] 귀속재산(시사상식사전, 박문각)

강제경매의 경우, '강제경매개시결정의 기입등기일'임이 원칙

대법원은 전원합의체 판결로 종전의 '매각대금 완납일'을 기준으로 하던 판례[165]를 변경해 '강제경매개시결정의 기입등기일'에 소유자가 동일해야 관습법상의 법정지상권이 성립한다고 보았다.[166]

따라서, 강제경매의 목적이 된 토지 또는 그 지상 건물의 소유권이 강제경매로 인해 그 절차상의 매수인에게 이전된 경우에 건물의 소유를 위한 관습상 법정지상권이 성립하는가 하는 문제에서는 그 매수인이 소유권을 취득하는 '매각대금의 완납시'가 아니라 '그 압류의 효력이 발생하는 때', 즉 '강제경매시시결정의 기입등기일'을 기준으로 해서 토지와 그 지상 건물이 동일인에 속했는지가 판단되어야 한다.

강제경매개시결정의 기입등기가 이루어져 압류의 효력이 발생한 후에 경매목적물의 소유권을 취득한 이른바 제3취득자는 그의 권리를 경매 절차상 매수인에게 대항하지 못하고, 나아가 그 명의로 경료된 소유권이전등기는 매수인이 인수하지 아니하는 부동산의 부담에 관한 기입에 해당하므로(민사집행법 144조 1항 2호 참조), 매각대금이 완납되면 직권으로 그 말소가 촉탁되어야 하는 것이어서, 결국 매각대금 완납 당시 소유자가 누구인지는 별다른 의미를 가질 수 없기 때문이다.

가압류가 본압류로 이행되어 강제경매된 경우 - '가압류시'

나아가, 강제경매개시결정 이전에 가압류가 있는 경우에는, 그 가압류가 강제

---

165) 대법원 1971.9.28. 선고 71다1631 판결[건물수거]
166) 대법원 2012.10.18. 선고 2010다52140 전원합의체 판결[토지인도 등] ; 대법원은 "이와 달리 강제경매로 인해 관습상 법정지상권이 성립함에는 그 매각 당시를 기준으로 토지와 그 지상 건물이 동일인에게 속해야 한다는 취지의 대법원 1970. 9. 29. 선고 70다1454 판결, 대법원 1971. 9. 28. 선고 71다1631 판결 등은 이 판결의 견해와 저촉되는 한도에서 변경하기로 한다"라고 해서 위 판결 취지에 저촉되는 한도에서 종전 판결을 변경했다.

경매개시결정으로 인해 본압류로 이행되어 가압류집행이 본집행에 포섭됨으로써 당초부터 본집행이 있었던 것과 같은 효력이 있다. 따라서, 경매의 목적이 된 부동산에 대해 가압류가 있고 그것이 본압류로 이행되어 경매 절차가 진행된 경우에는, 애초 가압류가 효력을 발생하는 때를 기준으로 토지와 그 지상 건물이 동일인에 속했는지를 판단해야 한다.[167]

다만, 강제경매의 본집행에 포섭된 가압류 이전에 다른 가압류가 존재하는 경우, 그 가압류는 본집행에 포섭되지 않았으므로 동일인 소유여부의 기준이 되지 않는다고 보여진다.

'강제경매를 위한 압류'나 '그 압류에 선행한 가압류' 이전에 '근저당권이 설정'되어 있다가 강제경매로 근저당권이 소멸한 경우 - '근저당 설정시'

강제경매의 목적이 된 토지 또는 그 지상 건물에 관해 강제경매를 위한 압류(경매개시결정의 기입등기)나 그 압류에 선행한 가압류가 있기 이전에 저당권이 설정되어 있다가 그 후 강제경매로 인해 그 저당권이 소멸하는 경우에는, 그 저당권 설정 이후의 특정 시점을 기준으로 토지와 그 지상 건물이 동일인의 소유에 속했는지에 따라 관습상 법정지상권의 성립 여부를 판단하게 되면, 저당권자로서는 저당권 설정 당시를 기준으로 그 토지나 지상 건물의 담보가치를 평가했음에도 저당권 설정 이후에 토지나 그 지상 건물의 소유자가 변경되었다는 외부의 우연한 사정으로 인해 자신이 당초에 파악하고 있던 것보다 부당하게 높아지거나 떨어진 가치를 가진 담보를 취득하게 되는 예상하지 못한 이익을 얻거나 손해를 입게 되므로, 그 저당권 설정 당시를 기준으로 토지와 그 지상 건물이 동일인에게 속했는지에 따라 관습상 법정지상권의 성립 여부를 판단해야 한다.[168]

다만, 여러 개의 근저당이 설정된 경우 최초 근저당설정시가 기준이 되어야 할 것이다.

---

167) 위 대법원 2012.10.18. 선고 2010다52140 전원합의체 판결[토지인도 등]
168) 대법원 2013.04.11. 선고 2009다62059 판결[건물명도 등]

토지와 건물이 동일인에 속해야 하는 시점

- **사례** : 근저당 '갑' – 가압류 A– 근저당 '을'– 가압류 B(본압류로 이행) – 강제경매개시결정등기(B) – 매
  각대금완납(C)
- **결론** : 최초 '갑'의 근저당 설정 등기시점을 기준으로 동일인 여부 판단

(3) 동일인 소유에 속할 것

토지와 건물이 처분당시 동일인 소유에 속하고 있어야 한다. 동일인 소유여부
에 관해 문제되는 경우를 살펴보면 아래와 같다.

토지소유자의 승낙을 얻어 타인이 건물을 건축한 경우 – '불성립'

건물의 존립을 목적으로 하는 대지 사용을 그 대지소유자가 승낙했다고 해서 그
사실만으로 그 건물이 노후되어 멸실될 때까지 그 대지를 사용할 수 있는 관습상
의 지상권이 설정되었다고 볼 수는 없다.[169]

토지매매단계에서 토지사용승낙을 받아 건축했으나, 매매가 해제된 경우 – '불성립'

또한 토지의 매매에 수반해서 토지소유자가 매수인으로부터 토지대금을 다 받
기 전에 그 토지위에 건물을 신축할 수 있도록 토지사용을 승낙했다 하더라도 특
별한 사정이 없는 한 매매당사자 사이에 그 토지에 관한 지상권 설정의 합의까지
도 있었던 것이라고 할 수 없다 할 것이므로, 그 매매계약이 적법하게 해제된 경
우에는 토지매수인은 비록 당초에 토지사용 승낙을 받아 그 토지 위에 건물을 신
축 중이었다 하더라도 그 토지를 신축건물의 부지로 점유할 권원을 상실하게 되
는 것이고, 또 당초에 건물과 그 대지가 동일인의 소유였다가 경매 등의 사유로
소유자를 달리하게 되는 경우가 아닌 이상 관습에 의한 법정지상권도 성립되지
아니한다.[170]

---

169) 대법원 1971.12.28. 선고 71다2124 판결[건물철거]
170) 대법원 1988.06.28. 선고 87다카2895 판결[건물철거 등]

대지를 매수했으나 그 소유권을 이전하지 못한 채 사실상 처분권한을 가지고 있던 중 그 지상에 건물을 신축한 경우에도, 그 건물에 관한 강제경매 절차에서 건물의 매수인은 관습법상 법정지상권을 취득하지 못한다. 토지와 건물이 동일한 소유자에 속했던 적이 없기 때문이다.

명의신탁된 대지의 수탁자가 건물신축 후 신탁계약이 해지된 경우 – '불성립'

토지소유권을 명의신탁하면서 수탁자의 임의처분을 방지하기 위해 신탁자명의의 소유권이전등기 청구권 보전의 가등기를 함께 경료해둔 후, 수탁자가 위 명의신탁된 토지상에 건물을 신축하고 그 후 명의신탁이 해지되어 소유권회복의 방법으로 신탁자명의로 위 가등기에 기한 본등기가 경료된 경우, 위 명의수탁자는 신탁자와의 대내적 관계에 있어서 그 토지가 자기소유에 속하는 것이었다고 주장할 수 없고, 따라서 위 건물은 어디까지나 명의신탁지 소유의 토지 위에 지은 것이라 할 것이므로, 그 후 소유명의가 신탁자명의로 회복될 당시 위 수탁자가 신탁자들에 대해 지상건물의 소유를 위한 관습상의 지상권을 취득했다고 주장할 수 없다.[171]

대지를 양도담보한 후에 채무자가 그 대지 상에 건물을 지었을 경우 – '불성립'

대지를 양도담보한 후에 채무자가 그 대지 상에 건물을 지었을 경우에는 채권자의 승낙을 얻었다 하더라도 채무자는 그 대지 상에 관습에 의한 지상권이나 또는 지상권 유사의 물권을 취득한 것이라고는 볼 수 없다.

양도담보의 경우에는, 담보권자가 채무자로부터, 담보 목적물에 대한 소유권을 취득하되, 다만, 담보의 목적에 의해, 채권적으로 제한을 받는 데 불과하다 할 것이기 때문에, 대지소유권은 양도담보권자에게, 건물소유권은 채무자에게 있다 할 것이므로, 동일인 소유 요건이 충족되지 않아 법정지상권이 성립하지 않는다.[172]

---

171) 대법원 1986.05.27. 선고 86다카62 판결[건물철거 등]
172) 대법원 1966.05.17. 선고 66다504 판결[가건물철거 등]

공유관계와 법정지상권

① 토지만 공유 – 토지의 공유자 1인이 다른 공유자들의 승낙을 받아 건물을 신축한 다음 일부 대지지분이 타인에게 양도된 경우 – '불성립'

토지공유자의 한 사람이 다른 공유자의 지분 과반수의 동의를 얻어 건물을 건축한 후 토지와 건물의 소유자가 달라진 경우 토지에 관해 관습법상의 법정지상권이 성립되는 것으로 보게 되면 이는 토지공유자의 1인으로 하여금 자신의 지분을 제외한 다른 공유자의 지분에 대해서까지 지상권설정의 처분행위를 허용하는 셈이 되어 부당하다.[173]

② 건물만 공유 – 토지소유자가 그 지상건물을 타인과 공유하면서 그 단독소유의 토지만을 건물철거의 조건없이 타에 매도한 경우 – '성립'

대지소유자가 그 지상건물을 타인과 함께 공유하면서 그 단독소유의 대지만을 건물철거의 조건 없이 타에 매도한 경우에는 건물공유자들은 각기 건물을 위해 대지 전부에 대해 관습에 의한 법정지상권을 취득한다.[174]

③ 토지와 건물 모두 공유 – '성립' 또는 '불성립'

앞서 살펴본 민법 366조의 법정지상권에 대한 설명이 관습법상 법정지상권에도 그대로 타당하다. 즉, 토지(A, B, C)와 건물(A, B, C) 공유자가 모두 일치하고, 토지나 건물 중 어느 하나의 지분 전부(A, B, C)가 양도된 경우에만 관습상의 법정지상권이 성립한다. 따라서, 토지(A, B, C)와 건물(A, B, D)의 공유자 1인이라도 불일치하거나, 토지지분이나 건물지분 중 일부(A)만 양도되는 경우라면 법정지상권이 성립하지 않는다.

---

173) 대법원 2014.09.04. 선고 2011다73038 판결[건물등철거·건물철거 등]
174) 대법원 1977.07.26. 선고 76다388 판결[지상권설정등기]

구분소유적 공유관계(내지 상호명의신탁관계)와 법정지상권 – '성립'

토지가 등기부상으로는 공유관계이지만 실질적으로는 분할해 각자 몫의 대지위에 건물을 신축해 점유해오다가 그 건물 또는 토지지분만 강제경매로 소유자가 달라진 경우, 건물소유자는 관습법상 법정지상권을 취득하는지 여부가 문제된다.

기본적으로 1필지의 대지를 구분소유적으로 공유하면서 일부 구분소유자가 자기 몫의 내지 위에 건물을 신축해 점유하던 중 위 대지의 지분만 경매로 제3자에게 소유권이전된 경우 건물 소유자는 관습상의 법정지상권을 취득한다.[175]

A, B가 1필지의 대지를 공동으로 매수해 같은 평수로 사실상 분할한 다음 각자 자기의 돈으로 자기 몫의 대지 위에 건물을 신축해서 점유해왔다면 비록 위 대지가 등기부상으로는 2인의 공유로 되어 있다 하더라도 그 대지의 소유관계는 처음부터 구분소유적 공유관계에 있다 할 것이고, 따라서 A소유의 건물과 그 대지는 B와의 내부관계에 있어서 A의 단독소유로 되었다 할 것이므로 A는 그 후 이 사건 대지의 A지분만을 경락취득한 C에 대해 그 소유의 위 건물을 위한 관습상의 법정지상권을 취득했다고 할 것이다(이 사건 대지에 관해 이미 위 경락 전에 D 앞으로 소유권이전등기가 되어 있었다 하더라도 위 경락은 가압류에 의한 강제경매에 의해 이루어졌고 위 D 명의의 등기는 위 가압류 후에 이루어진 것이 분명하므로 위 경락에 의해 말소될 운명에 있는 D의 등기를 들어 A의 소유권을 부정할 수 없으므로 경락 당시에 대지와 그 지상건물의 소유자가 동일인이 아니라고 할 수 없다).

또한, 종전 토지의 공유자들이 합의하에 환지예정지를 특정해 구분소유하고 있는 상태에서 그 중 1인인 '갑'이 환지예정지 중 그 소유부분을 '을'에게 양도하고 지분소유권이전등기를 경료했는데, 그 당시 그 지상에는 '갑'이 건축 중인 건물이 외형이 모두 완성되고 일부 내부공사 등 마무리공사만 남겨둔 상태였던 경우, 공유자들 사이의 합의에 의해 각각 환지예정지를 구분소유하기로 한 이상 다른 공

---

175) 대법원 1990. 6. 26. 선고 89다카24094 판결[건물철거 등]

유자들은 그 내부관계에서 '갑'이 소유하기로 한 환지예정지에 관한 한 종전 토지의 공유지분에 기한 사용·수익권을 포기하고, '갑'의 처분행위로 인해 '갑'이나 제3자가 종전 토지에 관한 법정지상권에 기해 당해 환지예정지를 사용·수익하는 것까지도 용인했다고 볼 수 있으므로, '갑'은 그 건물의 소유를 위해 '을' 등의 공유인 종전 토지에 관해 관습법상의 법정지상권을 갖는다.[176]

다만, 구분소유적 공유관계에 있는 자가 자신의 특정소유가 아닌 부분에 건물을 신축한 경우 그 건물부분은 당초부터 건물과 토지의 소유자가 서로 다른 경우에 해당되어 그에 관해서는 관습상 법정지상권이 성립될 여지가 없다.[177]

이처럼 구분소유적 공유관계는 위에서 살펴본 단순한 공유관계와는 법정지상권의 성립범위에 있어서 차이가 있기 때문에, 법정지상권을 주장하려고 하든, 깨트리려고 하든, 우선 단순한 공유관계인지, 구분소유적 공유관계인지 여부부터 먼저 체크를 해야 할 필요가 있다.

동일인 소유의 대지와 그 지상의 미등기건물 중 대지만 경매로 타인 소유로 된 경우 – '성립'
동일인 소유의 대지와 그 지상의 미등기건물 중 대지만 강제경매, 매매 등으로 처분된 경우, 지상건물을 철거하기로 하는 특약을 하는 등 특별한 사정이 없는 한 관습상의 법정지상권이 성립한다.

대지와 건물을 모두 타에 매도한 후 대지에 관해서만 소유권이전등기를 경료해준 경우 – '불성립'
원소유자로부터 대지와 지상건물을 모두 매수하고 대지에 관해서만 소유권이전등기를 경료함으로써 건물의 소유명의가 매도인에게 남아 있게 된 경우라면 형식적으로는 대지와 건물의 소유명의자를 달리하게 된 것이라 하더라도 이는 대

---

176) 대법원 1997. 12. 26. 선고 96다34665 판결[건물철거 등]
177) 대법원 1994.1.28. 선고 93다49871 판결[가건물철거 등]

지와 건물 중 어느 하나만이 매도된 것이 아니어서 관습에 의한 법정지상권은 인정될 수 없고, 이 경우 대지와 건물의 점유사용문제는 매매계약 당사자 사이의 계약에 따라 해결할 것이다.[178] 위 대지의 소유권을 전전양수한 자에게도 관습상의 법정지상권을 주장할 수 없다.[179]

미등기 무허가 건물을 대지와 함께 양수한 후, 대지만 양도된 경우 – '불성립'

무허가 건물인 미등기 건물을 그 대지와 함께 양수(경매, 매매 등)한 자가 위 대지에 대해서만 소유권이전등기를 경료하고 건물에 대해서는 등기를 경료하지 않았다면 양수인은 위 건물에 대해서는 소유권을 취득했다고 할 수 없으므로, 위 토지에 대해 그 양수인으로부터 전전해서 소유권을 양수한 자에게 관습상의 법정지상권을 주장할 수 없다.[180]

또한, 관습상의 법정지상권은 동일인의 소유이던 토지와 그 지상건물이 매매 기타 원인으로 인해 각각 소유자를 달리하게 되었으나 그 건물을 철거한다는 등의 특약이 없으면 건물 소유자로 하여금 토지를 계속 사용하게 하려는 것이 당사자의 의사라고 보아 인정되는 것이므로 토지의 점유·사용에 관해 당사자 사이에 약정이 있는 것으로 볼 수 있거나 토지소유자가 건물의 처분권까지 함께 취득한 경우에는 관습상의 법정지상권을 인정할 까닭이 없다 할 것이어서, 미등기 건물을 그 대지와 함께 매도했다면 비록 매수인에게 그 대지에 관해서만 소유권이전등기가 경료되고 건물에 관해서는 등기가 경료되지 않아 형식적으로 대지와 건물이 그 소유 명의자를 달리하게 되었다 하더라도 매도인에게 관습상의 법정지상권을 인정할 이유가 없다.[181]

---

178) 대법원 1983.07.26. 선고 83다카419 판결[건물철거 등]
179) 대법원 1987.07.07. 선고 87다카634 판결[건물철거]
180) 대법원 1987.07.07. 선고 87다카634 판결[건물철거]
181) 대법원 2002.06.20. 선고 2002다9660 전원합의체 판결[건물등철거]; 이 경우에도 관습법상 법정지상권을 인정한 대법원 1972.10.31.선고 72다1515 판결을 폐기하는 전원합의체 판결임을 유의할 필요가 있다.

아파트 시공회사가 수위실을 건축해서 미등기상태로 아파트 소유자들에게 양도한 후, 그 부지를 타인에게 매도한 경우 – '성립'

아파트 시공회사가 토지를 매수해 소유권이전등기를 경료한 후 아파트 수위실을 축조해 이를 아파트 소유자들에게 미등기상태로 양도함과 동시에 그 토지부분에 대한 영구사용권을 부여한 다음 토지를 제3자에게 처분했다면 토지와 수위실은 시공회사의 소유에 속했다가 토지가 제3자에게 매도됨으로써 대지와 건물이 각기 소유자를 달리하게 된 경우에 해당하므로, 시공회사는 수위실의 소유를 목적으로 한 관습법상의 법정지상권을 취득했다고 할 것이다.[182] 이 때 관습법상의 법정지상권은 지상구조물인 자전거보관소와 철봉이 있는 토지에는 미치지 아니하고 수위실의 대지에만 미친다고 보았다.

나대지상 가등기 경료 후 건물을 신축하고 그 후 본등기가 경료된 경우 – '불성립'

원래 채권을 담보하기 위해 나대지상에 가등기가 경료되었고, 그 뒤 대지소유자가 그 지상에 건물을 신축했는데, 그 후 그 가등기에 기한 본등기가 경료되어 대지와 건물의 소유자가 달라진 경우에 관습상 법정지상권을 인정하면 애초에 대지에 채권담보를 위해 가등기를 경료한 사람의 이익을 크게 해하게 되기 때문에 특별한 사정이 없는 한 건물을 위한 관습상 법정지상권이 성립한다고 할 수 없다.

또한 위 신축건물에 강제경매가 개시되어 압류등기가 경료되었고, 강제경매 절차가 진행 중에 그 이전에 대지에 관해 설정된 채권담보를 위한 위 가등기에 기해 그 본등기가 경료되었으므로 건물매수인은 위 대지에 관해 건물을 위한 관습상 법정지상권을 취득한다고 볼 수도 없다.[183]

---

182) 대법원 1993.02.23. 선고 92다49218 판결[건물철거 등]
183) 대법원 1994.11.22. 선고 94다5458 판결[지료]

건물 일부에 공사대금채권의 담보를 위한 가등기를 했다가 대물변제조로 건물소유권을 양도받은 경우 – '성립'

가등기담보등에 관한 법률은 차용물의 반환에 관해 차주가 차용물에 갈음해 다른 재산권을 이전할 것을 예약한 경우에 적용되는 것이므로, 공사대금채권을 담보할 목적으로 가등기가 경료된 경우에는 위 법률이 적용되지 아니한다.

따라서, 원래 '갑'이 대지와 그 지상건물을 함께 소유하고 있었는데 '을'이 위 건물일부에 관해 공사대금채권의 담보를 위한 가등기를 경료했다가 그 대물변제조로 위 건물부분의 소유권을 양도받은 경우 달리 특별한 사정이 없는 한 '을'은 위 건물부분의 점유사용에 필요한 범위 내에서 '갑' 소유의 위 대지에 관해 관습상의 법정지상권을 취득한다.[184]

가등기담보 등에 관한 법률은 차용물의 반환에 관해 차주가 차용물에 갈음해 다른 재산권을 이전할 것을 예약한 경우에 적용되는 것이므로 토지매매대금 등의 지급의 담보와 그 불이행의 경우의 제재 내지 보상을 위해 소유권이전청구권보전을 위한 가등기가 경료된 경우에는 위 법률이 적용되지 아니한다.[185]

결국 가등기담보권실행에 의한 법정지상권은 가등기담보법이 정하는 원인으로 토지와 건물의 소유가 분리된 경우에만 성립함을 유의해야 한다.

나대지상에 환매특약의 등기 후, 대지 소유자가 그 지상에 건물을 신축하고 환매권의 행사에 따라 토지와 건물의 소유자가 달라진 경우 – '불성립'

나대지상에 환매특약의 등기가 마쳐진 상태에서 대지소유자가 그 지상에 건물을 신축했다면, 대지소유자는 그 신축 당시부터 환매권 행사에 따라 환매권자에게 환매특약 등기 당시의 권리관계 그대로의 토지 소유권을 이전해줄 잠재적 의

---

184) 대법원 1992.04.10. 선고 91다45356 판결[건물명도, 시설비등(반소)]
185) 대법원 1990.06.26. 선고 88다카20392 판결[가등기에기한본등기]

무를 부담한다고 볼 수 있으므로, 통상의 대지소유자로서는 그 건물이 장차 철거되어야 하는 운명에 처하게 될 것임을 예상하면서도 그 건물을 건축했다고 볼 수 있고, 환매권자가 환매기간 내에 적법하게 환매권을 행사하면 환매특약의 등기 후에 마쳐진 제3자의 근저당권 등 이미 유효하게 성립한 제한물권조차 소멸하므로, 특별한 사정이 없는 한 환매권의 행사에 따라 토지와 건물의 소유자가 달라진 경우 그 건물을 위한 관습상의 법정지상권은 애초부터 생기지 않는다.[186]

건축 중 건축주 명의 변경 후, 토지 소유권이 양도된 경우 – '불성립'

건축 중인 건물이 아직 건물로서의 외형을 구비하지 못해 독립된 부동산이 되지 못한 상태에서 증여나 양도 등의 이유로 건축주 명의가 변경되고, 변경된 건축주가 완공한 경우, 완공된 미등기건물은 변경된 건축주 소유로 된다.

위와 같은 경우 통상 토지소유자와 최초 건축주가 동일인일 뿐이고, 최초 건축주는 미등기건물 소유자로 인정받지 못하므로, 토지가 경매로 소유권 변동시, 토지와 건물소유자의 동일성이 인정되지 않아 관습법상 법정지상권은 물론 민법 366조의 법정지상권도 성립하지 않게 된다.[187]

토지와 지상 건물이 함께 양도되었다가 채권자취소권의 행사에 따라 그 중 건물에 관해서만 양도가 취소된 후, 건물만 경매로 소유권 이전된 경우 – '성립'

동일인의 소유에 속하고 있던 토지와 그 지상 건물이 매매 등으로 인해 소유자가 다르게 된 경우에 그 건물을 철거한다는 특약이 없는 한 건물소유자는 그 건물의 소유를 위한 관습상 법정지상권을 취득한다(대법원 1997. 1. 21. 선고 96다40080 판결 등 참조).

그런데 민법 406조의 채권자취소권의 행사로 인한 사해행위의 취소와 일탈재

---

186) 대법원 2010.11.25. 선고 2010두16431 판결[국유재산변상금부과고지처분취소]
187) 서울고법 2008.1.11.선고 2007나31169 건물철거 등

산의 원상회복은 채권자와 수익자 또는 전득자에 대한 관계에 있어서만 그 효력이 발생할 뿐이고 채무자가 직접 권리를 취득하는 것이 아니므로(대법원 2000. 12. 8. 선고 98두11458 판결 등 참조), 토지와 그 시상 건물이 함께 양노뇌었다가 채권자취소권의 행사에 따라 그 중 건물에 관해서만 양도가 취소되고 수익자와 전득자 명의의 소유권이전등기가 말소되었다고 하더라도, 이는 관습상 법정지상권의 성립요건인 '동일인의 소유에 속하고 있던 토지와 그 지상 건물이 매매 등으로 인해 소유자가 다르게 된 경우'에 해당한다고 할 수 없다.

등기상의 권리 변동만을 놓고 본다면 토지와 건물 모두 수익자 또는 전득자에게 귀속되었다가 건물만 채무자에게 반환되어 소유관계가 달라진 것처럼 보인다. 그러나 이는 사해행위 취소로 인한 원상회복의 효과로 그 효력은 사해행위 취소의 당사자인 채권자와 수익자 또는 전득자 사이에서만 미칠 뿐 채무자가 실제로 권리를 회복한 것은 아니고, 소유권은 건물에 대한 압류의 효력이 발생할 때까지 여전히 수익자 또는 전득자에게 있다고 볼 것이다.[188]

그러므로, 그 후 건물의 강제경매 절차에서 제3자가 건물을 매수한 경우, 그 건물의 매수인이 매수대금을 납부함으로써 토지와 건물이 비로소 소유자가 다르게 되었으므로, 건물의 매수인은 관습법상 법정지상권을 취득한다.

---

188) 채권자취소권을 행사로 일탈된 재산이 채무자에게 반환되는 경우, 그 효력은 소송의 당사자인 채권자와 수익자 또는 전득자 사이에서 대해서만 미친다는 것이 통설이다. 판례 역시 일탈된 재산이 원상회복되더라도 채무자가 직접 권리를 취득하는 것은 아니라는 전제 하에 사해행위 취소에 의해 부동산의 등기 명의가 채무자에게 원상회복되었다고 하더라도 재산세의 납세의무자는 사실상 소유자인 수익자라고 판시했다(대법원 2000. 12. 8. 선고 98두11458 판결).

다. 매매 기타의 원인으로 소유자가 달라질 것

민법 366조의 저당권 실행에 의한 경매(임의경매), 가등기담보 등에 관한 법률 10조의 담보권 실행이나 담보가등기에 기한 본등기를 제외하고, 소유자가 달라지는 모든 사유를 포함한다.

대표적인 것이 '매매'나 '증여'라 할 것이지만, 경매에서는 판결 등 집행권원에 의한 '강제경매'를 들 수 있고, 기타 '공유물분할', '국세체납처분에 의한 공매', '귀속재산의 불하' 등을 판례가 들고 있다. 이러한 사유로 소유자가 달라진 때, 즉, 소유권이전등기가 이뤄지거나 법률의 규정에 의해 소유권이전의 효력이 발생한 때 법정지상권이 성립한다.

환지(換地)[189] – '불성립'

환지로 인해 새로운 분할지적선이 그어진 결과 환지 전에는 동일인에게 속했던 토지와 그 지상 건물의 소유자가 달라진 경우에 환지의 성질상 건물의 부지에 관해 소유권을 상실한 건물소유자가 그 환지된 토지(건물부지)에 대해 건물을 위한 관습상의 법정지상권을 취득한다거나 그 환지된 토지의 소유자가 그 건물을 위한 관습상 법정지상권의 부담을 안게 된다고는 할 수 없다.[190]

---

189) 환지란 예전의 토지구획정리사업(2000.8.3 폐지)에 의한 토지구획정리사업시행시 정리 전의 택지의 위치, 지목, 면적, 이용도, 기타 필요한 사항을 고려해 사업시행 후 소유주에게 재배분하는 택지 혹은 이에 따른 행위를 말한다. 환지방식은 도시개발사업의 시행방식 중 하나로 토지소유자의 동의하에 기존 토지의 권리를 개발 후 토지에 재분배하는 방식으로, 현재에는 도시개발법에 의한 개발사업의 시행수단으로써 환지방식에 의한 사업시행시 적용되고 있다.
환지방식의 사업은 주로 다음의 경우에 시행한다.
① 대지로서의 효용 증진과 공공시설의 정비를 위해 토지의 교환·분합, 그 밖의 구획변경, 지목 또는 형질의 변경이나 공공시설의 설치·변경이 필요한 경우
② 도시개발사업을 시행하는 지역의 지가가 인근의 다른 지역에 비해 현저히 높아 수용 또는 사용 방식으로 시행하는 것이 어려운 경우
[네이버 지식백과] 환지 [換地] (서울특별시 알기 쉬운 도시계획 용어, 2012. 1., 서울특별시 도시계획국)
190) 대법원 1991.04.09. 선고 89다카1305 판결[대지인도 등]

소유권변동이 원인무효되어 등기가 말소됨으로써 토지와 건물의 소유자가 달라진 경우 – '불성립'

관습상의 법정지상권의 성립요건인 해당 토지와 건물의 소유권의 동일인에의 귀속과 그 후의 각기 다른 사람에의 귀속은 법의 보호를 받을 수 있는 권리변동으로 인한 것이어야 하므로, 원래 동일인에게의 소유권 귀속이 원인무효로 이루어졌다가 그 뒤 그 원인무효임이 밝혀져 그 등기가 말소됨으로써 그 건물과 토지의 소유지가 달리지게 된 경우에는 관습상의 법정지상권을 허용할 수 없다.[191]

라. 당사자 사이에 '건물을 철거한다는 특약'이 없을 것

일반 법정지상권과 달리 관습법상 법정지상권의 경우, 토지와 건물의 소유자들 간 건물철거 등 관습법상 법정지상권을 배제하기로 하는 특약이 있다면 성립할 수 없게 된다. 즉, 토지와 건물의 소유자 간에 건물철거 특약이 없어야 한다는 요건은 이러한 건물철거 특약이 없어야 토지와 건물 소유자가 달라진 후에도 건물소유자에게 건물소유를 위해 토지를 계속 사용하게 하려는 묵시적 합의가 당사자 사이에 있는 것으로 볼 수 있기 때문에 인정되는데, 이는 관습법상의 법정지상권 특유의 요건이다.

결국 건물철거 합의의 존재는 '관습법상 법정지상권의 사전포기'라 할 것이다. 그런데 관습법상 법정지상권의 성립을 배제하는 특약은 권리를 박탈한다는 견지에서 가능한 한 제한적으로 해석해야 한다.[192] 관련 판례를 살펴보자.

---

191) 대법원 1999.03.26. 선고 98다64189 판결[토지인도 등]
192) 서울고법 2006.7.12.선고 2004나87604 소유권이전등기

토지와 건물의 소유자가 토지만을 타인에게 증여한 후, 건물은 철거하되 다시 신축하기로 합의한 경우 – '성립'

건물 철거의 합의가 관습상의 법정지상권 발생의 소극적 요건이 되는 이유는 그러한 합의가 없을 때라야 토지와 건물의 소유자가 달라진 후에도 건물 소유자로 하여금 그 건물의 소유를 위해 토지를 계속 사용케 하려는 묵시적 합의가 있는 것으로 볼 수 있다는 데 있다.

한편 관습상의 법정지상권은 타인의 토지 위에 건물을 소유하는 것을 본질적 내용으로 하는 권리가 아니라, 건물의 소유를 위해 타인의 토지를 사용하는 것을 본질적 내용으로 하는 권리여서, 위에서 말하는 '묵시적 합의'라는 당사자의 추정 의사는 건물의 소유를 위해 '토지를 계속 사용한다'는 데 중점이 있는 의사라 할 것이다. 그러므로, 건물 철거의 합의에 위와 같은 묵시적 합의를 깨뜨리는 효력, 즉 관습상의 법정지상권의 발생을 배제하는 효력을 인정할 수 있기 위해서는, 단지 형식적으로 건물을 철거한다는 내용만이 아니라 건물을 철거함으로써 토지의 계속 사용을 그만두고자 하는 당사자의 의사가 그 합의에 의해 인정될 수 있어야 한다.

따라서, 토지와 건물의 소유자가 토지만을 타인에게 증여한 후 구건물을 철거하되 그 지상에 자신의 이름으로 건물을 다시 신축하기로 합의한 경우, 그 건물 철거의 합의는 건물 소유자가 토지의 계속 사용을 그만두고자 하는 내용의 합의로 볼 수 없어 관습상의 법정지상권의 발생을 배제하는 효력이 인정되지 않는다.[193)]

토지를 매각하면서 지상건물에 대한 철거보상금 수령 후 철거하고 부지를 인도하기로 합의한 경우 – '불성립'

서울특별시에 토지를 매각하면서 지상건물에 대한 철거보상금을 수령 후 60일

---

193) 대법원 1999. 12. 10. 선고 98다58467 판결[건물철거 등]

이내에 철거하고 부지를 인도하기로 합의한 후, 서울특별시가 철거보상금 전액을 지급했다면 서울특별시와 토지 및 건물 소유자와 사이에 건물철거 합의가 있어 관습법상 법성지상권을 취득했다고 할 수 없다.

따라서 건물소유자가 합의를 어기는 경우 불법점유에 따른 임료상당의 부당이득을 서울특별시에 지급할 의무가 있다.[194]

동일인 소유의 대지와 건물 중 건물만을 양도하고 그 양수인과 대지에 대해 임대차계약을 체결한 경우 – '불성립(포기)'
대지와 건물의 소유자가 건물만을 양도하고 양수인과 대지에 대해 임대차계약을 체결했다면 특별한 사정이 없는 한 양수인은 본건 대지에 관한 관습상의 법정지상권을 포기했다고 볼 것이다.[195]

위와 같이 건물 양도와 동시에 대지에 대해 임대차계약을 체결한 경우뿐만 아니라, 동일인 소유였던 토지와 그 지상 건물의 소유권이 분리되어 건물소유자가 관습상의 법정지상권을 취득한 후 토지소유자와 간에 건물소유를 위한 임대차계약을 체결한 경우에도 관습상의 법정지상권을 포기한 것으로 보아야 한다.[196]

매도인이 건물은 제외하고 그 대지와 부근의 토지들을 함께 매도한 후, 대지는 다시 매수하되 인접한 다른 토지를 매수인에게 넘겨주기로 특약한 후, 매도인 귀책사유로 이행하지 못한 경우 – '불성립'
건물을 제외한 채 그 대지와 부근의 토지들을 함께 타인에게 매도해 건물과 대지가 소유자를 달리하게 되었더라도 매도인이 위 대지부분을 다시 매수하고 그

---

194) 서울중앙지법 2009.1.9. 선고 2008나19118 [건물철거 등]
195) 대법원 1968.01.31. 선고 67다2007 제3부 판결[건물철거 등], 대법원 1991.5.14. 선고 91다1912 판결[건물철거 등] 등
196) 대법원 1979.06.05. 선고 79다572 판결[건물철거]

대신 매수인에게 위 토지와 인접한 다른 토지를 넘겨주기로 하는 특약을 맺었다면, 당사자 사이에 매수인으로 하여금 아무런 제한 없는 토지를 사용하게 하려는 의사가 있었다고 보아야 한다.

그러므로, 위 특약이 매도인측의 귀책사유로 이행불능된 이상 매도인은 위 건물을 위한 관습상의 법정지상권을 주장하지 못하고 건물을 철거해 매수인에게 아무런 제한 없는 토지를 인도할 의무가 있다.[197]

환지로 인해 장차 자기 소유 건물이 철거될 것을 예상하고 건물이 서 있는 부지까지 매도한 경우 – '불성립'

매도인이 자신의 토지 440평을 타인에게 매도할 때 자기 소유건물이 점거하는 40평을 제외한 375평만 매도했으나, 후에 환지예정지 지정처분에 의해 위 40평 부분이 제자리로 환지되지 아니하고 다른 토지에 대한 환지예정지로 되자, 그 지상 건물이 철거될 것을 예상하고 매수인과 합의하에 위 매매계약을 백지화하고, 그 건물이 서 있는 부분 40평까지 포함해 매도하기로 하는 계약을 체결했다면, 매도인으로서는 종전 토지에 관해 제자리 환지가 되지 않았기 때문에 자기소유 건물이 장차 철거될 것을 예상하고 그 건물이 서 있는 부지까지 포함해서 매도했던 것이므로, 이 건물을 위한 관습상의 법정지상권이 생기게 된다고 볼 수 없다.[198]

토지와 건물이 모두 공유인 상태에서 토지소유권 전부 이전 시, 매수인과 토지공유자들의 건물철거 특약의 효력 – '불성립'

매수인이 대지의 소유권을 취득할 당시에는 대지는 갑 등의, 이 사건 건물은 이○○ 등 및 A의 소유이었는데, 매수인이 대지만을 취득함으로써 건물의 소유자와

---

197) 대법원 2008.02.15. 선고 2005다41771 판결[건물철거및토지인도 등·손해배상(기)]
198) 대법원 1974.06.11. 선고 73다1766 판결[건물철거·대지인도]

대지의 소유자가 다르게 되었다고는 할 것이나, 한편 이○○ 등은 매매계약 체결 당시 매수인과 사이에 건물을 철거하기로 하는 특약을 체결한 사실을 인정할 수 있으므로, 비록 건물에 대해 A가 지분을 가지고 있다 하더라도 대지의 소유자들인 이○○ 등이 건물에 관해 위와 같은 철거 특약을 했다면 비록 이○○ 등이 A의 건물 지분에 관한 처분권이 없다 하더라도 위 철거 특약으로써 자기의 이익 즉 이○○ 등의 건물 지분을 위한 법정지상권 성립의 이익을 포기해 동인들을 위한 법정지상권이 성립하지 않은 것이 된다. 이러한 경우 건물의 다른 공유자인 A의 이익을 위해서 관습법상 법정지상권이 성립한 것으로도 볼 수 없다.

이에 대해 A는 이○○ 등의 위 철거 특약에 동의하지 않았으므로 위 철거 특약은 채권적 효력에 불과해 물권인 A의 관습상의 법정지상권에 대항할 수 없다는 취지로 주장하나, 위 철거 특약이 있음으로 인해 A가 애당초 내시에 관해 관습상의 법정지상권을 취득하지 못했음은 앞서 본 바와 같으므로, A의 위 주장은 이유 없다.[199]

불하받은 창고를 위해 그 부지에 대한 관습상의 법정지상권을 취득한 자가, 그 부지사용에 관한 법적절차를 잘 몰라 부지의 사용허가를 얻어 사용료를 납부한 경우 – '성립'

창고를 불하받아 소유권이전등기를 경료한 자는 그 부지에 대한 관습상의 법정지상권을 취득했다고 할 것이니, 그가 관습상의 법정지상권을 포기한다는 명백한 의사표시가 없는 이상 다만 창고부지의 사용에 관한 법적인 절차를 알지 못하기 때문에 위 부지의 사용허가를 얻어 사용료를 납부한 사실이 있다는 사유만으로 관습상의 법정지상권을 포기했다고 단정할 수 없다.[200]

---

199) 부산고법 2005.10.5. 선고 2003나14294(본소)건물철거 등, 2003나14300(반소) 지상권확인(상고기각됨)
200) 대법원 1975.11.25. 선고 75다170 판결[부당이득금반환]

묵시적 사용대차계약으로 인정하기 어려운 경우 – '성립'

관습법상 법정지상권의 성립을 배제하는 특약은 가능한 한 제한적으로 해석해야 한다. 따라서, 건물소유자가 토지의 소유자에게 현재까지 토지사용에 대한 대가를 지급하지 않았다는 점만으로는 토지에 관해 그 소유자와 묵시적인 사용대차계약을 체결했다고 인정하기 부족하고, 달리 건물소유자가 관습법상의 법정지상권을 포기했다고 인정할 증거가 없으므로, 묵시적인 사용대차계약을 체결했으므로 관습법상 법정지상권을 포기한 것이라는 토지소유자의 주장은 받아들일 수 없다.[201]

토지의 소유자가 건물을 건축할 당시 이미 토지를 타에 매도해서 소유권을 이전해줄 의무를 부담하고 있었던 경우 – '불성립'

토지의 소유자가 건물을 건축할 당시 이미 토지를 타에 매도해 소유권을 이전해줄 의무를 부담하고 있었다면 토지의 매수인이 그 건축행위를 승낙하지 않는 이상 그 건물은 장차 철거되어야 하는 운명에 처하게 될 것이고 토지소유자가 이를 예상하면서도 건물을 건축했다면 그 건물을 위한 관습상의 법정지상권은 생기지 않는다고 보아야 할 것이다.[202]

원심이 인용한 1심판결 이유에 의하면, 원심은 원고가 소외 장○○를 거쳐 피고로부터 장차 피고가 취득할 택지분양권을 전전매수한 사실, 피고가 이 사건 토지를 분양받기로 확정되어 피고와 한국토지개발공사간에 택지분양계약이 체결된 후 원고가 피고에게 토지대금을 원고가 납부할 수 있도록 납부고지서를 줄 것을 요구하자 피고는 땅값 상승을 이유로 추가로 금원을 지급해달라며 원고의 요구에 응하지 않다가 자신이 위 공사에 매매대금을 지급하고 소유권이전등기를 경료한 다음 이 사건 토지상에 단독주택을 신축한 사실을 각 확정하고, 피고가 이 사건 건물을 신축할 당시는 토지 및 건물이 모두 피고의 소유이었으나 한편 위 신축이전에 피고는 이 사건 토지에 관한 분양권

---

201) 서울고법 2006.7.12.선고 2004나87604 소유권이전등기
202) 대법원 1994.12.22. 선고 94다41072 판결[건물철거 등]

을 매도했고 위 분양권이 전전 양도되어 원고가 이를 취득했다는 사실을 알면서도 건물을 신축한 것이므로 피고는 이 사건 토지의 소유권이 원고에게 이전되면 건물이 철거될 것임을 예상했다 할 것이어서 이러한 경우에는 그 건물을 위한 관습상의 법정지상권이 생기지 않는다고 판단한 것은 정당하다.

소송에 있어서 건물철거 특약의 존재에 대한 입증책임

토지 또는 건물이 동일한 소유자에게 속했다가 건물 또는 토지가 매매 기타 원인으로 인해 양자의 소유자가 다르게 된 때 그 건물을 철거하기로 하는 합의가 있었다는 등 특별한 사정이 없는 한 건물소유자는 토지소유자에 대해 그 건물을 위한 관습상의 지상권을 취득하게 되고, 건물을 철거하기로 하는 합의가 있었다는 등의 득별한 사성의 존재에 관한 수장·입증 책임은 그러한 사정의 존재를 주장하는 쪽에 있다.[203]

즉, 관습법상 법정지상권이 성립하지 않는다고 주장하는 토지소유자가 건물철거 합의가 존재한다는 사실을 주장·입증해야 한다.

마. 성립에 등기는 불필요

이상과 같은 성립요건을 갖춘 경우 관습법상 법정지상권은 문자 그대로 관습법에 의해 당연히 성립하므로, 민법 187조에 의해 등기는 필요하지 않다. 그러므로, 지상권설정등기를 하지 않더라도 건물소유자는 대지소유자에 대해 관습법상 법정지상권을 주장할 수 있다.

---

203) 대법원 1988.09.27. 선고 87다카279 판결[건물철거 등]

바. 법정지상권 성립시기

토지와 지상건물이 강제경매, 매매, 증여, 공유물분할, 국세체납처분에 의한 공매 등에 의해 소유자가 달라진 때, 즉, 소유권이전등기가 이뤄지거나 법률의 규정에 의해 소유권이전의 효력이 발생한 때, 관습법상 법정지상권이 성립한다.

04 기타 법정지상권 성립요건 둘러보기

가. 민법 305조의 법정지상권(전세권설정자의 법정지상권)

민법 305조 1항은 "대지와 건물이 동일한 소유자에 속한 경우에 건물에 전세권을 설정한 때는 그 대지소유권의 특별승계인은 전세권설정자에 대해 지상권을 설정한 것으로 본다. 그러나 지료는 당사자의 청구에 의해 법원이 이를 정한다"라고 하고, 2항은 "전항의 경우에 대지소유자는 타인에게 그 대지를 임대하거나 이를 목적으로 한 지상권 또는 전세권을 설정하지 못한다"라고 해서 건물 전세권설정자의 법정지상권에 대해 규정하고 있다.

즉, 토지와 건물이 동일한 소유자에 속한 경우에 건물에 대해서만 전세권을 설정한 후 토지소유자가 변경된 경우, 토지소유자는 전세권설정자에 대해 지상권을 설정한 것으로 본다.

'전세권 설정 당시' 토지와 건물이 동일인 소유여야 하고, 전세권이 등기되어 있어야 하므로 미등기·무허가 건물엔 성립될 수 없다는 점이 특색이다.

이 경우 통상 건물소유자와 대지양수인간 지상권이나 임대차 등 대지사용을 위한 계약을 체결해 둠이 보통이고, 그런 계약이 체결되지 않았더라도 건물소유자는 관습법상의 법정지상권을 취득하므로, 실제 민법 305조 1항의 법정지상권은 존재의의가 별로 없다.

나. 가등기담보 등에 관한 법률 10조의 법정지상권(가등기담보권 실행에 의한 법정지상권)

가등기담보 등에 관한 법률 10조는 "토지와 그 위의 건물이 동일한 소유자에게 속하는 경우 그 토지나 건물에 대해 4조 2항[204]에 따른 소유권을 취득하거나 담보가등기에 따른 본등기가 행해진 경우에는 그 건물의 소유를 목적으로 그 토지 위에 지상권이 설정된 것으로 본다. 이 경우 그 존속기간과 지료는 당사자의 청구에 의해 법원이 정한다"라고 해서 가등기담보권실행에 의한 법정지상권에 관해 규정하고 있다.

다시 말하면, 토지와 그 지상건물이 동일한 소유자에 속하는 경우에 그 토지나 건물에만 가등기담보권, 양도담보권이 설정된 후, 이들 담보권의 실행(이른바 귀속정산[205]) 또는 담보가등기에 기한 본등기가 이루어져 토지와 건물의 소유자가 다르게 된 때, 건물 소유를 목적으로 토지 위에 지상권이 설정된 것으로 본다는 의미다.

---

204) 가등기담보 등에 관한 법률 4조 2항은 "채권자는 담보목적부동산에 관해 이미 소유권이전등기를 마친 경우에는 청산기간이 지난 후 청산금을 채무자등에게 지급한 때 담보목적부동산의 소유권을 취득하며, 담보가등기를 마친 경우에는 청산기간이 지나야 그 가등기에 따른 본등기를 청구할 수 있다"라고 가등기담보권 실행방법에 관해 규정한다.

205) 귀속정산의 방법에 의한 담보권실행이란, 담보부동산의 소유권을 채권자에게 완전히 귀속시키고, 그 평가액에서 피담보채권액을 초과하는 금액은 채무자에게 반환하는 방법이다. 즉, 약한 의미의 양도담보가 이루어진 경우 부동산이 귀속정산의 방법으로 담보권이 실행되어 그 소유권이 채권자에게 확정적으로 이전되었다고 인정하려면 채권자가 가등기에 기해 본등기를 경료했다는 사실만으로는 부족하고 담보 부동산을 적정한 가격으로 평가한 후 그 대금으로써 피담보채권의 원리금에 충당하고 나머지 금원을 반환하거나 평가 금액이 피담보채권액에 미달하는 경우에는 채무자에게 그와 같은 내용의 통지를 하는 등 정산절차를 마친 사실이 인정되어야 한다(대법원 2005.07.15. 선고 2003다46963 판결[소유권이전청구권보전가등기및본등기말소 등]).

가등기담보권실행에 의한 법정지상권이 성립하려면, 채권담보를 위해 토지 또는 건물의 소유권이전등기(양도담보) 또는 담보가등기를 각각 경료할 당시 토지 위에 건물이 존재해야 하고, 그 토지와 건물이 동일인 소유에 속해야 하며, 귀속정산으로 채권자에게 이전된 소유권등기가 유효로 확정되거나, 가등기에 기한 본등기로, 토지와 건물의 소유자가 달라질 것을 요건으로 한다.

한편 가등기담보권자는 경매에 의한 권리실행을 할 수도 있다. 가등기담보 등에 관한 법률 12조 1항은 "담보가등기권리자는 그 선택에 따라 제3조에 따른 담보권을 실행하거나 담보목적부동산의 경매를 청구할 수 있다. 이 경우 경매에 관해서는 담보가등기권리를 저당권으로 본다"라고 규정하고 있다.

그러면 이러한 경매에 의한 실행의 경우에도 가등기담보실행에 의한 법정지상권이 인정될까. 경매에 관해 담보가등기권리를 저당권으로 보기에, 오히려 민법 366조의 법정지상권이 유추적용된다고 볼 여지가 있다.[206]

가등기담보 등에 관한 법률은 '차용물의 반환에 관해 차주가 차용물에 갈음해서 다른 재산권을 이전할 것을 예약한 경우'에 적용되는 것이므로, '공사대금채권을 담보할 목적'으로 가등기가 경료된 경우[207]나 '토지매매대금 등의 지급의 담보와 그 불이행의 경우의 제재 내지 보상을 위해' 소유권이전청구권보전을 위한 가등기가 경료된 경우에는 위 법률이 적용되지 않는다.[208]

그러므로, 가등기담보권실행에 의한 법정지상권은 가등기담보법이 정하는 원인으로 토지와 건물의 소유가 분리된 경우에만 성립함을 유의해야 한다. 다만, 위

---

206) 김상용,《물권법》, 법문사. 1995. 820쪽
207) 대법원 1992.04.10. 선고 91다45356 판결[건물명도, 시설비등(반소)]
208) 대법원 1990.06.26. 선고 88다카20392 판결[가등기에기한본등기]

의 2가지 예외 사례의 경우에는 관습법상 법정지상권이 성립할 수 있다.

가등기담보권실행에 의한 법정지상권은 민법 366조의 법정지상권과 유사하고, 실무상 사례도 별로 없어 논의의 실익이 크지 않다.

다. 입목에 관한 법률 6조의 법정지상권(입목소유자의 법정지상권)

입목에 관한 법률 6조 1항은 "입목의 경매나 그 밖의 사유로 토지와 그 입목이 각각 다른 소유자에게 속하게 되는 경우에는 토지소유자는 입목소유자에 대해 지상권을 설정한 것으로 본다"라고 하고, 2항은 "제1항의 경우에 지료에 관해는 당사자의 약정에 따른다"라고 해서 입목소유자의 법정지상권에 대해 규정하고 있다.

즉, 토지와 그 지상의 입목이 동일한 소유자에 속하는 경우에, 경매 기타 사유로 인해 토지와 입목이 각각 다른 소유자에 속하게 되는 경우에는 토지소유자는 입목소유자에 대해 지상권을 설정한 것으로 본다는 것이다.

입목등기된 입목[209]

입목에 관한 법률상 '입목'의 개념

입목(立木)이란 "토지에 부착된 수목의 집단으로서 그 소유자가 이 법에 의해

---

209) 증권일보 2015. 9. 10. 기사자료

소유권보존의 등기를 받은 것"을 말한다(2조). 소유권보존의 등기를 받을 수 있는 수목의 집단은 이 법에 따른 입목등록원부에 등록된 것으로 한정한다(8조 1항).

이때 입목으로 등기를 받을 수 있는 수목의 집단의 범위는 1필의 토지 또는 1필의 토지의 일부분에 생립(生立)하고 있는 모든 수종의 수목으로 한다(시행령 1조).

결국 입목등기된 입목만이 법정지상권의 대상이고, 나머지 수목의 집단이나 명인방법을 갖춘 수목의 집단은 법정지상권의 대상이 아니다.

입목등록 및 입목등기 절차

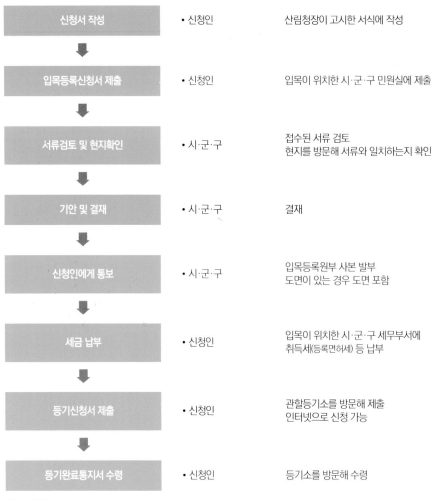

신청서 작성	• 신청인	산림청장이 고시한 서식에 작성
입목등록신청서 제출	• 신청인	입목이 위치한 시·군·구 민원실에 제출
서류검토 및 현지확인	• 시·군·구	접수된 서류 검토 현지를 방문해 서류와 일치하는지 확인
기안 및 결재	• 시·군·구	결재
신청인에게 통보	• 시·군·구	입목등록원부 사본 발부 도면이 있는 경우 도면 포함
세금 납부	• 신청인	입목이 위치한 시·군·구 세무부서에 취득세(등록면허세) 등 납부
등기신청서 제출	• 신청인	관할등기소를 방문해 제출 인터넷으로 신청 가능
등기완료통지서 수령	• 신청인	등기소를 방문해 수령

자료: 산림청

입목등기방법

입목등기부를 편성할 때는 물적편성주의에 따라, 1개의 입목에 대해 1개의 입목등기기록을 둔다(13조).

입목등기의 신청은 '입목이 부착된 토지의 소유자 또는 지상권자로서 등기기록에 등기된 자'(1호)와 '제1호에 해당하는 자의 증명서에 의해 자기의 소유권을 증명하는 자'(2호), '판결에 의해 자기의 소유권을 증명하는 자'가 신청할 수 있다.

<table>
<tr><td colspan="7" align="center">**입목소유권보존등기신청**</td></tr>
<tr><td rowspan="2">접
수</td><td>년 월 일</td><td rowspan="2">처
리
인</td><td>접 수</td><td>기 입</td><td>교 합</td><td>각종통지</td></tr>
<tr><td>제 호</td><td></td><td></td><td></td><td></td></tr>
<tr><td colspan="7" align="center">① 입목의 표시</td></tr>
<tr><td colspan="7">

경기도 광주군 척도면 웅도리 산 15
임야 50,000㎡ 내
서북쪽 노무곤 20,000㎡
잣나무 25년생 1,000주
낙엽송 13년생 1,500주
밤나무 17년생 2,000주
조사연도 2008년
이   상

</td></tr>
<tr><td colspan="2">② 등기의 목적</td><td colspan="5">소유권 보존</td></tr>
<tr><td colspan="2">③ 신청 근거 규정</td><td colspan="5">입목에관한법률 제16조 제1호</td></tr>
<tr><td>구
분</td><td>성 명
(상호·명칭)</td><td>주민등록번호
(등기용등록번호)</td><td colspan="3">주 소 (소 재 지)</td><td>지 분
(개인별)</td></tr>
<tr><td>④
신
청
인</td><td>이 대 백</td><td>XXXXXX-XXXXXXX</td><td colspan="3">경기도 광주군 척도면
웅도리 200</td><td></td></tr>
</table>

- 3 -

접수	년 월 일	처리인	접 수	기 입	교 합	각종 통지
수	제 호					

입목표시변경등기신청

① 입목의 표시

합병전 표시
　　경기도 광주군 척도면 웅도리 산 15
　　　　임야 20,000m²
　　　　잣나무 25년생 1,000주
　　　　조사연도 2008년

합병의 표시
　　경기도 광주군 척도면 웅도리 산 15-1
　　　　임야 30,000m²
　　　　밤나무 25년생 1,000주
　　　　낙엽송 13년생 1,500주
　　　　조사연도 2008년

합병후의 표시
　　경기도 광주군 척도면 웅도리 산 15
　　　　임야 50,000m²
　　　　잣나무 25년생 1,000주
　　　　밤나무 25년생 1,000주
　　　　낙엽송 13년생 1,500수
　　　　조사연도 2008년

　　　　　　　　이　　　　　　상

② 등기원인과 그 연월일	2008년 12월 8일 토지합병		
③ 등 기 의 목 적	입목표시변경		
구분	성 명 (상호·명칭)	주민등록번호 (등기용등록번호)	주 소 (소 재 지)
④ 신 청 인	이 대 백	XXXXXX-XXXXXXX	경기도 광주군 척도면 웅도리 200

　　입목등기부의 양식은 토지나 건물등기부와 같다. 즉, 입목등기기록에는 입목의 표시에 관한 사항을 기록하는 표제부와 소유권에 관한 사항을 기록하는 갑구 및 저당권에 관한 사항을 기록하는 을구를 둔다(14조).

　　특히 표제부의 기재사항을 보면, 부동산등기법 34조 각 호의 사항 외에, ① 수목이 1필의 토지의 일부분에 부착된 경우에는 그 부분의 위치 및 지적(地積), 그 부분을 표시하는 명칭 또는 번호가 있을 때는 그 명칭 또는 번호, ② 수종(樹種)·수

등기부등본 (말소사항 포함) - 입목

[입목] ○○도 ○○군 ○○면 ○○리 산2 제○호   고유번호 0000-0000-000000

【 표 제 부 】		(입목의 표시)		
표시번호	접 수	소재지번 및 입목번호	입 목 내 역	등기원인 및 기타사항

【 갑 구 】		(소유권에 관한 사항)		
순위번호	등 기 목 적	접 수	등 기 원 인	권 리 자 및 기 타 사 항

【 을 구 】		(저당권에 관한 사항)		
순위번호	등 기 목 적	접 수	등 기 원 인	권 리 자 및 기 타 사 항

-- 이 하 여 백 --

수수료 0000원 영수함   관할등기소 ○○지방법원 등기과/발행등기소 ○○지방법원 ○○등기소

량 및 수령(樹齡), ③ 조사연도, ④ 도면번호를 기록해야 한다.(15조)

수목의 집단이 이처럼 입목등기되었는지 여부는 토지등기부를 확인하면 표제부에 등기용지를 표시하고, 등기공무원이 날인을 한 것을 알 수 있고, 토지대장에도 사유란에 '입목등기', '명의인의 성명'과 '등록일자'가 기재되어 있음을 확인할 수 있다.

입목의 독립성

입목은 부동산으로 보며, 그 소유자는 토지와 분리해 입목을 양도하거나 이를 저당권의 목적으로 할 수 있고, 토지소유권 또는 지상권 처분의 효력은 입목에 미치지 아니한다.(동법 3조).

입목법상 법정지상권의 성립요건과 논의의 실익

입목법상 법정시상권이 성립하려면, 토시상에 등기된 입목이 존재해야 하고, 동일인 소유에 속해야 하며, 경매 기타의 사유로 소유자가 달라져야 한다.

여기서 경매에는 저당권실행에 의한 경매인 임의경매는 물론 강제경매, 매매, 증여 등 관습법상 법정지상권 발생 사유도 포함된다. 다만 입목이 저당권의 목적이 되므로, 주로 토지와 입목 중 어느 하나에 지당권이 설정될 당시 동일인 소유이다가 저당권 실행에 의한 경매로 소유자가 달라지는 경우가 대부분일 것이므로, 주로 민법 366조의 법정지상권의 법리에 따라 판단하면 된다.

그러나 실제 입목등기된 사례가 별로 없어 논의의 실익은 그다지 없다고 본다.

Chapter 04

법정지상권의
내용

이상 살펴본 법정지상권과 민법상 일반 지상권과는 법률(또는 관습법)의 규정에 의해 당연히 성립되느냐, 당사자 사이의 법률행위에 의해 성립되느냐란 점에서만 차이가 있을 뿐, 그 본질에 있어서는 아무런 차이가 없다.

  따라서, 법정지상권의 내용은 법정지상권의 성질에 반하지 않는 한 민법상 지상권의 내용에 관한 규정에 의해 결정된다.

  다음에서는 법정지상권의 내용으로, 지상권의 범위와 지료, 존속기간, 소멸사유 등에 관해 차례로 살펴보기로 한다.

02 법정지상권의 범위

가. 일반적인 지상권 범위와 같다

법정지상권을 취득한 건물소유자는 건물을 사용하는 데 필요한 범위 내에서 건물의 대지를 사용할 권리를 갖는다. 그러나 법정지상권자는 건물의 소유를 목적으로 하는 지상권의 목적에 의해 제한을 받으므로, 토지에 영구적인 손해를 일으키는 변경을 가할 수 없다.

한편 토지소유자는 지상권자에게 토지사용권이 인정되는 반사효과로써 소유권에 기한 이용권능이 제한되므로 스스로 토지를 사용할 수 없음은 물론이고, 나아가 지상권자의 토지사용을 방해해서는 안 되는 수인(受忍)의무가 있다. 그러나 별도의 특약이 없는 한 임대인처럼 토지의 사용에 적합한 상태에 두어야 하는 적극적인 의무는 없다 할 것이므로, 지상권자가 토지소유자나 양수인에게 수리를 요구할 수는 없다.

법정지상권자는 토지를 사용할 권리를 가지는 결과, 인접한 토지와의 이용의 조절을 꾀하는 상린관계의 규정(민법 216조 내지 244조)[210]은 당연히 지상권자와 다른 지상권자 사이, 또는 지상권자와 인접지 소유자와의 사이에 준용이 된다(민법 290조 1항).

---

210) 인(접)지사용청구권, 매연, 열기체, 액체, 음향, 진동 등에 의한 인지에 대한 방해금지, 수도 등 시설권, 주위토지통행권, 자연유수의 승수의무와 권리, 차면시설의무 등을 민법이 규정하고 있다.

또 지상권에는 토지를 점유할 권리가 포함되며, 지상권의 내용의 실현이 방해되면 물권적 청구권을 행사할 수 있다(민법 290조 1항).

즉 법정지상권자는 건물의 점유를 빼앗긴 경우에 반환청구권, 점유를 방해하는 자에 대해 방해배제청구권, 점유를 방해할 염려가 있는 행위를 하는 자에 대해 방해예방청구권을 각 행사할 수 있다.

한편 법정지상권의 범위를 넘는 대지의 사용은 불법점유에 해당하므로 임료상당의 손해배상책임이 있다.

나. 법정지상권 범위의 판정기준

대법원[211]은 법정지상권의 범위에 관해, "법정지상권은 특별한 사정이 없는 한, 그 건물의 구조와 평수, 그 건물의 본래의 사용목적, 그 건물이 서 있는 곳의 객관적인 여러 가지의 사정들을 종합해 그 건물을 사용하는 데 일반적으로 필요한 범위라고 인정할 수 있는 범위 내의 대지에 대해서만 위와 같은 관습에 의한 법정지상권이 인정될 뿐, 그 이외의 대지부분에 대해서까지는 인정할 수 없다고 해석함이 타당하다"라고 해서 범위에 대한 판단기준을 제시하고 있다.

서울고법[212]도 "법정지상권은 그 지상 건물의 유지 및 사용에 필요한 범위 내로서 건물 이용을 위해 통상 필요한 범위까지 미친다고 할 것이고, 그 범위는 지상 건물의 규모 및 구조, 건물의 배치 상황, 건물 본래의 사용목적, 건물 부지를 제외한 나머지 토지부분의 전용가능성 등을 고려해 결정되어야 할 것이다"라고 해서 구체적인 판단기준을 제시하고 있다.

---

211) 대법원 1966.12.20. 선고 66다1844 판결[가옥철거 등]
212) 서울고법 2005.6.17. 선고 2003나67344 건물철거

이러한 법정지상권의 범위에 대한 판단기준을 토대로 판례에서 나타난 구체적인 사례를 살펴보면 아래와 같다.

법정지상권의 통상적인 범위

토지

건물이 가운데 있어, 토지전체를 사용·수익해야 하는 경우

토지

건물이 가장자리에 있어, 건물 있는 부분만 사용·수익해도 되는 경우[213]

♣ 법정지상권 범위를 넓게 주장한다고 반드시 유리할까

법정지상권의 범위 내의 토지에 대해서는 사용·수익하는 만큼의 지료를 내야 하는 점을 고려하면, 법정지상권의 사용·수익 범위를 넓게만 본다고 반드시 유리한 것이 아닐 수 있다.

---

213) 이 경우에는 전체 토지의 우측부분만 사용·수익해도 될 것이지만, 토지의 좌측면에만 출입구가 있고 달리 출입구를 내기 어렵다면 부득이 전체 토지를 사용·수익할 수밖에 없게 된다.

따라서, 법정지상권자라면 건물소유를 위해 토지를 어느 정도의 범위까지 사용·수익해야 하는지 여부를 먼저 확정한 뒤, 보다 넓은 토지사용이 필요하면 범위를 넓게 주장하고, 건물 주변만 사용·수익해도 되면 좁게 주장할 필요가 있다.

하급심 판례를 보면 건물의 바닥면적인 건부지(建附地)[214]에 대한 지료만 인정하는 사례도 종종 있다(법정지상권이 성립하지 않아 임료상당의 손해배상을 산정할 때에도 마찬가지다).

건물의 개축, 증축, 합동, 재축, 신축

대법원[215]은 "저당권 설정 당시 건물이 존재한 이상 그 이후 건물을 개축·증축된 경우 법정지상권이 성립하고, 법정지상권의 내용인 존속기간, 범위 등은 구건물을 기준으로 해서 그 이용에 일반적으로 필요한 범위 내로 제한된다(대법원 1991. 4. 26. 선고 90다19985 판결 등 참조)"라고 한다.

여기서 구건물이 기준으로 된다는 것은 신축건물의 면적이나 규모가 커졌다 해도, 구건물의 구조, 면적, 배치상황, 사용목적, 나머지 부분의 전용가능성 등을 기준으로 사용범위가 결정된다는 의미다. 따라서, 건물구조나 재질의 측면에서 볼 때, 목조건물(존속기간 15년)을 헐고 콘크리트건물(존속기간 30년)을 신축했다면 목조건물을 기준으로 존속기간이 정해지게 된다.

동일인 소유 토지와 그 지상 건물에 공동근저당권이 설정된 후 그 건물이 다른 건물과 합동되어 신건물이 생겼고 그 후 경매로 토지와 신건물이 다른 소유자에게 속하게 됨에 따라 신건물을 위한 법정지상권이 성립한 경우, 그 법정지상권의 내용인 존속기간과 범위 등은 종전 건물을 기준으로 해서 그 이용에 일반적으로 필요한 범위 내로 제한된다.[216]

---

214) 건부지는 건물이 들어서 있는 토지로서 건물의 바닥면적이다. 대지 중 건부지를 제외한, 건물이 없는 토지부분은 공지(空地)라 한다. 한편 대지이면서 건물이 없는 토지는 나지(裸地) 또는 나대지(裸垈地)라고 한다.

215) 대법원 2010.01.14. 선고 2009다66150 판결[건물철거및토지인도]

216) 대법원 2010.1.14. 선고 2009다66150 판결[건물철거및토지인도] ; 법정지상권이 신건물 전체의 유지·사용을 위해 필요한 범위에서 성립한다고 본 원심판결을 파기한 사례

또한 건물이 멸실되거나 철거된 후 재축, 신축되는 경우에는 예외적으로 기존 공동저당과 동일한 순위의 공당저당이 설정되는 등 특별한 사정이 있는 경우에만 법정지상권이 성립하게 되는데, 그 범위는 역시 구건물을 기준으로 그 이용에 필요한 범위 내로 제한된다고 본다.[217]

토지나 건물에만 단독저당권이 설정될 당시 존재하던 건물을 철거 후 신축한 경우에도 법정지상권이 성립하는데, 이때에도 법정지상권의 범위는 구건물이 기준이다.[218]

대지 132㎡ 위의 다가구용 2층 단독주택[219] – '대지 전체'

이 사건 다가구주택의 소유를 위한 법정지상권의 범위는 이 사건 주택의 부지와 그 건물의 유지 및 사용에 필요한 범위 내의 인접토지에 해당하는 이 사건 대지 전부라 할 것이다.

대지 163평위의 15평 건물[220] – '대지 전체로 봄은 부당'

서울특별시 성동구 광장동 289번지의 1 대지 163평과 그 위에 건립되어 있는 본건건물 15평 9홉은 원래 피고소유였던 것을 원고가 피고로부터 위 대지 163평을 매수(피고의 동생인 소외 송○○의 원고에게 대한 채무를 피고가 대위 변제한다는 의미로 본건 대지를 피고가 위 채무액에 해당한 금액으로서 원고에게 매도한 것이다)함으로써, 피고는 아무 권한 없이 원고가 매수한 대지 위에 피고소유인 위 건물을 소유하고 있으므로 그 건물을 철거하고 위 대지를 인도하라고 청구했으며, 원판결에 의하면, 원심은 위의 대지와 건물이 같은 소유자인 피고소유로 있다가 위 대지만이 원고에게 매도되었음은 원고주장으로 명백하므로 건물소유자인 피고는 본

---

217) 대법원 2003. 12. 18. 선고 98다43601 전원합의체 판결[건물철거 등]
218) 위 대법원 2003. 12. 18. 선고 98다43601 전원합의체 판결[건물철거 등]
219) 서울서부지법 2006.9.7. 선고 2006나2739 판결[임대료]
220) 위 대법원 1966.12.20. 선고 66다1844 판결[가옥철거 등]

건 대지위에 위에서 말한 바와 같은 관습상 인정된 법정지상권이 있다 해서 원고 청구인 건물철거와 대지 163평에 대한 인도청구를 전부 배척했다.

그러나 위에서 말한 바와 같이 본건 건물을 위해서의 본건 대지에 대한 소위 법정지상권은 위에서 말한 바와 같은 표준에 의해 그 건물을 사용하는 데 일반적으로 필요한 부분이라고 인정될 범위 내의 대지에 대해서만 법정지상권을 인정해야 할 것이므로 원심은 과연 본건 대지 163병 전부가 위 건물15평9홉을 사용할 때 필요한 범위에 속하는가 여부를 심리판단해야 할 것임에도 불구하고 원심이 그와 같은 조처를 취하지 않은 것은 심리미진의 위법과 관습에 의한 법정지상권 범위에 관한 법리를 오해한 위법이 있다고 아니할 수 없으므로 그 외의 상고이유에 대한 판단을 생략하고, 원판결은 부당하다고 해서 파기하기로 한다.

레포츠센타 건물이 여러 필지로 된 부지 전체 중 일부 필지상에 존재하는 경우[221] – '부지 전체'

김○○이 토지를 경락받을 당시 위 레포츠센타는 지하 1층, 지상 1층 규모의 운동시설 및 근린생활시설 용도로 신축되고 있었는데, 그 건축면적은 총 1,199.53 m^2이고, 부대시설로 주차대수 22대 규모의 옥외주차장을 설치하도록 되어 있었던 바 이 사건 토지면적의 상당 부분을 차지하고, 비록 건물 중 상당 부분이 편리성이나 접근성 등을 고려해 도로와 접한 대지부분에 위치하고 있지만, 나머지 대지부분도 위 건물을 위한 배후시설이나 조경을 위해 필요한 것으로, 위 토지와 분리해서 별개의 용도로는 사용·수익할 수 없는 토지라고 보인다.

따라서, 이러한 제반 사정에 비춰볼 때, 이 사건 건물의 유지 및 사용을 위한 법정지상권은 이 사건 토지 전부에 미친다고 봄이 상당하고, 건물이 그 중 일부 토지에 걸쳐 있지 않다거나 피고가 이 부분을 현실적으로 사용하고 있지 않다고 해

---

221) 위 서울고법 2005.6.17. 선고 2003나67344 건물철거

서 그 토지부분에 관한 지료채무를 면할 수는 없으므로, 피고가 원고들에게 지급할 지료액수를 산정할 때는 이 사건 토지 전부에 관한 임료를 기준으로 해야 할 것이다.

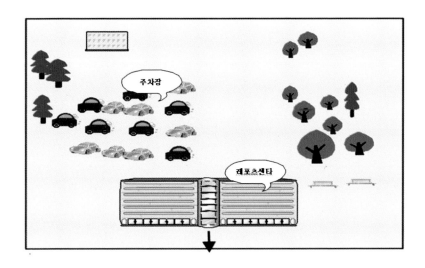

보세창고[222] – '창고주위 기지까지 포함'

법정지상권이 미치는 토지는 반드시 그 건물의 기지만에 한하는 것이 아니고 이 건물의 본래의 용도인 창고로 사용하는 데 일반적으로 필요한 그 둘레의 기지에도 미친다 할 것이다.

건물이 여러 필지의 토지를 대지로 해서 건축된 경우, 실제 건물이 들어선 부지를 제외한 부분도 공로로 통하는 유일한 통로인 경우[223] – '대지 전체'

법정지상권이 미치는 범위는 반드시 그 건물의 부지에 한하는 것이 아니고, 그 건물을 사용하는 데 일반적으로 필요한 그 둘레에 미친다 할 것인데 위 각 증거들에 의하면 이 사건 건물의 부지를 제외한 부분은 전면의 이 사건 건물과 뒷편의

---

222) 대법원 1977.07.26. 선고 77다921 판결[부당이득금반환]
223) 서울고법 1991. 10. 9. 선고 91나21604 제6민사부판결[지상권소멸청구 등]

성명미상자 소유의 토지로 둘러싸여 있어 이 사건 건물과 그 부지를 통과하지 않고는 공로에 통할 수 없는 사실을 인정할 수 있고, 달리 반증이 없으므로 이 사건 법정지상권은 이 사건 대지 전부에 걸쳐 발생했다고 할 것이다.

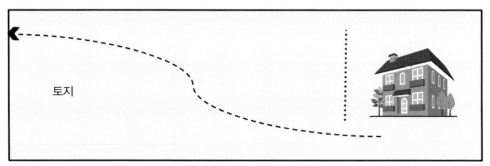

토지 전체를 관통하는 통로 외 달리 통로가 없는 경우 – 토지 전체 사용·수익

종물소유에 필요하거나, 추가공사에 필요한 컨테이너 사무실, 울타리 유지, 사용위한 경우[224] – '건물기지 외 컨테이너 사무실, 울타리까지 포함'

법정지상권이 미치는 범위는 반드시 그 건물의 기지에만 국한하는 것이 아니라 그 건물의 구조와 크기, 사용목적과 주변의 환경 등을 종합적으로 고려해 그 건물을 사용하는 데 일반적으로 필요한 그 둘레의 기지에까지 미친다고 할 것이므로, 이 사건 건조물 중 그 용도와 기능으로 보아 지하층부분의 종물이라고 할 수 있는 정화조부분과 온천공부분을 소유하는 데 필요한 범위에 내에서는 당연히 위 법정지상권의 효력이 미친다고 볼 수 있고, 또한 현재 이 사건 건조물 중 지하층부분이 건축 중에 있고 본래의 효용을 갖추기 위해서는 향후 이에 대한 추가공사가 진행되어야 하며 그 공사를 위해서는 컨테이너 사무실과 울타리가 필요하므로 이를 유지·사용하는 데 필요한 범위 내에서도 역시 법정지상권의 효력이 미친다고 볼 수 있다.

---

224) 부산고법 2006.7.7. 선고 2005나21869 [건물등철거]

아파트 수위실[225] – '수위실 바닥면적(건부지)'

아파트 시공회사가 토지를 매수해 소유권이전등기를 경료한 후 아파트 수위실을 축조해 이를 아파트 소유자들에게 미등기상태로 양도함과 동시에 그 토지부분에 대한 영구사용권을 부여한 다음 토지를 제3자에게 처분함으로써 성립한 관습법상 법정지상권은 위 수위실의 구조 및 면적과 사용목적, 위 수위실이 건축되어 있는 장소의 여러 가지 객관적인 사정(위 수위실 건물의 일부만이 이 사건 계쟁토지부분 57㎡에 건축되어 있어서 그 서쪽은 도로에, 그 북쪽의 대부분은 아파트단지 내의 다른 토지에 접하고 있는 점 등) 등을 종합해 보면, 위 소외 회사가 이 사건 계쟁토지부분에 위 수위실을 소유하기 위해 사용해야 할 토지의 범위는, 위 수위실이 건축되어 있는 대지 6.5㎡ 뿐이라는 취지로 판단한 것은 적법하다.

대웅전 등 사찰건물에 부수된 가건물 부지[226] – '토지 전체'

법정지상권자는 별지 도면 표시 가건물(창고, 산신각, 종무소, 화장실 등) 등은 소유하거나 점유하고 있지 않으므로 자신에 대해 이 사건 토지 전체에 대한 지료의 지급을 구하는 것은 부당하다고 주장하나, 납골공원 및 종교시설로서의 이 사건 건물들의 용도, 이용형태 등에 비춰보면 별지도면 표시 가건물 등의 부지를 포함한 이 사건 토지 전체가 이 사건 건물들을 이용함에 필요한 범위 내에 있다고 봄이 상당하므로, 이와 다른 전제에 서 있는 위 피고의 주장은 이유 없다.

---

225) 대법원 1993.02.23. 선고 92다49218 판결[건물철거 등]
226) 대구지법 2010.07.15. 선고 2009나13437 판결[건물철거 등]

토지매수인의 철조망설치

S씨는 식당으로 이용되는 각 30여 m^2의 한옥 2채와 3 내지 $6m^2$ 면적의 무허가인 창고, 화장실 등 3채의 건물을 포함해 5채의 건물이 있는 대지(3,300여 m^2)를 경매로 매수했다. 이 대지는 가로로 긴 타원형이었고, 주된 건물늘은 오른쪽 귀퉁이 부분에 위치해 나머지 토지는 S씨가 사용할 여지가 있었다.

S씨는 낙찰받은 후 건물소유자와 건물을 매수하는 내용의 협상을 했으나, 협의 과정에서 건물소유자의 과도한 요구로 감정이 상하자, 그 건물들을 둘러싸고 철조망을 쳐버렸다. 그러자 건물주는 경찰에 입무방해죄 등으로 고소해 벌금형까지 받고 철조망을 철거해야 했다. 그래서 법률전문가에 의뢰해 소송을 통해 해결하기로 하고, 필자에게 위임했다.

소송을 위해 권리분석을 분석해본 결과, 2채의 한옥만 법정지상권이 인정되고, 나머지는 철거청구의 대상으로 판단되었다. 이에 S씨는 건물소유자를 상대로 건물철거 및 토지인도, 임료상당의 손해배상청구 등의 소송을 제기했다. 무허가 건물들에 대해 달리 공부가 없어, 전기·수도 등의 인입 내지 개통일자를 한국전력, 상수도사업본부 등에 사실조회한 결과, 토지에 최초 근저당권이 설정될 당시에는 존재하지 않은 건물임을 확인했다.

이에 S씨는 법정지상권이 인정되는 2채의 한옥의 법정지상권 범위를 건물 주위 2m 이내의 토지에만 미치는 것으로 해서, 측량감정 및 임료감정을 의뢰하고 현장검증까지 마친 후 청구취지를 정정했다.

법원은 재판과정에서 여러 차례 건물을 매수인인 S씨에게 매도하라는 내용의 조정을 권유했으나, 건물소유자는 인접한 그린벨트의 자신 소유 임야까지 고가로 매수를 요구하는 등 무리한 요구를 하자 조정이 결렬되어 판결로 갔다.

결국 법원은 S씨가 청구한대로 건물 주위 2m 이내에만 법정지상권이 미치는 것으로 보고, 나머지 건물의 철거 및 토지인도와 판결선고 시까지의 전체 토지에 대한 임료(손해액) 및 판결선고 이후 법정지상권 범위 내 토지에 대한 지료를 지급하라는 판결을 내렸다.

이 사건에서 건물소유자는 종전부터 $330㎡$ 정도의 마당에 잔디를 깔고 야외 테이블을 두는 등의 방법으로 식당 영업을 해왔으므로, 식당 영업에 필요한 상당한 토지까지 법정지상권의 범위에 해당한다고 주장했으나, 법원은 식당 영업이 아닌 주거목적의 사용·수익만 가능한 것으로 보아, S씨가 주장한 2m 범위 내의 토지만 법정지상권의 범위로 인정함으로써, 나머지 부분은 S씨가 사용수익을 할 수 있었다.

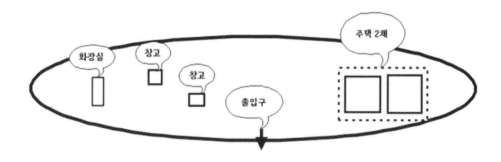

다. 지료

(1) 지료지급의무 및 지료의 결정

대법원[227]은 "법정지상권자라고 할지라도 대지소유자에게 지료를 지급할 의무는 있는 것이고, 법정지상권을 취득할 지위에 있는 자 역시 지료 또는 임료 상당이득을 대지소유자에게 반환할 의무를 면할 수는 없는 것이므로 이러한 임료 상당 부당이득의 반환청구까지도 신의성실의 원칙에 반한다고 볼 수 없다"라고 해서, 법정지상권자에게 지료지급의무를 인정하고 있다.

이처럼 법정지상권자에게 지료지급의무가 있는 것을 전제로, 민법 366조(법정지상권) 단서는 "지료는 당사자의 청구에 의해 법원이 이를 결정한다"라고 해서 지료는 원칙적으로 당사자간 협의에 의해 정하고, 협의가 성립하지 못하면 당사자의 청구에 의해 법원이 정하도록 하고 있다.

지료를 법원이 정하는 경우에도, 법정지상권로서는 지료를 청구하는 재판이 확정되기 전까지는 지료의 지급을 소구할 수 없는 것은 아니고, 법원에서 상당한 지료를 결정할 것을 전제로 해서 바로 그 급부를 구하는 청구를 할 수 있으며, 법원도 판결의 이유에서 지료를 얼마로 정한다는 판단을 하면 족하고, 토지소유자와 법정지상권자 사이의 지료급부이행소송의 판결의 이유에서 정해진 지료에 관한 결정은 당사자 사이에 지료결정으로서의 효력이 있다.[228]

한편 부산고법은 법정지상권이 인정되는 건물소유자를 상대로 법정지상권이 존재하지 않는다는 이유로 건물의 철거와 부당이득의 반환을 구하는 토지소유자의 청구에 대해, 건물의 철거청구를 기각하면서, "건물소유자가 토지소유자에게 법정지상권에 따른 지료를 지급할 의무는 있다고 하더라도 부당이득반환청구를 지료청구로 선해해 판단할 수 없으므로(대법원 2004. 5. 14. 선고 2004다13410 판결

---

227) 대법원 1988.10.24. 선고 87다카1604 판결[부당이득금반환]
228) 대법원 2003.12.26. 선고 2002다61934 판결[건물등철거 등]

참조) 부당이득반환청구 부분도 역시 받아들일 수 없다"라고 판단했다. 그렇다면 토지소유자로서는 불필요하게 다시 지료청구소송을 제기하지 않기 위해서는 건물철거 및 부당이득반환청구사건에서 법정지상권이 인정될 경우를 대비해 예비적 청구로서, 지료청구를 해둘 필요가 있다.

(2) 지료를 정하는 기준

법정지상권을 인정하는 법의 취지가 저당물의 경매로 인해 토지와 그 지상건물이 각 다른 사람의 소유에 속하게 된 경우에 건물이 철거되는 것과 같은 사회경제적 손실을 방지하려는 공익상 이유에 근거하는 것이고 당사자의 어느 한편의 이익을 보호하려는 데 있는 것이 아니므로, 법원이 그 자료를 정할 때는 법정지상권 설정 당시의 제반사정을 참작하고 또 당사자 쌍방의 이익을 조화해 어느 한편에 부당하게 불이익 또는 이익을 주는 결과가 되어서는 안 된다.

그러므로, 최저매각가격을 정할 때가 아니라, 지료를 산정하기 위한 감정을 할 경우에는, 법정지상권이 설정된 건물이 건립되어 있음으로 인해 토지의 소유권이 제한을 받는 사정은 참작·평가해서는 안된다.[229] 그럼에도 불구하고, 다른 특수사정이 있음에 대한 아무런 설명도 없이 법정지상권으로 인해 소유권이 제한을 받는다는 이유로 일반 임대료의 반액에도 미달하는 금액을 지료로 정한 것은 부당하게 토지소유자에게 불이익을 주는 것으로 위법한 것이다.[230]

---

229) 대법원 1995.09.15. 선고 94다61144 판결[지료 등] ; 타인 소유의 토지 위에 소재하는 건물의 소유자가 법률상 원인 없이 토지를 점유함으로 인해 토지의 소유자에게 반환해야 할 토지의 차임에 상당하는 부당이득 금액을 산정하는 경우에, 특별한 사정이 없는 한 토지 위에 건물이 소재함으로써 토지의 사용권이 제한을 받는 사정은 참작할 필요가 없다.

230) 대법원 1966.09.06. 선고 65다2587 판결[대지사용료], 대법원 1975.12.23. 선고 75다2066 판결[지료 등]도 "자기의 소유의 건물을 위해 그 기지소유자 '갑'의 대지위에 법적지상권을 취득한 '을'은 그 사용에 있어서 어떠한 제한이나 하자도 없는 타인 소유의 토지를 직접적으로 완전하게 사용하고 있다고 할 수 있고 이 경우에 '을'이 '갑'에게 지급해야 할 지료는 아무러 제한없이 '갑'소유의 토지를 사용함으로써 얻는 이익에 상당하는 댓가가 되어야 하고 건물이 건립되어 있는 것을 전제로 한 임료상당 금액이 되어서는 안된다"라는 이유로, "원심이 법정지상권자가 지급할 지료는 그 대지위에 건물이 건립되어 있는 상태를 전제로 한 임료상당의 금액이라고 보고 감정한 금액을 지료로 인정한 것은 위법하다"며 파기한 바 있다.

(3) 지료증감청구

지료는 위와 같이 당사자간 협의나 판결에 의해 정해지나, 지상권의 존속기간이 상당히 상기간이므로 그동안 조세 기타의 부담의 승감이나 지가의 변동으로 지료액이 상당하지 않게 되는 수가 많은데, 이러한 경우를 위해 민법 286조(지료증감청구권)는 "지료가 토지에 관한 조세 기타 부담의 증감이나 지가의 변동으로 인해 상당하지 아니하게 된 때는 당사자는 그 증감을 청구할 수 있다"라고 해서, 두 당사자에게 지료의 증감청구권을 인정하고 있다. 지료증감청구권은 형성권으로서 토지소유자가 증액청구를 하거나, 지상권자가 감액청구를 하면 곧 지료는 증액 또는 감액되고, 지상권자는 그 증감된 지료를 지급할 의무를 지게 된다. 다만 증액 또는 감액사유를 입증해야 한다.

도지소유자와 법정지상권자간의 지료증감청구와 관련한 대법원 판례[231]를 보면, "토지소유자와 법정지상권자 사이의 지료급부이행소송의 판결의 이유에서 정해진 지료에 관한 결정은 그 소송의 당사자 사이에서는 지료결정으로서의 효력이 있다고 보아야 할 것이므로, 지료증감청구권에 관한 민법 286조의 규정에 비춰볼 때, 특정 기간에 대한 지료가 법원에 의해 결정되었다면, 그 당사자 사이에서는 그 후 위 민법규정에 의한 지료증감의 효과가 새로 발생하는 등의 특별한 사정이 없는 한, 그 후의 기간에 대한 지료 역시 종전 기간에 대한 지료와 같은 액수로 결정된 것이라고 봄이 상당하다"라고 해서, 판결로 지료가 결정되면 그

---

231) 대법원 2003.12.26. 선고 2002다61934 판결[건물등철거 등] ; 원심은, 그 채용 증거들을 종합해, 토지소유자인 이○임과 관습상의 지상권자인 서○순 사이의 서울지방법원 동부지원 95가합5682 호 건물철거·퇴거 및 지료 등의 지급을 구하는 이행소송의 판결의 이유에서 1992년도 및 1993년도의 지료의 액수가 정해진 사실, 그 후 서○순은 위 판결의 이유에서 정해진 지료를 전혀 지급하지 않은 사실, 이○임은 서○순이 2년 이상의 지료를 지급하지 않았음을 이유로 서○순에게 지상권소멸청구의 의사를 표시한 사실 등 판시 사실을 인정한 다음, 이○임과 서○순 사이에서는 그들 중 누군가가 지료증감청구를 해서 지료의 액수가 변동되었다는 등의 특별한 사정이 없는 이상, 1994년도 이후에도 1993년도 당시의 지료를 법원에 의해 결정된 지료라고 봄이 상당하고, 따라서 이 사건 상가를 위한 관습상의 법정지상권은 그 지상권자인 서○순이 법원에 의해 결정된 2년 이상의 지료를 지급하지 않았음을 이유로 한 이금임의 지상권소멸청구의 의사표시에 의해 이미 소멸했다고 판단한 것은 정당하다.

후 특별한 증감사정이 없는 한 그 이후의 지료도 처음 정해진 액수로 보고 있다.

서울동부지법[232]은 "민법 366조 소정의 법정지상권의 지료에 관해 위 조항 후문은 '지료는 당사자의 청구에 의해 법원이 이를 정한다'라고 규정하고 있고, 민법 286조는 지상권에서의 지료증감에 관해 '지료가 토지에 관한 조세 기타 부담의 증감이나 지가의 변동으로 인해 상당하지 아니하게 된 때는 당사자는 그 증감을 청구할 수 있다'라고 규정하고 있으며, 한편, 민사소송법 252조는 '정기금의 지급을 명한 판결이 확정된 뒤에 그 액수산정의 기초가 된 사정이 현저하게 바뀜으로써 당사자 사이의 형평을 크게 침해할 특별한 사정이 생긴 때는 그 판결의 당사자는 장차 지급할 정기금 액수를 바꾸어달라는 소를 제기할 수 있다'고 규정하고 있다"는 점을 전제로, "종전판결의 감정결과에 의하면, 2000. 3.경 당시 이 사건 대지의 기초가격은 1㎡당 984,000원에 불과했던 반면, 제1심 감정인 한○○의 감정결과에 의하면, 2004. 6. 29.을 기준으로 한 이 사건 대지의 기초가격이 1㎡당 1,407,000원으로 크게 증액된 사실(그 공시지가도 2000년경에는 1㎡당 67만 원이었다가 2004년경에는 1㎡당 95만 원으로 증액되었다)이 인정되므로, 이 사건 종전판결 이후 기초사정의 현저한 변화가 있어 이 사건 종전판결을 유지할 경우 원·피고 사이의 형평이 크게 침해된다고 보이므로, 일응 원고의 이 사건 지료증액청구는 이유 있다"라고 함으로써, 토지소유자의 지료증액청구에 대해 특별한 증감사정이 있다고 보아 증액을 인정했다.

(4) 지료청구의 상대방

법정지상권자에 대해 지료청구를 할 수 있음은 당연하나, 법정지상권자로부터 건물의 소유권만을 이전받았을 뿐 아직 지상권에 관한 등기를 마치지 아니한 자에게 지료청구를 할 수 있는지 여부가 문제된다.

---

232) 서울동부지방법원 2005. 10. 12. 선고 2005나772 부당이득금반환 등

이에 대해 서울고법[233]은 "법정지상권자가 건물을 제3자에게 양도하는 경우에는 특별한 사정이 없는 한 건물과 함께 법정지상권도 양도하기로 하는 채권적 계약이 있었다고 할 것이며, 양수인이 양도인을 순차 대위해 토지의 소유자 및 건물의 전 소유자에 대해 법정지상권의 설정등기 및 이전등기절차의 이행을 청구할 수 있는 지위에 있음을 이유로 건물의 철거 및 인도 청구를 거부했다면, 법정지상권에 관한 등기를 마치지 아니한 채 건물만을 양수한 제3자라도 관습법상 법정지상권의 성립을 이유로 지료를 청구할 수 있는 상대방에 해당한다고 봄이 상당하다"라고 보아 지료청구를 인정했다.

〈판결 이유〉

토지와 그 지상건물의 소유자가 다르게 된 때 건물소유자에게 발생하는 법정지상권은 법률에 의한 물권의 취득이므로 건물소유자는 등기 없이도 법정지상권을 누구에게나 주장할 수 있으나, 법정지상권의 처분은 법률행위에 의한 물권변동으로서 등기를 갖추어야만 그 효력이 발생하는 것이므로 법정지상권을 가진 전 건물소유자로부터 건물을 양수한 자는 법정지상권의 이전등기를 하지 않는 한 법정지상권을 취득할 수 없다. 다시 말하면 법정지상권은 건물의 존립을 위해 토지를 이용하는 권리이긴 하나 건물의 소유권과는 독립한 별개의 물권이며 건물소유권에 부종해 건물소유권의 이전에 따라 같이 이전되는 것이 아니므로 건물소유권이 이전되었다고 해도 법정지상권에 관해 별도로 공시방법을 갖춘 유효한 처분행위가 없는 한 그 권리는 당초의 건물소유자에게 남아 있는 것이다. 따라서 법정지상권의 설정 및 이전등기가 없는 이상 건물양수인이 법정지상권을 아직 승계취득하지 못해 토지소유자에게 이를 주장할 수 없는 것이 원칙이다.

그러나 토지와 그 지상건물을 각각 독립한 부동산으로 취급해 별개로 처분할 수 있도록 허용하고 있는 우리 법제하에서는 토지와 건물의 소유자가 다르게 된 경우에 건물의 존립을 위한 토지이용관계의 조정이 항상 문제가 될 수밖에 없는바, 우리나라의 판례는 이러한 토지이용 관계의 조정에서 법정지상권을 취득할 지위에 있는 자를 우선

---

233) 서울고법 2008. 1. 9. 선고 2007나31855판결 지료확정결정 등

해서 보호하고 있다. 즉 법정지상권을 가진 건물소유자로부터 건물을 양수하면서 법정지상권까지 양도받기로 한 자는 채권자대위의 법리에 따라 전 건물소유자 및 대지소유자에 대해 차례로 지상권의 설정등기 및 이전등기절차이행을 구할 수 있다 할 것이므로 이러한 법정지상권을 취득할 지위에 있는 자에 대해 대지소유자가 소유권에 기해 건물철거를 구함은 지상권의 부담을 용인하고 그 설정등기절차를 이행할 의무 있는 자가 그 권리자를 상대로 한 청구라 할 것이어서 신의성실의 원칙상 허용될 수 없다(대법원 1985. 4. 9. 선고 84다카1131, 1132 전원합의판결)고 해서 토지소유자보다는 법정지상권을 취득할 지위에 있는 자를 두텁게 보호하고 있다.

그런데 관습에 의한 지상권이 성립했을 경우에 토지소유자가 관습법상 법정지상권을 이유로 지료를 청구할 수 있는 상대방은 법정지상권자이므로, 법정지상권자로부터 건물의 소유권한을 이전받았을 뿐 아직 지상권에 관한 등기를 마치지 않아 법정지상권을 취득할 수 있는 지위에 있음에 불과한 자에 대해서는 지료청구의 상대방이 될 수 없는 것이 원칙이다. 그러나 위와 같이 토지소유자가 법정지상권을 취득하지 않은 건물양수인에 대해서 하는 소유권에 기한 건물철거청구를 신의칙 위반이라고 배척하는 이상 토지소유권과의 조화 내지 균형 위에서 토지이용관계를 조정할 필요성이 있다.

따라서 단순히 토지소유자에게 부당이득반환청구만을 인정할 것이 아니라 지료결정소송의 상대방을 현재의 법정지상권자뿐만 아니라 법정지상권자로부터 건물의 소유권만을 이전받았을 뿐 아직 지상권에 관한 등기를 마치지 않아 법정지상권을 취득할 수 있는 지위에 있는 자에게까지 확대함이 상당하다. 만약 이렇게 해석하지 않고 오직 지상권에 관한 등기를 마친 법정지상권자를 상대로 해서만 지료결정 내지 지료지급청구의 소를 제기할 수 있을 뿐, 토지소유자는 법정지상권을 취득할 수 있는 자에게 지료 상당의 부당이득반환청구만을 구할 수 있다고 하게 되면, 지료 명목의 부당이득금이 확정되더라도 법정지상권을 취득할 수 있는 자가 이를 지급하지 않더라도, 이는 지료가 아니어서 2년 이상의 지료를 지급하지 아니한 때에 해당하지 아니해 지상권설정자는 민법 제287조에 따른 지상권의 소멸을 청구할 수 없으므로, 법정지상권을 경료하지 아니한 건물소유자가 법정지상권을 경료한 건물소유자보다 더 유리하게 취급되는 결과가 되어 정의관념에도 반하게 된다(한편, 대법원 2003. 12. 26. 선고 2002다61934 판결에서는 관습에 의한 지상권자 및 이로부터 양도받은 건물소유자들에게 지료 상당의 부당이득금이 인정되어 있었는데도, 2년 이상 지료 상당의 부당이득금을 지급하지 아니한 사안에서 이러한 부당이득금을 지료라고 판단해 토지소유자와 관습에 의한 지상권자 사이의 지료 급부 이행소송의 판결 이유에서 정해진 지료에 관한 결정은 그 소송 당사자인 토지소유자와 관습에 의한 지상권자 사이에는 지료결정으로서의 효력이 있다고 판시함으로써 비록 법정지상권자로부터 건물의 소유권만을 이전받았을 뿐 아직 지상권에 관한 등기를 마치지 않아 법정지상권을 취득할 수 있는 지위에 있음에 불과한 자라고 하더라도 지료 청구 소송의 상대방이 될 수 있는 가능성을 열어두었다고 볼 수 있다).

라. 지료연체와 소멸청구

(1) 민법 287조(지상권소멸청구권)

강행규정

지상권자가 2년 이상의 지료를 지급하지 않은 때는 지상권설정자는 지상권의 소멸을 청구할 수 있다. 지상권 같은 계속적 이용권에 대해 지료채무의 근소한 불이행에 의해서는 해지되지 못하도록 하기 위해 특칙을 둔 것인데, 이는 강행규정이므로 지상권자에게 불리한 약정은 무효다(민법 289조). 따라서 2년 미만의 지료 연체를 이유로 지상권소멸청구를 할 수 있도록 하는 특약은 무효다.

'2년 이상의 지료를 지급하지 아니한 때'란

여기서 '2년 이상의 지료를 지급하지 아니한 때'란, 체납된 지료액이 2년분 이상이 되는 것을 말한다. 따라서 계속해서 2년분의 지료를 체납한 경우에 한정하지 않고, 통틀어서 2년분에 해당하는 지료를 체납한 경우를 말한다.

다만 지료체납이 법정지상권자의 책임 있는 사유에 의한 것이어야 한다. 즉, 지상권소멸청구권이 발생하기 위해서는 지상권자가 2년분 이상의 지료를 그의 책임 있는 사유로 지급하지 못했어야 하는데, 법정지상권자와 그 설정자 사이에 법정지상권이 발생한 당초부터 법정지상권의 존부 자체에 다툼에서 수년에 걸친 수

차의 소송(건물명도, 철거, 대지인도, 부당이득반환 및 지료청구소송)과 번복된 판결 끝에 결국 그 법정지상권의 존재와 그에 대한 지료의 액수가 대법원판결에 의해 확정되었다면, 법정지상권자가 그동안 지료를 지급하지 않았다 하더라도 그의 책임 있는 사유로 위 지료를 지체했다고 볼 수 없다.[234]

지상권소멸청구권의 법적성질

지상권소멸청구권의 법적성질과 관련해, 지상권은 그 소멸청구의 의사표시만으로 바로 소멸한다는 견해와 소멸청구의 의사표시만으로는 소멸하지 않고 성립요건주의하에서 말소등기까지 해야 소멸한다는 견해가 대립하고 있으나, 전자가 통설이다.

실무상 지상권소멸청구하는 방법

실무에서는 지상권소멸청구의 의사표시를 담은 내용증명우편을 보내어 도달하거나, 법정지상권이 소멸된 것을 전제로 하는 건물철거 및 토지인도, 지료청구소송을 제기한 후 지상권소멸의 의사표시를 담은 소장이나 준비서면, 청구취지 및 원인정정신청서 등을 법원에 제출하고 그것이 상대방에게 송달된 때 지상권이 소멸하는 것으로 본다.

토지소유자인 이○○과 관습상의 지상권자인 서○○ 사이의 서울지방법원 동부지원 95가합5682호 건물철거·퇴거 및 지료 등의 지급을 구하는 이행소송의 판결의 이유에서 1992년도 및 1993년도의 지료의 액수가 정해진 사실, 그 후 서○○은 위 판결의 이유에서 정해진 지료를 전혀 지급하지 않은 사실, 이○○은 서○○이 2년 이상의 지료를 지급하지 않았음을 이유로 서○○에게 지상권소멸청구의 의사를 표시한 사실 등 판시 사실을 인정한 다음, 이○○과 서○○ 사이에서는 그들 중 누군가가 지료증감청구를 해서 지료의 액수가 변동되었다는 등의 특별한 사정이 없는 이상, 1994년도 이후에도

---

234) 서울고법 1991.10.09. 선고 91나21604 제6민사부판결 : 확정[지상권소멸청구 등]

1993년도 당시의 지료를 법원에 의해 결정된 지료라고 봄이 상당하고, 따라서 이 사건 상가를 위한 관습상의 법정지상권은 그 지상권자인 서○○이 법원에 의해 결정된 2년 이상의 지료를 지급하지 않았음을 이유로 한 이○○의 지상권소멸청구의 의사표시에 의해 이미 소멸했다고 판단한 것은 정당하다.[235]

한편 지상권이 저당권의 목적인 때 또는 그 토지에 있는 건물, 수목이 저당권의 목적이 된 때, 지상권소멸청구는 저당권자에게 통지한 후 상당한 기간이 경과해야 효력이 생긴다(민법 288조). 저당권자에게 지상권이 소멸할 운명인 것을 미리 알려주어 연체된 지료를 대신 변제해서 소멸청구를 철회시키는 등 지상권 존속을 위한 대책을 강구할 수 있게 하려는 취지다.

(2) 지료의 연체기간 기산점, 유예기간

법정지상권의 경우 당사자 사이에 지료에 관한 협의가 있었다거나 법원에 의해 지료가 결정되었다는 아무런 입증이 없다면, 법정지상권자가 지료를 지급하지 않았다고 하더라도 지료 지급을 지체한 것으로는 볼 수 없으므로 법정지상권자가 2년 이상의 지료를 지급하지 않았음을 이유로 하는 토지소유자의 지상권소멸청구는 이유가 없다.[236]

따라서, 법정지상권자가 그 설정자와 사이의 지료지급청구소송을 제기해 확정판결로서 법정지상권의 존재 및 지료의 액수가 확정된 때 비로소 지료연체의 효력이 발생한다.[237] 다만, 연체기간의 기산점은 법정지상권이 성립하는 시점이므로, 지료에 대한 확정판결이 나면 소급해서 법정지상권 성립 시(경매의 경우 토지소유자가 잔금납부한 때, 즉 소유권이전한 때)부터 지료지급채무가 발생한다.

---

235) 대법원 2003.12.26. 선고 2002다61934 판결[건물등철거 등]
236) 대법원 2001.03.13. 선고 99다17142 판결[건물철거 등]
237) 서울고법 1991.10.09. 선고 91나21604 제6민사부판결 : 확정[지상권소멸청구 등]

소멸청구권 행사의 신의칙상 유예기간

그렇다면 지료에 대한 확정판결(재판상화해, 조정 등)이 난 시점에 이미 지료지급채무가 2년분에 이른 경우, 판결 후 바로 지급청구를 하고 즉시 지급하지 않으면 2년분 연체가 되어 바로 소멸청구가 가능할까.

이에 대해 대법원[238]은 "지료액수가 재판상 확정된 경우에 재판확정과 동시에 연체된 지료의 전액(4년분에 해당)을 지급하지 않으면 바로 토지소유자의 소멸청구권의 행사로 법정지상권이 소멸한다는 결과는 부당하므로 신의칙상 상당기간 동안은 소멸청구권의 행사가 유예되어야 한다"라고 보고, "법정지상권자가 토지소유자의 지료청구에 따른 판결확정일로부터 약 1개월 반 이상이 지난 후 토지소유자로부터 위 지료의 지급을 다시 청구받고도 다시 약 2개월에 걸쳐 지료를 지급하지 않던 중 토지소유자의 지상권소멸청구의 의사표시가 기재된 소장이 법정지상권자에게 송달된 경우, 그 시점에는 신의칙상 판결확정일부터 지료지체책임이 유예되는 상당한 기간이 이미 경과해 위 의사표시로써 그 지상권소멸청구의 효력이 발생했다"고 보았다.

결국 지료청구소송을 제기해 확정판결이 나기까지는 상당한 기간이 소요되는데, 판결이 확정되었다고 당장 법정지상권 성립시부터 발생한 지료를 한꺼번에 지급하라는 것은 법정지상권자에게 가혹한 결과가 될 수 있다. 즉, 지료가 얼마로 결정될지 몰라 미처 준비하지 못한 법정지상권자의 자금사정 등을 고려해 신의칙상 상당한 지급기한을 부여함으로써 지상권소멸청구권 행사를 유예해주는 것이다.

---

238) 대법원 1993.03.12. 선고 92다44749 판결[건물철거 등] ; 대법원은 지료판결확정일로부터 약 4개월이 지난 시점에 위 판결에서 명한 지료 상당의 금원을 토지소유자에게 지급한 사실을 판단의 전제사실로 인정한 것으로 보아, 지료 판결확정 후 4개월이 지났다면 상당한 유예기간이 경과했다고 판단한 것이다.

■ 지료판결확정 당시 이미 2년분 이상의 지료채무가 발생한 경우

법정지상권 성립일(0월) → 지료청구(소송)일(3개월) → 지료판결 확정일(24개월) → 지상권소멸청구 가능일(28개월 이후 또는 28개월 이내로, 지료지급청구를 받은 날로부터 2개월 이내)

위 판례의 취지상, 지료판결확정 당시 이미 2년분 이상의 지료채무가 발생한 경우에는 '판결확정일로부터 4개월 이내'이거나, '지료지급청구를 받은 후 2개월 이내'가 지료지체책임이 유예되는 상당한 기간으로 보여진다. 유예기간이 지난 후에는 지료를 완납해도 지상권소멸청구를 막을 수 없다.

■ 지료판결확정 당시 이미 발생한 지료가 2년분에 이르지 못하는 경우

법정지상권 성립일(0월) → 지료청구(소송)일(3개월) → 지료판결 확정일(15개월) → 지상권소멸청구 가능일(24개월 이후)

한편, 지료판결 확정당시 이미 발생한 지료가 2년분에 이르지 못한 경우, 즉 확정판결 전후에 걸쳐 2년분에 이르는 경우에는, 토지소유자가 판결확정 후부터 지료지급청구를 했음에도 지료채무가 2년분에 이르는 시점까지 법정지상권자가 합계 2년분의 지료를 지급하지 않았다면, 지상권소멸청구가 가능해진다.

판결과 같은 효력이 있는 재판상 화해나 조정이 이뤄진 경우에도 화해나 조정 확정일로부터 2년의 연체기간을 기산하는 것이 아니라, 법정지상권 성립시점을 기준으로 화해나 조정 전후에 걸쳐 연체액이 2년분에 이르면 지상권소멸청구를 할 수 있게 된다.[239]

---

239) 인천지법 2005. 8. 12. 선고 2005나4871 판결[지상권소멸 및 건물철거 등]

2년분 이상 연체 후 지료일부를 이의없이 지급받아, 2년분에 부족하게 된 경우

그런데 지상권설정자(토지소유자)가 지상권의 소멸을 청구하지 않고 있는 동안 지상권자로부터 연체된 지료의 일부를 지급받고 이를 이의 없이 수령해서 연체된 지료가 2년 미만으로 된 경우에는 지상권설정자는 종전에 지상권자가 2년분의 지료를 연체했다는 사유를 들어 지상권자에게 지상권의 소멸을 청구할 수 없으며, 이러한 법리는 토지소유자와 법정지상권자 사이에서도 마찬가지다.[240]

(3) 토지 또는 건물의 소유권 이전과 소멸청구

건물의 소유권이 이전되면 지료연체의 효과가 승계되나

지료액 또는 그 지급시기 등 지료에 관한 약정은 이를 등기해야만 제3자에게 대항할 수 있는 것이므로(구 부동산등기법 136조[241]), 지료의 등기를 하지 않은 이상, 토지소유자는 구 지상권자의 지료연체 사실을 들어 지상권을 이전받은 자에게 대항하지 못한다.

저당권에 기한 경매절차에서 이 사건 건물의 2층을 매수한 자는 위 건물만이 아니라 그에 종된 권리인 위 건물의 소유를 목적으로 한 법정지상권도 당초 법정지상권을 원시취득한 자로부터 등기 없이 취득했고, 또한 그 자로부터 다시 위 건물을 매수한 자는 건물만이 아니라 위 법정지상권도 양수한 것으로 볼 것이다.

위와 같은 경우, 토지소유자가 법정지상권을 원시취득한 자를 상대로 제기한 지료청구 소송이 승소로 확정되었고, 그 소송의 변론종결 후에 제3자가 건물을 경

---

240) 대법원 2014.08.28. 선고 2012다102384 판결[건물철거 및 토지인도 등]
241) 구 부동산등기법 136조(지상권) : 지상권의 설정 또는 이전의 등기를 신청하는 경우에는 신청서에 지상권설정의 목적과 범위를 기재하고 만일 등기원인에 존속기간, 지료·그 지급시기 또는 민법 제289조의2제1항 후단의 약정이 있는 때는 이를 기재해야 한다.
　　현재는 부동산등기법 69조(지상권의 등기사항)로 개정되었는데, "등기관이 지상권설정의 등기를 할 때는 제48조에서 규정한 사항 외에 다음 각 호의 사항을 기록해야 한다. 다만, 제3호부터 제5호까지는 등기원인에 그 약정이 있는 경우에만 기록한다." "1. 지상권설정의 목적, 2. 범위, 3. 존속기간, 4. 지료와 지급시기, 5. 「민법」 제289조의2제1항 후단의 약정, 6. 지상권설정의 범위가 토지의 일부인 경우에는 그 부분을 표시한 도면의 번호"

매로 매수해 법정지상권을 승계취득했다 하더라도 그 제3자는 지료청구 소송의 소송물인 지료채무를 승계하지 아니했음은 물론, 지료소송의 계쟁물에 관한 당사자 적격을 승계한 자에 해당하지도 아니하므로, 위 제3자는 물론 그 자로부터 다시 건물을 매수한 자는 위 지료소송의 기판력을 받는 변론종결 후의 승계인에 해당하지 아니한다 할 것이므로, 위 법정지상권의 승계인 및 전전승계인은 당초 법정지상권자의 연체 지료채무를 승계하지 아니했다고 보는 것이 타당하다.[242]

결국, 토지소유자는 법정지상권의 원시취득자에 대한 확정판결에 기한 지료채권의 불이행에 따른 지상권소멸청구를 그 법정지상권의 승계인, 전전승계인에게는 행사할 수 없게 된다. 토지소유자로서는 당초 법정지상권자에게 확정지료의 2년분 연체를 이유로 한 소멸청구의 의사표시를 했어야 하고, 그렇게 하지 않았다면, 법정지상권의 승계인, 전전승계인에 대한 새로운 지료결정 및 2년 연체사실이 있어야만 지상권소멸청구가 가능하다는 결론이 된다.

♣ 판례의 비판

위 대법원 판례처럼 구 부동산등기법 136조(현 69조)를 근거로, 법정지상권자를 상대로 한 지료확정소송에서 정해진 지료를 등기해야만 제3자, 즉, 법정지상권을 승계한 자에 대해서도 대항할 수 있다고 보면, 지료확정소송이 통상 확정되기까지 상당한 장기간이 소요되는데, 그 변론종결 전에 지상권의 이전이 있으면 그 승계인은 지료소송의 기판력을 받는 변론종결 후의 승계인에 해당하지 않아 상대방으로 추가할 수 없게 되므로, 그 승계인을 상대로 새로이 지료확정소송을 제기해야 하는 불이익을 감수해야 하고, 그 법정지상권 승계인이 악의적으로 계속 제3자에게 이전하게 되면 토지소유자는 계속 전전승계한 자를 상대로 새로이 소송을 제기해야 하는 문제가 있다.

---

242) 대법원 1996.04.26. 선고 95다52864 판결[건물철거 등]

그렇다고 토지소유자가 지료청구권을 가지고 건물의 처분금지가처분을 할 수도 없고, 가압류만으로는 건물소유권의 이전을 막을 수 없다.

따라서, 이러한 문제를 해결하는 차원에서, 종전 지상권자의 지료체납사실을 알고 지상권을 양수한, '악의의' 제3자에 대해서는 지료등기 없이도 대항할 수 있다고 적극적으로 해석해, "지료액 또는 그 지급시기 등 지료에 관한 약정은 이를 등기해야만 제3자에게 대항할 수 있다. 그러나 제3자가 악의일 경우에는 그러하지 아니하다"라고 설시이유를 변경함이 바람직하다.

토지의 소유권이 이전되면 지료연체의 효과가 승계되나

법정지상권자의 지료 지급 연체가 토지소유권의 양도 전후에 걸쳐 이루어진 경우에는 토지양수인에 대한 연체기간이 2년이 되지 않는다면 양수인은 지상권소멸청구를 할 수 없다는 것이 대법원의 결론이다.[243] 판례를 풀어보면 아래와 같다.

토지소유자가 법정지상권자에 대해 지료확정소송을 제기해 판결 확정 후 토지를 새로운 소유자에게 매도했고, 판결 받은 지료청구채권도 양도하고 그 양도통지까지 마쳤다. 더구나 법정지상권자가 2년 이상 지료를 연체한 사실을 자인하고 있다면, 새로운 토지소유자가 이를 이유로 지상권소멸청구의 의사표시를 하면 소멸시킬 수 있느냐 여부가 문제된다.

이에 대해, 대법원은 "당초 토지소유자와 법정지상권자 사이의 지료지급청구소송에서 판결을 보면, 주문에서 법정지상권자에 대해 토지소유자에게 지료의 지급할 것을 명하면서 그 이유에서 일정기간 동안의 지료를 산정하기 위한 선결 문제로 지료를 결정한 사실이 있는데, '지료액 또는 그 지급시기 등 지료에 관한 약정은 이를 등기해야만 제3자에게 대항할 수 있는 것이고, 법원에 의한 지료의 결정

---

243) 대법원 2001.03.13. 선고 99다17142 판결[건물철거 등]

은 당사자의 지료결정청구에 의해 형식적 형성소송인 지료결정판결로 이루어져야 제3자에게도 그 효력이 미친다'라는 법리에 비춰볼 때, 위 판결 이유에서 정한 지료에 관한 결정은 새로운 토지소유자와 법정지상권자 사이에는 그 효력이 없다고 할 것이다. 따라서, 법원에 의해 제3자에게도 효력이 미치는 지료가 결정되었다고 할 수도 없고 달리 당사자 사이에 지료에 관한 협의가 있었다는 주장·입증이 없으므로, 새로운 토지소유자는 법정지상권자의 지료연체를 이유로 지상권 소멸청구를 할 수 없다"라고 보았다.[244]

결론적으로 토지소유권이 이전된 경우, 새로운 토지소유자가 소유권변동 전의 지료결정의 효력을 승계받으려면, 지료를 등기하거나, 형식적 형성소송[245]인 지료결정판결을 받아야 한다. 그렇다고, 지료결정소송(형식적 형성소송)을 제기해 판결을 받고 다시 지료청구소송(이행소송[246])을 별개로 할 것이 아니라, 형식적 형성소송도 일반 이행소송으로 진행되므로, 하나의 소장에 '지료결정' 및 '지료지

---

244) 이 판결은 지료의 결정을 구하는 소송이 아니라, 이미 1년간 발생한 구체적인 지료액의 지급을 구한 이행소송에 불과하다. 판결주문에서도 "이 사건 지료를 000원으로 결정한다"라고 표시하지도 않았다. 결국 지료지급청구소송의 선결문제로 지료의 액수가 결정된 것 뿐이므로, 민법 366조 단서에서의 지료의 결정을 구하는 지료결정청구소송이 아니라고 판단한 것이다.

245) 형식적 형성소송이란, 형식은 소송사건이어서 일반 소송으로 진행되지만, 실질은 비송사건인 경우로서, 소송사건이 아니므로 어떠한 내용의 권리관계를 형성할 것인가를 법관의 자유재량에 일임하고 있다. 처분권주의가 배제되고, 불이익변경금지의 원칙도 적용되지 않는다. 예)법정지상권상의 지료결정청구, 토지경계확정의 소, 부를 정하는 소, 공유물분할청구의 소 등. 참고로 비송(非訟)사건이란, 법원이 사인간의 생활관계에 관한 사항을 통상의 소송절차에 의하지 않고 간이한 절차(비송사건절차법)로 처리하는 것을 말한다. 민사소송과 비교할 때 비송사건의 재판은 그 성질상 일종의 행정작용이라고 할 수 있으며, 그 절차에 있어서도 소송사건에 비해 대체로 간이·신속하고, 대심구조를 취하지 아니한다. 그리고 직권주의적 색채가 짙어 절차는 신청 또는 직권으로 개시되고, 직권탐지주의를 취하며(비송사건절차법 11조), 심문은 비공개이고(비송사건절차법 13조), 검사의 참여 및 의견진술이 인정된다(비송사건절차법 15조). 재판은 결정으로 하고(비송사건절차법 17조), 판단된 권리나 법률관계에 관해서는 기판력이 발생하지 않는다(비송사건절차법 19조).
예)가족관계등록부·등기 등 공부의 관리, 공탁취급 등, 법인의 인허와 그 사업이나 청산절차의 감독, 후견인·재산관리인·유언집행자 등의 선임감독, 이혼시 재산분여, 자의 친권자 지정, 유산의 분할방법 등에 관한 것 등(법률용어사전, 2011. 1. 15., 법문북스)

246) 이행소송이란 원고가 법원에 대해 피고에게 일정한 급부의 이행을 명하는 판결을 청구하는 소송을 말한다.

급청구'라는 2개의 청구취지를 함께 기재해서 청구하면 될 것이다. 그런데 법정지상권의 이전이 문제되지 않는다면, 즉 승계인에게 대항하는 문제가 없다면, 굳이 지료결정판결을 별도로 받을 필요 없이 지료지급청구소송(이행소송)에서 선결문제로 지료의 액수가 결정되어도 지료를 청구하거나 해당 법정지상권자에 대해 소멸청구를 하는 데 지장이 없다.

덧붙여, 위 판례의 취지상 새로운 토지소유자가 종전 소유자의 지료확정채권을 적법하게 양도·양수받았어도 지상권소멸청구를 할 수 없고, 새로이 지료가 결정되고, 2년분의 연체가 되어야 소멸청구가 가능하다는 결론이다.

마. 존속기간

(1) 민법 280조 1항이 정하는 최단존속기간

민법은 지료결정에 관한 규정은 두었지만, 법정지상권의 존속기간에 관해서는 아무런 규정을 두고 있지 않다. 우선 당사자간에 존속기간에 관해 협의[247]가 있으면 그에 따르면 되나, 다만, 민법 280조 2항에 의해, 280조 1항이 정하는 최단존속기간보다 짧은 기간을 존속기간으로 정할 수 없다. 이보다 짧은 기간을 존속기간으로 정하면 효력이 없고 최단존속기간으로 연장되며, 다만 이보다 긴 기간을 존속기간으로 하는 당사자간 약정은 유효하지만, 존속기간을 영구무한으로 약정할 수는 없다고 본다.

당사자간 법정지상권의 존속기간에 관해 협의가 없는 경우에는 지료와 마찬가지로 민법 366조 단서를 준용해 당사자의 청구에 의해 법원이 존속기간을 정하면

---

247) 일반 지상권과 달리, 경매 등으로 성립하는 법정지상권에서 협의가 있는 경우는 거의 없다.

된다는 견해도 있으나, 통설은 민법 281조 1항이 정하는 '존속기간을 약정하지 아니한 지상권'에 준해서 취급해, 결국 민법 280조 1항이 정하는 최단존속기간에 의하게 되므로, 건물의 종류에 따라 견고한 건물이나 수목의 소유를 목적으로 하는 때는 30년, 기타 건물 소유를 목적으로 하는 때는 15년으로 본다.

대법원[248]도 "법정지상권의 존속기간은 성립 후 그 지상목적물의 종류에 따라 규정하고 있는 민법 280조 1항 소정의 각 기간으로 봄이 상당하고 분묘기지권과 같이 그 지상에 건립된 건물이 존속하는 한 법정지상권도 존속하는 것이라고는 할 수 없다"라고 해서 같은 입장을 취하고 있다.

법정지상권의 존속기간에 관한 민법 규정

■ 취지

민법은 건물 기타 공작물 또는 수목의 소유를 목적으로 하는 지상권의 특성에 비추어 그 존속기간의 합리적인 장기성을 확보할 필요에 따라 최단존속기간의 제한을 두고 있다.

■ 제280조(존속기간을 약정한 지상권)

① 계약으로 지상권의 존속기간을 정하는 경우에는 그 기간은 다음 연한보다 단축하지 못한다.
  1. 석조, 석회조, 연와조 또는 이와 유사한 견고한 건물이나 수목의 소유를 목적으로 하는 때는 30년
  2. 전호이외의 건물의 소유를 목적으로 하는 때는 15년
  3. 건물이외의 공작물의 소유를 목적으로 하는 때는 5년
② 전항의 기간보다 단축한 기간을 정한 때는 전항의 기간까지 연장한다.

---

248) 대법원 1992.06.09. 선고 92다4857 판결[대지인도 등]

■ 제281조(존속기간을 약정하지 아니한 지상권)

① 계약으로 지상권의 존속기간을 정하지 않은 때는 그 기간은 전조의 최단존
   속기간으로 한다.

② 지상권 설정 당시에 공작물의 종류와 구조를 정하지 않은 때는 지상권은 전
   조제2호의 건물의 소유를 목적으로 한 것으로 본다.

(2) 견고한 건물인지 여부의 판정기준

민법은 견고한 건물인지 여부에 따라 법정지상권의 최단존속기간을 30년 또는 15
년으로 정하고 있는데, 여기서 견고한 건물인지 여부에 대한 판정기준을 알아보자.

우선 예로 든 '석조(石造)'란 말 그대로 돌로 만든 건물이고, '석회조(石灰造)'란
석회로 만든 시멘트블록 건물이나 콘크리트 건물을 뜻하며, '연와조(煉瓦造)'란
벽돌로 만든 건물을 뜻한다.

기타 이와 유사한 '견고한 건물'인가 여부는 '그 건물이 갖는 물리, 화학적 외
력[249], 화재에 대한 저항력 또는 건물해체의 난이도 등을 종합해' 판단해야 한다.

대법원은 이러한 기준에 따라 '건물이 견고한 지반에 시멘트블럭 및 몰탈에 의
한 기초를 하고 그 위에 시멘트블럭으로 쌓은 뒤 시멘트 몰탈바르기로 내외벽체
를 마감하고, 지붕은 목조로 된 보위에 스레트 잇기로 시공한 간이식품매점[250]'
과 '견고한 지반 위에 시멘트 블럭으로 벽체를 쌓은 뒤 기와 또는 스레트로 지붕
을 만든 농촌[251]', '블럭조 스레트지붕 구조의 상점 및 주택과 창고 등의 용도로

---

249) 물리적 외력이란 지진, 풍해, 적재하중, 자중(自重) 등이 건물을 물리적으로 침해하는 힘을 뜻하고,
    화학적 외력이란 공기중의 산이나 가스, 우수, 토중의 산류 등이 건물을 화학적으로 침해하는 힘
    을 가리킨다.
250) 대법원 1988.04.12. 선고 87다카2404 판결[건물철거]
251) 주택 대법원 1995.07.28. 선고 95다9075 판결[소유권이전등기,건물철거 등]

사용되는 건물[252]', '주춧돌 위에 목재 기둥이 세워져 있고, 벽체는 바닥에서 위쪽으로 약 20~30㎝ 정도까지는 벽돌로, 그 윗부분은 시멘트블록으로 쌓아져 있으며, 지붕은 스레트로 만들어져 있는 건물[253]' 등은 상당 기간의 내구력을 지니고 있어 용이하게 해체할 수 없는 것이므로 민법 280조 1항 1호에 정한 견고한 건물에 해당한다고 보았다.

일본에서는 "건축재료로 강재(鋼材)가 사용되었더라도 기둥과 다른 자재가 나사(볼트)로 연결되어 있어 해체가 용이한 경우에는 견고한 건물에 해당하지 않는다"는 판례[254]가 있는데, 이에 비추어 철재로 된 것이라도 고정식 컨테이너건물 등 이동이 용이한 이동식 주택, 해체가 용이한 조립식 주택은 견고한 건물로 보기 어렵다.

법정지상권이 인정되는 건물이 여러 채 있는 경우, 주된 건물을 기준으로 견고한 건물인지 여부를 판단해야 한다. 예컨대, 목조가옥에 거주하는 지상권자가 부속창고로 사용되는 작은 석회조의 광을 소유하고 있더라도 지상권이 부속창고가 아닌 주된 건물인 목조가옥을 소유하기 위한 것이므로 존속기간은 15년이라고 볼 것이다.[255] 그러나 점포(전당포나 고물상 등)를 경영하는 자가 부속건물로 석회조의 광[256]을 소유하고 있다면 견고한 건물의 소유를 목적으로 하는 지상권으로 볼 여지도 있다.[257] 따라서, 어느 건물이 주된 건물인지, 부속건물인지 여부는 지상권자의 구체적인 토지사용상황을 총체적으로 고려해서 판단해야 한다.

---

252) 대법원 1997.01.21. 선고 96다40080 판결[건물철거 등]
253) 대법원 2003.10.10. 선고 2003다33165 판결[건물철거 등], 수원지법 2007.2.1.선고 2005나23640 판결 [건물철거 등], 대전지법 2004.1.29. 선고 2003나2657 판결 [건물등철거]
254) 日最裁 昭 48(1973). 10. 5.(民集 27-9, 1081)
255) 日最新 昭 33(1958). 6. 14.(民集 12-9, 1472)
256) 광이란 창고, 곡간, 곳간 등의 용어로 쓰이며, 도시에서는 물건이나 잡다한 것을 넣는 곳이지만, 시골에서는 곡식과 더불어 농기구 등을 두는 곳으로 쓰이는 용어다.
257) 日東京地判 昭14(1939), 7. 17.(新日注民(15), 377에서 인용·)

목조주택[258]: 15년　　　　　　　　　　　　견고한 주택[259]: 30년

바. 소멸청구, 포기 등 소멸사유

　법정지상권 소멸사유로는 물권 일반의 소멸원인인 토지나 건물의 멸실, 존속기간의 만료, 혼동, 토지수용, 포기 등이 있고, 지상권 특유의 소멸사유로 위에서 살펴본 바와 같이 2년 이상 지료 연체에 따른 지상권소멸청구에 의한 소멸이 있다.

　민법은 지상권 소멸청구사유로 2년 이상의 지료연체에 한정하고 있으나, 해석상 지상권자가 지료연체 외에 토지에 영구적인 손해를 일으키는 변경을 하는 등의 사유가 있을 경우, 토지소유자는 민법 544조에 의거해 변경의 정지 및 원상회복을 최고하고, 이에 응하지 않으면 소멸청구를 할 수 있다고 본다.[260]

구건물보다 이용범위 2배의 건물을 신축한 경우, 소멸청구[261]

　대구지법은 "법정지상권자가 구건물을 철거하고 신건물을 신축한 경우, 구건물은 목조초즙 단층건물로 견고하지 않은 건물이었을 뿐만 아니라 건물 넓이도 20.36㎡로서 좁은 것이었음에 반해, 신건물은 시멘트벽돌조 슬래브지붕으로 견

---

258) 두산백과 자료
259) http://cafe.naver.com/bk1009/885109
260) 김증한, 앞의 책 275면, 장경학, 앞의 책 562면, 곽윤직, 앞의 책 320면
261) 대구지법 1991. 7. 24. 90나5472 판결[건물철거 등] 상고기각

고한 건물이고 건물 넓이도 1층 38.3㎡, 2층 32.4㎡라면, 구건물을 기준으로 법정지상권의 범위를 정해야 하는데, 신건물의 1층 건평만 해도 구건물의 것보다 거의 2배나 되고 또 구건물이 단층인 데 비해 신건물은 2층도 있으므로 이는 명백히 구 건물을 위해 인정된 법정지상권의 용법을 크게 위반한 것이다. 이런 경우에 위 법정지상권을 그 원래의 용법에 따라 사용하는 방법은 결국 신건물 중 구건물을 초과하는 부분을 철거하는 도리밖에 없으므로, 신건물소유자가 신건물을 철거하고 원래의 용법에 따라 사용을 하지 아니한다면 대지소유자는 민법 제544조에 의해 그 용법 위반을 사유로 해서 위 법정지상권의 소멸을 청구할 수 있다"라고 보았다.

사. 지상물(건물)매수청구권

존속기간 만료로 소멸한 경우

법정지상권이 존속기간 만료로 소멸한 경우 민법 283조에 의해 토지소유자에게 건물의 매수청구권을 행사할 수 있다.

이 매수청구권은 형성권이며, 매수의 의사표시를 하면 곧 건물에 시가로 매매한 것으로 되어 토지소유자에게 매매대금청구를 할 수 있다. 통상 토지소유자가 법정지상권의 존속기간만료로 인한 소멸을 이유로 건물철거 및 토지인도소송을 제기하면, 이에 건물소유자는 반소를 제기하면서 시가감정을 신청하고 그 감정금액을 매매대금으로 청구한다.

다만, 지상물매수청구 대상 건물이 법정지상권 설정자의 토지와 다른 사람 소유의 토지 위에 걸쳐서 건립되어 있는 경우라면, 법정지상권 설정자 토지 위에 서 있는 건물 중 구분소유의 객체가 될 수 있는 부분에 한해 매수청구가 허용된다.

따라서 법정지상권 설정토지상의 건물부분만으로는 구분소유의 대상이 될 수 없으면 매수청구의 대상이 될 수 없다.[262)

법정지상권 존속기간 만료 후 토지소유자가 건물철거 및 부지인도청구를 하는 경우, 건물 현존을 이유로 법정지상권 갱신청구를 할 수 있느냐가 문제된다.

법정지상권자가 갱신청구를 해도 갱신의 효력은 토지소유자가 갱신에 응해서 계약을 체결해야 비로소 효력이 생기는 것이고, 갱신청구만으로 갱신의 효력이 생기는 것이 아니며, 토지소유자가 건물철거 및 부지인도청구를 하는 이상 갱신청구를 거절한 것으로 보아야 한다.[263)

2년분의 지료연체로 인한 소멸청구의 경우

민법 283조 2항의 지상물매수청구권은 지상권이 존속기간의 만료로 인해 소멸하는 때에 지상권자에게 갱신청구권이 있어 그 갱신청구를 했으나 지상권설정자가 계약갱신을 원하지 않을 경우 행사할 수 있는 권리이므로, 지상권자의 지료연체를 이유로 토지소유자가 그 지상권소멸청구를 해서 이에 터잡아 지상권이 소멸된 경우에는 매수청구권이 인정되지 않는다.[264)

---

262) 서울중앙지법 2004. 4. 12. 선고 2002나61872 판결 [건물철거 등]
263) 위 서울중앙지법 2004. 4. 12. 선고 2002나61872 판결 [건물철거 등]
264) 대법원 1993.06.29. 선고 93다10781 판결[지료금]

Chapter 05

법정지상권의
처분

법정지상권 처분의 자유

    법정지상권도 기본적으로 지상권이므로, 타인의 토지 위에 건물을 축조하기 위해 투하한 자본을 회수할 기회를 보장해줄 필요가 있다. 지상권자에게 투하자본을 회수할 수 있게 하는 가장 효과적인 방법이 지상물을 지상권과 함께 처분하는 것, 즉, 양도나 임대, 담보제공 등을 할 수 있게 하는 것이다. 또한 민법 366조 소정의 법정지상권은 건물의 소유에 부속되는 종속적인 권리가 아니라 독립된 법률상의 물권이므로 건물의 소유자가 건물과 지상권 중 한쪽만을 처분하는 것도 가능하다.

    이에 따라 민법은 지상권자가 지상권을 양도하거나 지상권의 존속기간 내에 그 토지를 임대할 수 있다는 규정을 두고 있고, 이를 강행규정으로 보아 이에 위반해 지상권자에게 불리한 약정(양도나 임대금지 특약)은 효력이 없다고 규정한다(282, 289조). 또한 지상권 위에 저당권을 설정할 수 있다는 규정도 둔다(371조 1항).

    지상권은 이처럼 토지소유자의 동의나 승낙을 얻을 필요없이 자유롭게 양도할 수 있는데, 지상권양도의 효력은 지상권의 이전등기를 마치는 때 발생하고, 지상권 이전등기는 부기등기의 방법에 의해 등기부에 기재된다.

    다만, 법정지상권은 법률의 규정에 의해 취득하는 것이어서 취득에는 등기를 요하지 않지만, 등기를 하지 아니하면 처분하지 못한다(민법 187조).

    그런데 실무상 법정지상권 자체를 처분하는 경우는 흔치 않고, 다음과 같이 법정지상권 성립 후 토지나 건물이 양도되는 경우가 주로 문제된다.

02 법정지상권 성립 후 토지나 건물의 양도

가. 토지가 양도된 경우

관습상 지상권은 물권으로서의 효력에 의해 이를 취득할 당시의 토지소유자나 이로부터 그 토지소유권을 전득한 제3자에게 대해서도 등기 없이 위 지상권을 주장할 수 있고, 다만 관습상 지상권자가 이를 등기하지 아니하면 그 지상권을 처분할 수 없을 뿐이다(대법원 1965.9.23. 선고 65다1222 판결 참조).[265]

나. 건물이 양도된 경우

(1) 법률행위에 의한 양도의 경우 – '등기해야 이전'

법정지상권자가 지상물을 매매계약 등 법률행위에 의해 양도한 경우 법정지상권도 당연히 이전되는지 여부가 문제된다.

민법 187조 단서가 규정하듯이 법률의 규정에 의해 등기 없이 취득한 법정지상권을 처분하려면 반드시 등기를 해야 한다. 따라서, 법정지상권이 성립한 건물을 양도한 경우, 법정지상권자가 우선 법정지상권의 설정등기를 하고 건물양수인에

---

265) 대법원 1971.01.26. 선고 70다2576 판결[건물철거 등], 대법원 1984.09.11. 선고 83다카2245 판결 [건물철거 등] : 관습상의 법정지상권은 관습법에 의한 부동산에 관한 물권의 취득이므로 등기를 필요로 하지 아니하고 지상권취득의 효력이 발생하는 것이며 이 관습상 지상권은 물권으로서의 효력에 의해 이를 취득할 당시의 토지소유자나 이로부디 소유권을 전득한 제3자에게 대해서도 등기 없이 위 지상권을 주장할 수 있다.

게 그 법정지상권의 이전등기를 경료해주지 않는 한 건물 양수인은 법정지상권을 취득한 것이 아니다. 다만 법정지상권을 취득할 지위, 즉 법정지상권 이전등기청구권을 가질 뿐이다.

다시 말하면, 법정지상권을 취득한 건물이 전전양도된 경우에도 법정지상권 설정등기 및 이전등기가 이뤄지지 않으면, 건물양수인은 법정지상권을 취득할 수없고, 법정지상권은 여전히 원래의 법정지상권자에게 유보되어 있는 것이며[266], 건물의 양도로 법정지상권이 소멸되는 것이 아니다.[267]

이처럼 법정지상권은 원래의 법정지상권자에게 유보되어 있으므로, 법정지상권자가 건물을 타인에게 명의신탁했더라도 법정지상권의 이전등기가 수반되지않았다면, 후에 그 건물의 소유권을 회복하면 다시 토지소유자에게 법정지상권을 주장할 수 있게 된다.

그런데 법정지상권을 취득한 건물소유자가 '법정지상권 설정등기를 경료함이없이', '건물을 양도하는 경우'에는 특별한 사정이 없는 한 건물과 함께 지상권도양도하기로 하는 채권적 계약이 있었다고 봐야 한다. 따라서 지상권자는 지상권설정등기를 한 후에 건물양수인에게 이의 양도등기절차를 이행해줄 의무가 있다.

결국 건물의 전전 양수인은 앞의 건물양도인들을 순차 대위해 토지소유자에 대해 법정지상권 설정 등기절차의 이행을 청구할 수 있다.[268] [269]

그리고 법정지상권이 붙은 건물의 양수인은 법정지상권에 대한 등기를 하지 않았다 하더라도 토지소유자에 대한 관계에서 적법하게 토지를 점유사용하고 있는자라 할 것이고, 따라서 건물을 양도한 자라고 하더라도 지상권갱신청구권이 있

---

266) 대법원 1995.04.11. 선고 94다39925 판결[건물철거 등] ; 관습상 법정지상권이 붙은 건물의 소유자가 건물을 제3자에게 처분한 경우에는 법정지상권에 관한 등기를 경료하지 아니한 자로서는 건물의 소유권을 취득한 사실만 가지고는 법정지상권을 취득했다고 할 수 없어 대지소유자에게 지상권을 주장할 수 없고 그 법정지상권은 여전히 당초의 법정지상권자에게 유보되어 있다고 보아야 한다.
267) 대법원 1981.9.8. 선고 80다2873 판결[지상권설정등기]

고 건물의 양수인은 법정지상권자인 양도인의 갱신청구권을 대위행사할 수 있다고 보아야 할 것이다.[270]

건물소유자가 법정지상권을 취득한 후 건물소유권과 법정지상권을 양도한 경우, 건물양수인이 아직 법정지상권의 취득등기(지상권설정등기) 및 이전등기를 경료하지 아니했다면, 토지소유자가 건물철거를 청구할 수 있나?

대법원[271]은 전원합의체 판결로, "법정지상권을 가진 건물소유자로부터 건물을 양수하면서 법정지상권까지 양도받기로 한 자는 채권자대위의 법리에 따라 전건물소유자 및 대지소유자에 대해 차례로 지상권의 설정등기 및 이전등기절차 이행을 구할 수 있다 할 것이므로, 이러한 법정지상권을 취득할 지위에 있는 자에 대해 대지소유자가 소유권에 기해 건물철거를 구함은 지상권의 부담을 용인하고 그 설정등기절차를 이행할 의무있는 자가 그 권리자를 상대로 한 청구라 할 것이어서 신의성실의 원칙상 허용될 수 없다"라고 보았다.[272]

---

268) 대법원 1981.09.08. 선고 80다2873 판결[지상권설정등기], 대법원 1996.03.26. 선고 95다45545 판결[건물철거 등·소유권이전등기말소·지상권설정등기]도 "건물 소유자가 건물의 소유를 위한 법정지상권을 취득하기에 앞서 건물을 양도한 경우에도 특별한 사정이 없는 한 건물과 함께 장차 취득하게 될 법정지상권도 함께 양도하기로 했다고 보지 못할 바 아니므로, 건물 양수인은 채권자대위의 법리에 따라 양도인 및 그로부터 그 토지를 매수한 대지 소유자에 대해 차례로 지상권설정등기 및 그 이전등기절차의 이행을 구할 수 있고, 법정지상권을 취득할 지위에 있는 건물 양수인에 대해 대지 소유자가 건물의 철거를 구하는 것은 지상권의 부담을 용인하고 지상권설정등기절차를 이행할 의무가 있는 자가 그 권리자를 상대로 한 것이어서 신의성실의 원칙상 허용될 수 없다"라고 보았다.
269) 그러나 토지소유권에 대한 중대한 제한이 되는 법정지상권제도는 부득이한 최소한의 경우에만 인정되어야 할 제도이고, 그 인정범위가 확대되는 것은 되도록 피해야 한다. 따라서 당사자의 의사에 의하지 않고 이루어지는 강제경매나 체납처분에 의한 공매의 경우는 별론으로 하고, 당사자의 매매나 증여 등 법률행위에 의해 토지나 건물이 양도됨으로써 양자의 소유자가 달라지는 경우에 당사자가 임대차계약이나 지상권 설정 등 아무런 조치를 취하지 않은 경우까지 염려해 일률적으로 건물을 위한 토지사용권을 인정하는 것은 건물소유자에게 지나친 친절이 됨과 동시에 토지소유자에게는 지나친 희생을 강요하는 것이 된다는 문제가 있으므로 앞으로 계속 이러한 제도를 유지할 것인지 좀 더 깊이 생각해야 할 문제라는 비판이 있다.(편집대표 곽윤직, 민법주해VI 물권(3), 박영사,1996. 116면)
270) 대법원 1995.04.11. 선고 94다39925 판결[건물철거 등]
271) 대법원 1985.04.09. 선고 84다카1131 전원합의체판결[건물철거 등]
272) 이에 대해 소수 의견은 다수의견의 견해가 신의성실의 원칙을 지나치게 확장적용하는 것이어서 부당하다고 비판한다.

또는 "민법 100조 2항을 유추적용해서 건물양수인이 건물과 함께 종된 권리인 지상권도 양수한 것으로 보아, 건물양수인은 그 지상권이전등기청구권을 보전하기 위해 경락인을 대위해 종전의 지상권자에게 지상권이전등기절차의 이행을 구할 수 있다"[273]라고 보기도 했다.

어떤 근거에 의하든 매매 등의 법률행위가 아닌 경매 등 법률의 규정에 의해 건물을 양수한 자는 법정지상권의 이전등기 없이도 법정지상권을 주장할 수 있다는 결과가 된다.

(2) 법률의 규정에 의한 양도의 경우 – '등기 없이도 이전'

건물이 경매에 의해 소유권이 이전되었다면 경락인이 건물을 경락한 후 철거하거나 헐어버리거나 하는 등의 매각조건하에서 경매가 되는 등 특별한 사정이 있지 않은 경우에는 지상권도 건물의 이전과 불가분리관계에서 그에 따라서 당연히 이전되었다 할 것이고, 그 이전은 위 건물의 경매에 의해 당연히 건물과 같이 그에 부수해서 이루어지는 것이므로 그 이전에 등기를 요한다고 할 수 없으며, 이렇듯 경매에 의해서 이전된 지상권은 그에 대한 등기가 없어도 그 후의 그 토지 전득자에 대해서도 당연히 유효하다.[274]

그런데 대법원이 경매(매각)에 의한 양도의 경우와 법률행위에 의한 양도의 경우를 구별하는 근거를 명확히 밝히고 있지 않으나, 경매(매각)의 경우 민법 187조의 법률의 규정에 의한 물권변동으로서 등기 없이도 효력이 생긴다는 취지로 이해된다.[275]

---

273) 대법원 1992.07.14. 선고 92다527 판결[지상권이전등기]
274) 대법원 1976.05.11. 선고 75다2338 판결[건물수거 등]
275) 이에 대해, 위와 같이 해석하려면 건물 뿐만 아니라 법정지상권 자체도 경매의 목적이 되었어야 하는데, 법정지상권에 대한 등기와 압류의 등기 및 그 가액을 평가하는 등의 절차가 밟아지지 않았다면 법정지상권이 경매의 대상이 된 것으로 볼 수 없지 않나하는 의문을 제기하기도 한다.

Chapter 06

법정지상권과
다른 권리의 경합

01 법정지상권과 유치권의 경합

하나의 건물에 법정지상권과 유치권이 동시에 문제는 경우가 있다. 법정지상권과 유치권의 경합문제인데, 일반적으로 건물이 신축 중 건축주의 부도 등으로

공사가 중단된 상태에서 토지만 경매 절차가 진행될 때 발생한다. 이때 토지만 경매에서 낙찰받은 매수인은 경합된 2가지 권리를 어떻게 풀어가야 할까.

유치권 행사중인 건축중인 건물 [276]

법정지상권이 성립하는 경우 – '유치권도 행사가능'

앞서 자세히 살펴본 바와 같이, 법정지상권은 민법 등과 관습법이 인정하는 적법한 물권이다. 이러한 법정지상권이 성립하는 건물은 토지소유자와의 관계에서 법정지상권이라는 권원을 가지고 있으므로, 적법하게 토지를 점유하고 있는 것이 된다.

따라서, 법정지상권이 성립하는 건물의 공사업자가 미지급 공사대금채권에 기해 유치권을 행사하는 것은 적법한 건물에 대한 것이어서 아무런 하자가 없어 적법, 유효하다. 그러므로, 토지낙찰자는 건물철거는 물론 유치권자에 대한 퇴거청

---

276) http://ksgs0915.blog.me/220579157806

구도 하지 못한다. 다만, 토지낙찰자가 건물소유자에 대해 지료청구를 해서 2년 간 지료 연체를 이유로 하는 지상권소멸청구를 할 수 있고, 소멸청구로 법정지상 권이 소멸되면 유치권도 행사할 수 없게 된다.

법정지상권이 성립하지 않는 경우 – '유치권도 행사 불가'

한편 토지에 최초 근저당권이 설정될 당시 위와 같은 건물이 존재하지 않았거 나, 토지와 건물의 소유자가 동일인이 아니었다면 민법 366조의 법정지상권이 성 립하지 않게 된다. 강제경매에 의해 성립하는 관습법상 법정지상권의 경우에도 토지와 건물이 동일인 소유가 아니거나, 건물철거 특약이 있거나, 경매개시결정 의 기입등기(가압류등기, 근저당등기)당시 동일인 소유가 아니라면 법정지상권이 성립하지 않는다는 점도 앞서 살펴보았다.

그런데 이처럼 법정지상권이 성립하지 않는 건물의 공사업자는 유치권을 행사 할 수 없다는 점을 특히 유의해야 한다. 이러한 법리를 잘 모르고 유치권을 행사 하느라 무익한 노력을 쏟는 사례가 적지 않기 때문이다.

대법원[277]은 "건물점유자가 건물의 원시취득자에게 그 건물에 관한 유치권이 있다고 하더라도 그 건물의 존재와 점유가 토지소유자에게 불법행위가 되고 있 다면 그 유치권으로 토지소유자에게 대항할 수 없다"라고 판시해 법정지상권이 성립하지 않는 건물은 그 존재와 점유가 토지소유자에게 불법행위가 된다는 점 은 근거로 들고 있다. 이 판례는 공사 중단된 건물이 있는 토지만 경매로 나온 경 우 법정지상권 성립여부를 따져 유치권을 깨트릴 수 있는 '전가의 보도' 같은 가 치 있는 판례이니 반드시 숙지해둘 필요가 있다.

또한 위 대법원 판례는, 법정지상권이 인정되지 않는 미등기 건물에 대한 철거 청구권의 근거로서, "건물철거는 그 소유권의 종국적 처분에 해당하는 사실행위

---

277) 대법원 1989.02.14. 선고 87다카3073 판결[건물명도]

이므로 원칙으로는 그 소유자에게만 그 철거처분권이 있으나 미등기 건물을 그 소유권의 원시취득자로부터 양도받아 점유중에 있는 자는 비록 소유권취득등기를 하지 못했다고 하더라도 그 권리의 범위 내에서는 점유중인 건물을 법률상 또는 사실상 처분할 수 있는 지위에 있으므로 그 건물의 존재로 불법점유를 당하고 있는 토지소유자는 위와 같은 건물점유자에게 그 철거를 구할 수 있다"라는 점을 들었다.

♣ 신축 중단된 건물의 대지만 경매로 나온 경우, 대법원 1989.2.14. 선고 87다카3073 판결[건물명도]의 유용성

요즘 경매 참여자가 큰 폭으로 늘어나 경쟁이 치열해져 경매에서 큰 차익을 남기기 어려운 것이 현실이다. 그래서 권리관계가 복잡한 것에 집중할 수밖에 없는데, 그 대표적인 블루칩 (Blue Chip)이 신축 중단된 건물의 대지만 경매로 나온 경우다.

공사 중단 후 장기간 방치된 건물[278]

우선 법정지상권 성립여부가 불분명하면 여러 차례 유찰되어 최초감정가의 50% 이하로 입찰가격이 떨어지는 경우가 다반사다. 그리고 법정지상권의 성립여부에 대한 치밀한 권리분석을 해서 법정지상권이 성립하지 않는다면 건물은 불법건물로 철거대상이고, 철거 시까지 임료상당의 손해배상도 청구할 수 있게 된다.

---

278) 울산매일신문 2013.07.17.자 기사사진

또한, 건물 공사업자의 유치권 항변도 묵살시킬 수 있을 뿐만 아니라, 아래에서 살펴보는 바와 같이 건물 전세권자나 임차인의 대항력도 깨트릴 수가 있다.

나아가, 건물이 적어도 골조가 완성되었다면 철거판결을 받았어도 철거할 것이 아니라 임료상당의 손해배상판결을 받아 대위등기에 의한 경매를 진행하면 이미 철거판결이 난 건물이어서 아무도 입찰하지 않을 것이므로 건물도 저가에 낙찰받아 큰 차익을 실현할 수도 있다.

이러한 잇점 때문에 신축 중 공사 중단된 건물의 대지만의 경매는 마지막 남은 블루칩이라 해도 과언이 아니다. 그러다 보니 이런 물건만 낙찰받아 수익을 실현하는 사람들도 적지 않다.

아이러니하지만, 신축 중 중단된 건물의 대지 경매를 블루칩으로 만든 일등공신은 다름 아닌 위 대법원 판례임을 부인할 수 없다.

02 법정지상권과 전세권, 임차인의 대항력과의 경합

하나의 건물에 '법정지상권'과 '전세권', '대항력 있는 임차인의 권리'가 경합하기도 한다. 이때 토지만 경매로 낙찰받은 매수인은 위와 같이 경합된 권리를 어떻게 해결해야 할까.

법정지상권 없는 건물의 전세권지, 임차인은 토지소유자에 대항불가

전세권설정자(건물소유자)가 건물의 존립을 위한 토지사용권을 가지지 못해 그가 토지소유자의 건물철거 등 청구에 대항할 수 없는 경우, 즉 법정지상권이 없는 경우(지료연체를 이유로 한 지상권소멸청구에 의해 소멸된 경우도 포함)에 민법 304조 등을 들어 전세권자 또는 대항력 있는 임차권자는 토지소유자의 권리행사에 대항할 수 없다.[279)]

따라서, 토지소유자가 퇴거청구를 하면 전세권자나 임차인은 퇴거해야 한다.

구체적인 근거

건물이 그 존립을 위한 토지사용권을 갖추지 못해 토지의 소유자가 건물의 소유자에 대해 당해 건물의 철거 및 그 대지의 인도를 청구할 수 있는 경우에라도 건물소유자가 아닌 사람이 건물을 점유하고 있다면 토지소유자는 그 건물 점유를 제거하지 않는 한 위의 건물철거 등을 실행할 수 없다.

---

279) 대법원 2010.08.19. 선고 2010다43801 판결[건물퇴거]

따라서 그때 토지소유권은 위와 같은 점유에 의해 그 원만한 실현을 방해당하고 있다고 할 것이므로, 토지소유자는 자신의 소유권에 기한 방해배제로서 건물점유자에 대해 건물로부터의 퇴출을 청구할 수 있다. 그리고 이는 건물점유자가 임차인으로서 그 건물임차권이 이른바 대항력을 가진다고 해서 달라지지 않는다.

건물임차권의 대항력은 기본적으로 건물에 관한 것이고 토지를 목적으로 하는 것이 아니므로 이로써 토지소유권을 제약할 수 없고, 토지에 있는 건물에 대해 대항력 있는 임차권이 존재한다고 해도 이를 토지소유자에 대해 대항할 수 있는 토지사용권이라고 할 수는 없다. 바꾸어 말하면, 건물에 관한 임차권이 대항력을 갖춘 후에 그 대지의 소유권을 취득한 사람은 민법 622조 1항이나 주택임대차보호법 3조 1항 등에서 그 임차권의 대항을 받는 것으로 정해진 '제3자'에 해당한다고 할 수 없다.

한편 민법 304조는 전세권을 설정하는 건물소유자가 건물의 존립에 필요한 지상권 또는 임차권과 같은 토지사용권을 가지고 있는 경우에 관한 것으로, 그 경우에 건물전세권자로 하여금 토지소유자에 대해 건물소유자, 즉 전세권설정자의 그러한 토지사용권을 원용할 수 있도록 함으로써 토지소유자 기타 토지에 대해 권리를 가지는 사람에 대한 관계에서 건물전세권자를 보다 안전한 지위에 놓으려는 취지의 규정이다. 또한 지상권을 가지는 건물소유자가 그 건물에 전세권을 설정했으나 그가 2년 이상의 지료를 지급하지 아니했음을 이유로 지상권설정자, 즉 토지소유자의 청구로 지상권이 소멸하는 것(민법 287조 참조)은 전세권설정자가 전세권자의 동의 없이는 할 수 없는 위 민법 304조 2항의 "지상권 또는 임차권을 소멸하게 하는 행위"에 해당하지 아니한다. 위 민법 304조 2항이 제한하려는 것은 포기, 기간단축약정 등 지상권 등을 소멸하게 하거나 제한해 건물전세권자의 지위에 불이익을 미치는 전세권설정자의 임의적인 행위이고, 그것이 법률의 규정에 의해 지상권소멸청구권의 발생요건으로 정해졌을 뿐인 지상권자의 지료 부지급 그 자체를 막으려고 한다거나 또는 지상권설정자가 취득하는 위의 지상권소멸청구권이 그의 일방적 의사표시로 행사됨으로 인해 지상권이 소멸되는 효과를 제한하려고 하는 것이라고 할 수 없다.

따라서 전세권설정자가 건물의 존립을 위한 토지사용권을 가지지 못해 그가 토지소유자의 건물철거 등 청구에 대항할 수 없는 경우에 민법 304조 등을 들어 전세권자 또는 대항력 있는 임차권자가 토지소유자의 권리행사에 대항할 수 없음은 물론이다. 또한 건물에 대해 전세권 또는 대항력 있는 임차권을 설정해준 지상권자가 그 지료를 지급하지 아니함을 이유로 토지소유자가 한 지상권소멸청구가 그에 대한 전세권자 또는 임차인의 동의가 없이 행해졌다고 해도 민법 304조 2항에 의해 그 효과가 제한된다고 할 수 없다.

🏠 주의할 점

이처럼 당초부터 법정지상권이 성립하지 않았거나 토지소유자의 지상권소멸청구에 의해 소멸한 경우가 아니라, 법정지상권자가 임의로 법정지상권을 소멸하게 하는 행위를 한 경우에는 전세권자나 임차인의 동의가 없으면 법정지상권자는 물론, 토지소유자도 그 소멸의 효과를 주장할 수 없다.

즉, 토지와 건물을 함께 소유하던 토지·건물의 소유자가 건물에 대해 전세권을 설정해주었는데, 그 후 토지가 타인에게 경락되어 민법 305조 1항에 의한 법정지상권을 취득한 상태에서 다시 건물을 타인에게 양도한 경우, 그 건물을 양수해 소유권을 취득한 자는 특별한 사정이 없는 한 법정지상권을 취득할 지위를 가지게 되고, 다른 한편으로는 전세권 관계도 이전받게 되는바, 민법 304조 등에 비추어 건물 양수인이 토지소유자와의 관계에서 전세권자의 동의 없이 법정지상권을 취득할 지위를 소멸시켰다고 하더라도, 그 건물 양수인은 물론 토지소유자도 그 사

유를 들어 전세권자에게 대항할 수 없다.[280]

♣ **제304조(건물의 전세권, 지상권, 임차권에 대한 효력)**

① 타인의 토지에 있는 건물에 전세권을 설정한 때는 전세권의 효력은 그 건물의 소유를 목적으로 한 지상권 또는 임차권에 미친다.

② 전항의 경우에 전세권설정자는 전세권자의 동의없이 지상권 또는 임차권을 소멸하게 하는 행위를 하지 못한다.

♣ **제305조(건물의 전세권과 법정지상권)**

① 대지와 건물이 동일한 소유자에 속한 경우에 건물에 전세권을 설정한 때는 그 대지소유권의 특별 승계인은 전세권설정자에 대해 지상권을 설정한 것으로 본다. 그러나 지료는 당사자의 청구에 의해 법원이 이를 정한다.

② 전항의 경우에 대지소유자는 타인에게 그 대지를 임대하거나 이를 목적으로 한 지상권 또는 전세권을 설정하지 못한다.

---

280) 대법원 2007.08.24. 선고 2006다14684 판결[건물명도 등]

건축 중인 집합건물 대지만의 경매에서, 법정지상권과 집합건물법의 관계

가. 집합건물 분양자(건축주)가 대지 사용권원이 없는 경우

집합건물의 분양자(건축주)에게 대지 사용권원이 없으면, 신축 중인 집합건물이 구조상, 이용상 독립성을 갖추었다고 하더라도 대지권이 성립할 수 없을뿐더러, 내지만 경매로 매각 시 법정지상권도 성립할 수 없어 대지의 낙찰자는 분양자나 구분소유권자를 상대로 집합건물 내지 전유부분에 대해 철거 및 토지인도, 부당이득반환청구 내지 매도청구를 할 수 있다.

필자가 수행한 대구지방법원 김천지원 2016. 6. 17. 선고 2014가합2429 판결(건물철거 등)
피고회사는 원고들이 이 사건 토지 소유권을 취득한 것이 집합건물의소유및관리에관한 법률 제20조에 반해 무효라고 주장한다.

그러나 집합건물의소유및관리에관한법률 제20조는 구분소유자가 위 법률 제2조 6호에서 정하는 대지사용권을 갖는 경우에 그 전유부분과 대지사용권을 일체적으로 취급한다는 의미이고, 구분소유자가 처음부터 대지사용권을 갖지 못하는 경우에는 다른 특별한 사정이 없는 한 위 법률 제20조가 적용될 여지가 없다.
이 사건 건물은 위 법률상의 집합건물에 해당하지만, 아래서 보는 바와 같이 피고회사는 법정지상권을 취득하지 못했고 달리 이 사건 건물의 존립을 위해 이 사건 대지를 사용할 권리가 있음을 주장, 입증하지 못하고 있으므로, 위 법률 제20조 등을 내세워 이 사건 대지를 소유하는 원고들의 철거청구를 배척할 수는 없으므로, 피고회사의 위 주장은 이유 없다.

나. 집합건물 분양자(건축주)가 대지 사용권원을 가지는 경우

집합건물을 신축해 분양하는 자가 대지에 대해 소유권 등 사용권원을 가지는 경우, 사용검사를 받거나 보존등기까지는 하지 못했더라도, 대부분의 공사를 완료해 집합건물로서의 구조상, 이용상 독립성(최소한 골조완성 정도)을 갖추는 정도가 되었다면, 분양자(건축주)는 전유부분에 대한 구분소유권을 취득하고, 그 때 집합건물의 부지 전체에 대해 대지권도 성립하게 된다.

이처럼 대지권이 성립한 이후에는 구분소유자의 대지사용권은 규약(또는 공정증서)으로 달리 정한 경우가 아니면 전유부분과 분리해 처분할 수 없고(집합건물법 20조), 이를 위반한 대지사용권의 처분은 법원의 강제경매 절차에 의한 것이라 하더라도 무효다.[281]

규약이나 공정증서로 대지사용권의 분리처분이 필요한 경우
대규모 아파트 단지 등의 경우 건물이 없는 공지에 추가로 집합건물을 지어 분양할 경우나 기존의 건물을 증축하는 경우에 새로 구분소유자가 될 자를 위해 대지권과 공유지분을 구분소유권과 분리양도 할 필요가 생긴다.

여기서, 대지의 낙찰자는 "분리처분금지는 그 취지를 등기하지 아니하면 선의로 물권을 취득한 제3자에 대해 대항하지 못한다"고 정한 집합건물법 20조 3항의 '선의'의 제3자로 보호되는지 여부가 문제된다.

원칙적으로 집합건물의 대지로 되어 있는 사정을 모른 채 대지사용권의 목적이 되는 토지를 취득했다면 해당될 것이지만, 경매 절차 진행 당시 등기부등본, 경매물건명세서, 현황조사보고서, 감정평가서 등을 통해 해당 토지가 아파트가 속한 집합건물의 대지로 사용되고 있음을 알았다면, '선의'의 제3자에 해당하지 않을

---

281) 대법원 2009. 6. 23. 선고 2009다26145 판결, 대법원 2015.01.15. 선고 2012다74175 판결 등 참조

것인데, 경매실무상 일반적으로 그런 사정을 알았다고 봐야 할 것이므로 대지의 낙찰자는 통상 '악의'의 제3자라고 본다.

결국 대지의 경매절차가 무효여서 대지의 낙찰자는 대지소유권을 취득할 수 없고, 취득했다 해도 무효기 때문에, 건물 전유부분 소유자에 대한 건물철거청구, 대지인도청구, 부당이득반환청구를 할 수 없게 된다.[282] 따라서, 토지와 건물의 분리가 이뤄지지 않게 되어, 결과적으로 법정지상권의 성립여부는 문제가 되지 않는다.

다만, 대법원은 아래와 같이 분리처분 금지의 예외를 인정하고 있다.
즉, "집합건물법 제20조에 의해 분리처분이 금지되는 같은 법상 대지사용권이란 구분소유자가 전유부분을 소유하기 위해 건물의 대지에 내해 가지는 권리이므로(같은 법 제2조 제6호 참조), 구분소유자 아닌 자가 집합건물의 건축 전부터 전유부분의 소유와 무관하게 집합건물의 대지로 된 토지에 대해 가지고 있던 권리는 같은 법 제20조에 규정된 분리처분금지의 제한을 받는다고 할 수 없다"[283]라거나, "집합건물의 구분소유자가 전유부분을 소유하기 위해 그 소유 대지에 대지사용권을 갖는 경우 구분소유자 각자가 대지 전체에 대해 가지는 공유지분권이 대지사용권이 되고, 그 대지사용권은 전유부분과 분리처분이 가능하도록 규약으로 정했다는 등의 특별한 사정이 없는 한 전유부분과 종속적 일체불가분성이 인정되며, 그러한 대지사용권의 성립에 앞서 그 대지에 이미 근저당권이 설정되어 있다면, 구분소유자별로 공유지분권에 대해 근저당권의 제한을 받는 대지사용권을 보유하게 되고, 근저당권자로서는 그 근저당권의 실행을 위해 공유지분권에 대해 경매를 신청할 수 있다"[284]라고 판시했다.

---

282) 대법원 2015.01.15. 선고 2012다74175 판결[건물명도·소유권이전등기절차이행등·소유권이전등 기절차이행 등]
283) 대법원 2010. 5. 27. 선고 2010다6017 판결[소유권말소등기]
284) 대법원 2012. 4. 30. 자 2011마1525 결정[경매개시결정에 대한 이의]

결국, 구분소유자 아닌 자가 대지사용권 성립에 앞서 집합건물의 대지로 된 토지에 대해 가지고 있던 권리, 즉 근저당권 등은 집합건물법 20조에 규정된 분리처분 금지의 제한을 받지 않으므로, 그 실행에 의해 대지를 경매(임의경매)에 넣을 수도 있다는 것이다.

이처럼 분리처분 금지의 예외로 대지를 임의경매하는 경우, 대지 낙찰자에게 지상 집합건물에 대한 법정지상권 부담여부가 문제될 수 있다. 이때 법정지상권 성립여부는 대지에 최초 근저당권이 설정될 당시 건물이 존재했느냐 여부가 주로 기준이 될 것이다.

Chapter 07

법정지상권 깨트리기
실전 사례

여기서 필자가 수행한 법정지상권 깨트리기 소송사례 하나를 소개하고자 한다. 비교적 여러 가지의 주요 쟁점을 갖고 있어 표준적인 사례로 봐도 될 것이다.

★ 토지에 근저당 설정 당시 건물이 부존재한 CASE ★

(대구지방법원 김천지원 2016. 6. 17. 선고 2014가합2429 건물철거 등 판결)

■ **사례요약**

A는 2011. 7. 김천시에 있는 2필지의 답 합계면적 1,954㎡의 소유권을 취득한 뒤, 2013. 2. 7. 위 토지에 관해 ○○농협에 채권최고액 14억 3,000만 원인 근저당권을 설정해주었고, 같은 해 5. 말 B에게 위 토지 소유권을 이전해주었다. 이후 2015. 5. 23. ○○농협의 신청으로 위 토지에 관한 임의경매 절차(대구지법 김천지원 2014타경2869호)가 개시되었고, 2014. 10. 31. H회사 외 2인(이하 'H회사 등'이라 함)이 위 토지를 낙찰받아 그 소유권을 취득했다.

한편 A는 2012. 12. 10. 위 토지에 지상 5층 규모의 도시형생활주택 3동(각 8세대)을 신축하는 내용의 건축허가를 받고, 2013. 3. 7. 착공신고를 해서 공사진행 중 2013. 8. 28. 건축허가명의자를 B로 변경했다. B는 2013. 9. 13. 위 건물을 완공

해서 소유권을 취득했고, 이후 P건설을 거쳐 ○○주택이 2014. 4. 18. 위 건물 소유권을 이전받았다.

♣ 관련 자료[285]

○○주택은 위 경매 절차에서 법정지상권을 주장하고 있고, 하도급업체 9명은 토지에 관한 임의경매 절차 진행 중인 2014.6.~7.경 건물공사에 관한 자재대금 등의 채권이 있다고 주장하며 유치권신고를 해서, 그 무렵부터 건물을 점유하고 있었다.

---

285) 이상 인터넷 사이트 '두인경매' 자료

☞토3,6)제시외건물 매각제외로 법정지상권성립여지 있음
☞유치권신고 있음-김○○(17,547,400원),전○○(1억원),안○○(5천만원),김○○(8백만원),임○○(3백만원),박○○(8천만원),김○○(1천만원),이○○(9백만원),정○○(308,470,000원),방○○(665,513,600원)으로부터 각 유치권신고가 있으나 성립여부는 불분명하며 유치권자들에 대한 유치권배제신청이 있음.

주의
사항

   H사 등은 토지입찰 전에 미리 권리분석을 한 결과, ○○주택 등 점유자 9명에게 법정지상권은 물론 유치권도 인정되지 않는다고 판단하고, 토지를 낙찰받은 후 ○○주택에 대해서는 건물철거 및 토지인도, 임료상당의 부당이득 내지 손해배상을, 나머지 하도급업체들에 대해서는 건물로부터의 퇴거를 구하는 소송을 제기했다.

청구취지

1. 원고들에게,
   가. 피고 주식회사 ○○주택은 별지2목록 기재 각 건물을 철거하고, 별지1목록 기재 각 토지를 인도하라.
   나. 피고 주식회사 ○○주택을 제외한 나머지 피고들은 위 각 건물에서 각 퇴거하라.
2. 피고 주식회사 ○○주택은 2014. 11. 1.부터 별지1목록 기재 각 토지의 인도완료일까지 원고 H주식회사에게 매월 500만 원, 원고 조○○에게 매월 300만 원, 원고 서○○에게 매월 200만 원의 각 비율에 의한 돈을 지급하라.
3. 소송비용은 피고들이 부담한다.
4. 제1,2항은 가집행할 수 있다.
라는 판결을 구합니다.

■ 매수인(H사 등)의 주장

🏠 법정지상권이 성립되지 않아 불법점유인 점

위 토지에 대한 근저당권의 실행으로 경매가 이뤄져 민법 366조의 법정지상권이 문제된 위 사례에서, 위 건물들이 법정지상권이 성립하려면 토지에 근저당권이 설정될 당시에 건물이 존재해야 하는데, 위 건물들은 위 토지에 ○○농협이 근저당권을 설정한 2013. 2. 7.보다 한 달이나 지난 2013. 3. 7.에야 비로소 착공되었으므로, 근저당권 설정 당시 건물이 부존재한 것이 분명해, ○○주택은 법정지상권을 가지지 못한다.

🏠 소유권에 기한 방해배제로서 퇴거해야 하는 점

그리고 나머지 유치권 점유자들에 대해, 토지에 대한 사용권 없는 건물의 점유자는 토지소유권 행사(철거, 인도청구 등)를 방해하므로, 토지소유자가 소유권에 기한 방해배제로 건물점유자에 대해 퇴출을 청구할 수 있다고 판례(대법원 2010. 8. 19. 선고 2010다43801 판결), 건물점유자가 건물의 원시취득자에게 그 건물에 관한 유치권이 있다고 하더라도 그 건물의 존재와 점유가 토지소유자에게 불법행위가 되고 있다면 그 유치권으로 토지소유자에게 대항할 수 없다는 판례(대법원 1989. 2. 14. 선고 87다카3073 판결)를 들어 퇴거해야 함을 주장했다.

■ 건축주, 공사업자들의 항변과 매수인의 반박 및 법원의 판단

🏠 건물철거 및 토지인도 의무(원칙)

법원은 우선, 건축주는 위 건물을 소유함으로써 매수인들 소유의 토지를 점유하고 있으므로, '다른 특별한 사정이 없는 한' 소유자로서 방해배제를 구하는 매수인들에게 건물을 철거하고 토지를 인도할 의무가 있다고 보았다.

🏠 건축주 ○○주택의 항변 – '집합건물법 20조 위반', '근저당설정 전 착공', '근저당 권자 동의 얻어 건축', '권리남용'

▶ 집합건물법 20조 위반

건축주는 먼저, 매수인들이 이미 구분소유가 성립된 집합건물의 대지인 토지 소유권을 취득한 것은 집합건물법 20조에 반해 무효라고 항변했다. 즉, 집합건물법 20조에 근거해 구조상·이용상 독립성을 갖추어 구분소유가 성립한 집합건물의 전유부분과 대지사용권의 일체성에 반하는 대지처분이어서 무효라고 한, 아래 대법원 2013. 1. 17. 선고 2010다71578 전원합의체 판결을 들어 매수인들의 토지 소유권 취득은 무효라고 했다.

1동의 건물에 대해 구분소유가 성립하기 위해서는 객관적·물리적인 측면에서 1동의 건물이 존재하고, 구분된 건물부분이 구조상·이용상 독립성을 갖추어야 할 뿐 아니라, 1동의 건물 중 물리적으로 구획된 건물부분을 각각 구분소유권의 객체로 하려는 구분 행위가 있어야 한다. 여기서 구분행위는 건물의 물리적 형질에 변경을 가함이 없이 법률관념상 건물의 특정부분을 구분해 별개의 소유권의 객체로 하려는 일종의 법률행위로서, 그 시기나 방식에 특별한 제한이 있는 것은 아니고 처분권자의 구분의사가 객관적으로 외부에 표시되면 인정된다. 따라서 구분건물이 물리적으로 완성되기 전에도 건축허가신청이나 분양계약 등을 통해 장래 신축되는 건물을 구분건물로 하겠다는 구분의사가 객관적으로 표시되면 구분행위의 존재를 인정할 수 있고, 이후 1동의 건물 및 그 구분행위에 상응하는 구분건물이 객관적·물리적으로 완성되면 아직 그 건물이 집합건축물대장에 등록되거나 구분건물로서 등기부에 등기되지 않았더라도 그 시점에서 구분소유가 성립한다.
집합건물의 소유 및 관리에 관한 법률은 제20조에서 구분소유자의 대지사용권은 그가 가지는 전유부분의 처분에 따르고, 구분소유자는 규약으로써 달리 정하지 않는 한 그가 가지는 전유부분과 분리해 대지사용권을 처분할 수 없으며, 분리처분금지는 그 취지를 등기하지 아니하면 선의로 물권을 취득한 제3자에게 대항하지 못한다고 규정하고 있는데, 위 규정의 취지는 집합건물의 전유부분과 대지사용권이 분리되는 것을 최대한 억제해 대지사용권이 없는 구분소유권의 발생을 방지함으로써 집합건물에 관한 법률관계의 안정과 합리적 규율을 도모하려는 데 있으므로, 전유부분과 대지사용권의 일체성에 반하는 대지의 처분행위는 효력이 없다.[286]

이에 대해, 매수인들은 위 대법원 판결은 집합건물의 존재가 토지소유자에 대해 적법한 경우에만 유효한 것인데, 위와 같은 이유로 법정지상권이 성립하지 않는 집합건물에 관해서는 적용될 여지가 없다고 반박했다. 즉, 위 건물들에 법정지상권이 성립하려면 토지에 저당권이 설정될 당시에 건물이 존재해야 하는데, 위 건물들은 위 토지에 ○○농협이 근저당권을 설정한 2013. 2. 7. 보다 한 달이나 지난 2013. 3. 7.에야 비로소 착공필증이 교부되었음이 ○○시장에 대한 사실조회 결과 확인되므로, 근저당권 설정 당시 건물이 존재하지 않아 법정지상권이 성립할 여지가 없고, 결국 집합건물법 20조가 적용되지 않는다라고 주장했다.

이에, 법원은 집합건물법 20조는 구분소유자가 대지사용권을 갖는 경우에 그 전유부분과 대지사용권을 일체적으로 취급한다는 의미이고, 구분소유자가 처음부터 대지사용권을 가지 못하는 경우에는 다른 특별한 사정이 없는 한 집합건물법 20조가 적용될 여지가 없다(대법원 2010. 11. 25. 선고 2010다52553 판결 참조)는 점을 전제로 해서, 이 사건 건물은 집합건물에 해당하지만, 토지에 근저당권이 설정된 이후인 2013. 3. 7. 에야 비로소 착공되어 법정지상권이 성립할 여지가 없다라고 결론지었다.

▶ 근저당권 설정 전 착공

또한 건축주는 실제 공사착공을 한 날짜는 착공필증이 교부된 2013. 3. 7. 이 아니라 그보다 훨씬 이전이었다고 항변했다. 그러나, 매수인들은 건축주 주장은 아

---

286) 대법원 2013. 1. 17. 선고 2010다71578 전원합의체 판결[대지권지분이전등기 등]

무런 근거가 없을 뿐만 아니라, 당시의 네이버 및 다음의 위성사진을 제출해 사진 상에도 녹지로만 나타나고 달리 2013. 3. 7. 이전에 건물이 착공되었다는 증거가 나타나지 않는 점을 들어 반박했다.

법원은 건축주 주장처럼 2013. 3. 7. 이전에 착공을 했다고 하더라도 근저당권 설정 이전에 건물의 규모와 종류가 외형상 예상할 수 있는 정도까지 건축이 진전 되어 있었다고 볼 만한 아무런 증거가 없으므로 역시 법정지상권이 성립되지 않 는다고 판단했다.

<관련판례>
민법 제366조의 법정지상권은 저당권 설정 당시 동일인의 소유에 속하던 토지와 건물이 경매로 인해 양자의 소유자가 다르게 된 때에 건물의 소유자를 위해 발생하는 것으로서, 토지에 관해 저당권이 설 정될 당시 토지소유자에 의해 그 지상에 건물을 건축 중이었던 경우 그것이 사회관념상 독립된 건물로 볼 수 있는 정도에 이르지 않았다 하더라도 건물의 규모·종류가 외형상 예상할 수 있는 정도까지 건 축이 진전되어 있었고, 그 후 경매 절차에서 매수인이 매각대금을 다 낸 때까지 최소한의 기둥과 지붕 그리고 주벽이 이루어지는 등 독립된 부동산으로서 건물의 요건을 갖추면 법정지상권이 성립하며, 그 건물이 미등기라 하더라도 법정지상권의 성립에는 아무런 지장이 없는 것이다.[287]

▶ 근저당권자 동의 얻어 건축

건축주는 다시 근저당권자인 ○○농협이 건물신축에 동의했다고 항변했다. 그 러나, 매수인들은 근저당권자가 동의했다는 증거가 없을 뿐만 아니라, 설령 동의 했다 하더라도 판례가 동의한 경우에도 법정지상권이 불성립한다고 보는 점을 들어 반박했다.

법원도 다음과 같이 대법원 2003. 9. 5. 선고 2003다26051 판결 등을 들어, 근저 당권자가 토지소유자에 의한 건축에 동의했다고 하더라도 그러한 주관적 사정을

---

287) 대법원 2004. 6. 11. 선고 2004다13533 판결[건물철거 및 토지인도 등]

들어 법정지상권의 성립을 인정한다면 제3자의 법적안정성을 해치므로, 결국 법정지상권이 성립하지 않는다고 보았다.

> 민법 제366조의 법정지상권은 저당권 설정 당시부터 저당권의 목적되는 토지 위에 건물이 존재할 경우에 한해 인정되며, 토지에 관해 저당권이 설정될 당시 그 지상에 토지소유자에 의한 건물의 건축이 개시되기 이전이었다면, 건물이 없는 토지에 관해 저당권이 설정될 당시 근저당권자가 토지소유자에 의한 건물의 건축에 동의했다고 하더라도 그러한 사정은 주관적 사항이고 공시할 수도 없는 것이어서 토지를 낙찰받는 제3자로서는 알 수 없는 것이므로 그와 같은 사정을 들어 법정지상권의 성립을 인정한다면 토지 소유권을 취득하려는 제3자의 법적 안정성을 해하는 등 법률관계가 매우 불명확하게 되므로 법정지상권이 성립되지 않는다.[288]

▶ 권리남용

건축주는 건물 건축비가 약 28억 원에 이르는 등, 건물 철거시 사회경제적 손실이 막대하므로 그 철거를 구하는 것은 매수인들의 권리남용이라고 항변했다.

이에 대해, 매수인들은 비록 건축주가 건물철거로 손해를 입게 되더라도 매수인들이 오로지 부당한 이득을 위해 건물철거를 구한다거나, 토지를 고가에 매각할 목적으로 낙찰받은 것이 아닌 점, 토지가 도시지역, 제2종 일반주거지역에 해당해서 건물을 철거하더라도 충분히 다른 용도로 활용이 가능하므로 건물철거가 매수인들에게 아무런 이익이 없는 것이 아닌 점 등을 근거로 반박했다.

법원도 "건물이 철거되면 건축주와 공사대금을 지급받으려는 나머지 공사업자들이 피해를 입게 될 것이 예상되기는 하지만, 쌍방이 소송계속 중 합의점을 찾기 위해 나름대로 노력했음에도 결과적으로 협상이 결렬된 점, 매수인들도 12억여 원에 이르는 매각대금을 지급하고 토지를 취득했는데, 그 과정에서 매수인들

---

288) 대법원 2003. 9. 5. 선고 2003다26051 판결[건물등철거 등]

이 건축주에게 토지를 고가에 매각할 의도 내지 목적이 있었다거나 건물의 철거가 매수인들에게 아무런 이익이 없다고 단정할 수는 없는 점 등의 사정에 비추면, 건물 철거 및 토지인도를 구하는 매수인들의 청구가 권리남용에 해당한다고 보기 어려워 건축주의 항변은 이유없다"고 판단했다.

<관련 판례>

권리 행사가 권리의 남용에 해당한다고 할 수 있으려면, 주관적으로 그 권리 행사의 목적이 오직 상대방에게 고통을 주고 손해를 입히려는 데 있을 뿐 행사하는 사람에게 아무런 이익이 없는 경우이어야 하고, 객관적으로는 그 권리 행사가 사회질서에 위반된다고 볼 수 있어야 한다. 이와 같은 경우에 해당하지 않는 한 비록 그 권리의 행사에 의해 권리행사자가 얻는 이익보다 상대방이 잃을 손해가 현저히 크다고 해도 그러한 사정만으로는 이를 권리남용이라 할 수 없다.

경매를 통해 토지를 취득한 자가 그 지상 건물의 철거와 토지의 인도를 구하는 사안에서, 건물의 철거로 인한 권리행사자의 이익이나 건불 소유자의 손해가 현저히 크고 사회경제적으로도 큰 손실이 될 것으로 보이기는 하나, 건물소유자가 위 건물에 대한 권리를 인수할 당시 그 철거가능성을 알았다고 보이는 점, 토지에 대한 투자가치가 있어 건물 철거 등의 청구가 권리행사자에게 아무런 이익이 없다거나 오직 상대방에게 손해를 입히려는 것이라고 보기 어려운 점 등에 비추어, 권리남용에 해당하지 않는다고 한 사례.[289]

🏠 공사업자들의 '유치권' 항변

공사업자들은 공사자재대금 등 공사대금채권에 기해 유치권을 행사하며 경매개시결정의 기입등기 이전부터 건물을 점유하고 있다고 항변했다.

이에 매수인들은 위와 같이 2가지 대법원 판례를 들어 공사업자들에게 공사대금채권이 존재하고, 경매개시결정의 기입등기 이전부터 점유하고 있더라도 토지에 대한 사용권 없는 건물의 점유자는 토지소유권 행사(철거, 인도청구 등)를 방해하므로, 토지소유자가 소유권에 기한 방해배제로서 건물점유자에 대해 퇴출을 청구할 수 있고, 건물의 존재와 점유가 토지소유자에게 불법행위가 되고 있다면 그

---

289) 대법원 2010. 2. 25. 선고 2009다58173 판결[토지인도 등]

유치권으로 토지소유자에게 대항할 수 없으니 퇴거해야 한다고 반박했다.

　법원은 "건물이 그 존립을 위한 토지사용권을 갖추지 못해 토지소유자가 건물의 소유자에 대해 당해 건물의 철거 및 그 대지의 인도를 청구할 수 있는 경우에라도 건물소유자가 아닌 사람이 건물을 점유하고 있다면 토지소유자는 그 건물 점유를 제거하지 않는 한 위의 건물 철거 등을 실행할 수 없어, 이 경우 토지소유권은 위와 같은 점유에 의해 원만한 실현을 방해당하고 있다고 할 것이므로, 토지소유자는 자신의 소유권에 기한 방해배제로 건물점유자에 대해 건물로부터의 퇴출을 청구할 수 있다"는 대법원 판례를 들어, 공사업자들이 위 건물을 점유함으로써 매수인들의 토지에 관한 소유권의 원만한 실현을 방해하고 있으므로, 건물에서 퇴거할 의무가 있다고 판결했다.

■ **토지차임 상당의 부당이득 반환청구에 대한 법원의 판단**

　건축주는 이상과 같은 이유로, 법률상 원인없이 토지를 점유하고 있으므로, 그 임료 상당의 부당이득을 매수인들에게 지분별로 반환할 의무가 있다. 그 반환금액은 임료감정결과에 따르며, 매수인들이 토지에 관해 소유권을 취득한  다음 날부터 토지 인도완료일까지 감정결과 따른 각 지분별 임료를 부당이득금으로 반환토록 했다.

PART 02

분묘기지권
깨트리는 법

01 분묘기지권 둘러보기

1. 분묘기지권이 도대체 뭘까?

예로부터 우리 민족은 '효(孝)'를 강조하는 유교적 전통 등의 영향으로 조상을 높이 숭배해왔다. 이러한 조상숭배사상은 훌륭한 미풍양속으로 전해 내려오고 있는데, 조상의 분묘(墳墓)를 풍수지리상 좋은 터에 실지하고, 그곳이 조상의 시체뿐만 아니라 영혼도 안주하는 경건한 곳으로 생각해, 그 자손들은 그 관리에 소홀하지 말아야 할 뿐 아니라, 다른 사람들도 이를 존엄한 장소로 존중해야 한다는 것이 우리의 강한 도덕관념으로 되어왔다.

이처럼 분묘가 우리 사회에서 가지는 의의를 생각할 때 근대적 소유권 절대의 원칙에 입각해 타인 토지에 설치된 분묘를 함부로 철거하거나 손상할 수 있도록 한다면 오랜 세월동안 이어져온 조상숭배라는 미풍양속과 전통적 윤리관에 어긋나는 결과를 초래할 것이므로 비록 권원 없이 타인 토지에 설치된 분묘라도 후손들이 분묘를 수호, 봉사할 수 있도록 하는 내용의 일정한 권리로 인정할 필요성이 절실했다.

이처럼 조상숭배의 미풍양속을 유지하기 위해 소유권의 절대성을 제한할 필요성을 반영해, 일제하 조선고등법원 때부터 판례에 의해 관습법상 특수한 지상권으로서, 분묘기지권을 인정해오고 있다(조선고등법원 1927.3 .8. 판결, 대법원 1955.

9. 29. 판결). 민법 185조는 물권의 종류와 내용은 법률로 정한 것에 한해 인정된다는 근대법의 물권법정주의에 수정을 가해, 법률 이외에 관습법에 의해서도 물권이 성립될 수 있음을 규정하고 있는데, 우리 판례가 관습법상 물권으로 인정하는 대표적인 것이 관습법상 법정지상권과 분묘기지권이다.

여기서 분묘기지권(墳墓基地權)은 "타인의 토지에 분묘라는 특수한 공작물을 설치한 자가 그 분묘를 소유하기 위해 분묘의 기지부분인 토지를 사용할 수 있는 지상권의 성질을 갖는 일종의 물권"이라고 판례가 정의하고 있다.

한편, 여기서 논의되는 분묘는 장사등에 관한 법률이 적용되는 분묘설치, 개장 등에 국가기관의 허가나 신고가 필요한 공설, 사설묘지가 아니라, 이러한 신고나 허가를 받지 않고 설치되는, 불법 설치 분묘에 한해 적용되는 점을 유의해야 한다. 실제 개인 토지에 설치되는 대부분의 개인 분묘는 불법분묘임에도 관행상 묵인해주고 있고, 오히려 분묘기지권에 의해 보호해주고 있다. 장사 등에 관한 법률 7조 1항 및 40조는 누구든지 국가로부터 허가받은 묘지 외의 구역에 매장을 할 수 없도록 규정하고, 위반시 1년 이하의 징역 또는 1,000만 원 이하의 벌금에 처하도록 규정하고 있다.

분묘의 모습[290]

결국 장사 등에 관한 법률이 적용되는 공설, 사설묘지는 지자체의 허가나 신고를 받아야 하고, 면적이나 설치기간 등을 법적으로 제한하고 있어 분묘기지권에 관한 판례이론이 적용될 여지가 없다.

---

290) http://blog.daum.net/ryumosa/6973968

2. 분묘기지권 존재의의를 재확인한, 최근 대법원 전원합의체 판결

이상과 같이 분묘기지권이라는 관습상의 지상권 유사의 물권이 조상숭배라는 미풍양속의 유지차원에서 인정되어왔지만, 영구적인 존속기간, 분묘 알박기 등 많은 문제가 불거지자, 현행 민법 시행 후 토지의 소유권 개념 및 사유재산제도가 확립되고 토지의 경제적인 가치가 상승함에 따라 토지소유자의 권리의식이 향상되고 보호의 필요성이 커졌으며, 또한 상대적으로 매장을 중심으로 한 장묘문화가 현저히 퇴색함에 따라, 토지소유자의 승낙 없이 무단으로 설치된 분묘까지 취득시효에 의한 분묘기지권을 관습으로 인정했던 사회적·문화적 기초는 상실되었고 이러한 관습은 전체 법질서와도 부합하지 않게 되었으므로, 적어도 타인 토지에 무단으로 분묘를 설치해 시효취득을 인정한 분묘기지권과 관련해, 2001. 1. 13. 당시 아직 20년의 시효기간이 경과하지 아니한 분묘의 경우에는 분묘기지권의 시효취득을 주장할 수 없게 해야 한다는 의견이 팽배했다.

그러나 대법원[291]은 2017. 1. 19. 전원합의체 판결로 시효취득에 의한 분묘기지권의 존재의의를 재확인했다. 즉, 타인 소유의 토지에 분묘를 설치한 경우에 20년간 평온, 공연하게 분묘의 기지를 점유하면 지상권과 유사한 관습상의 물권인 분묘기지권을 시효로 취득한다는 법적 규범이 2000. 1. 12. 법률 제6158호로 전부 개정된 '장사 등에 관한 법률'의 시행일인 2001. 1. 13. 이전에 설치된 분묘에 관해 현재까지 유지되고 있는지 여부와 관련해, "타인 소유의 토지에 분묘를 설치한 경우에 20년간 평온, 공연하게 분묘의 기지를 점유하면 지상권과 유사한 관습상의 물권인 분묘기지권을 시효로 취득한다는 점은 오랜 세월 동안 지속되어온 관습 또는 관행으로서 법적 규범으로 승인되어왔고, 이러한 법적 규범이 장사법(법률 제6158호) 시행일인 2001. 1. 13. 이전에 설치된 분묘에 관해 현재까지 유지되고 있다고 보아야 한다"라고 해서 장사법 시행 이전에 설치된 분묘에 대해서는

---

291) 대법원 2017. 1. 19. 선고 2013다17292 전원합의체 판결

여전히 분묘기지권을 시효취득할 수 있다는 점을 확인한 적 있다.

대법원의 다수의견과 반대 의견은 분묘기지권의 존재의의와 관련해 상세하고도 나름 합리적인 논거를 들고 있어 분묘기지권을 이해하는 데 상당한 도움이 될 것이므로, 판결요지를 그대로 싣기로 한다.

🏠 대법원 판결 이유 요지(다수 의견)

(가) 대법원은 분묘기지권의 시효취득을 우리 사회에 오랜 기간 지속되어온 관습법의 하나로 인정해, 20년 이상의 장기간 계속된 사실관계를 기초로 형성된 분묘에 대한 사회질서를 법적으로 보호해, 민법 시행일인 1960. 1. 1.부터 50년 이상의 기간 동안 위와 같은 관습에 대한 사회 구성원들의 법적 확신이 어떠한 흔들림도 없이 확고부동하게 이어져온 것을 확인하고 이를 적용해왔다.

대법원이 오랜 기간 동안 사회 구성원들의 법적 확신에 의해 뒷받침되고 유효하다고 인정해온 관습법의 효력을 사회를 지배하는 기본적 이념이나 사회질서의 변화로 인해 전체 법질서에 부합하지 않게 되었다는 등의 이유로 부정하게 되면, 기존의 관습법에 따라 수십 년간 형성된 과거의 법률관계에 대한 효력을 일시에 뒤흔드는 것이 되어 법적 안정성을 해할 위험이 있으므로, 관습법의 법적 규범으로서의 효력을 부정하기 위해서는 관습을 둘러싼 전체적인 법질서 체계와 함께 관습법의 효력을 인정한 대법원판례의 기초가 된 사회 구성원들의 인식·태도나 사회적·문화적 배경 등에 의미 있는 변화가 뚜렷하게 드러나야 하고, 그러한 사정이 명백하지 않다면 기존의 관습법에 대해 법적 규범으로서의 효력을 유지할 수 없게 되었다고 단정해서는 아니 된다.

(나) 우선 2001. 1. 13.부터 시행된 장사 등에 관한 법률(이하 개정 전후를 불문하고 '장사법'이라 한다)의 시행으로 분묘기지권 또는 그 시효취득에 관한 관습법

이 소멸되었다거나 그 내용이 변경되었다는 주장은 받아들이기 어렵다. 2000. 1. 12. 법률 제6158호로 매장 및 묘지 등에 관한 법률을 전부 개정해 2001. 1. 13.부터 시행된 장사법[이하 '장사법(법률 제6158호)'이라 한다] 부칙 제2조, 2007. 5. 25. 법률 제8489호로 전부 개정되고 2008. 5. 26.부터 시행된 장사법 부칙 제2조 제2항, 2015. 12. 29. 법률 제13660호로 개정되고 같은 날 시행된 장사법 부칙 제2조에 의하면, 분묘의 설치기간을 제한하고 토지소유자의 승낙 없이 설치된 분묘에 대해 토지소유자가 이를 개장하는 경우에 분묘의 연고자는 토지소유자에 대항할 수 없다는 내용의 규정들은 장사법(법률 제6158호) 시행 후 설치된 분묘에 관해서만 적용한다고 명시하고 있어서, 장사법(법률 제6158호)의 시행 전에 설치된 분묘에 대한 분묘기지권의 존립 근거가 위 법률의 시행으로 상실되었다고 볼 수 없다.

또한 분묘기지권을 둘러싼 전제적인 법질서 체계에 중대한 변화가 생겨 분묘기지권의 시효취득에 관한 종래의 관습법이 헌법을 최상위 규범으로 하는 전체 법질서에 부합하지 아니하거나 정당성과 합리성을 인정할 수 없게 되었다고 보기도 어렵다.

마지막으로 화장률 증가 등과 같이 전통적인 장사방법이나 장묘문화에 대한 사회 구성원들의 의식에 일부 변화가 생겼더라도 여전히 우리 사회에 분묘기지권의 기초가 된 매장문화가 자리 잡고 있고 사설묘지의 설치가 허용되고 있으며, 분묘기지권에 관한 관습에 대해 사회 구성원들의 법적 구속력에 대한 확신이 소멸했다거나 그러한 관행이 본질적으로 변경되었다고 인정할 수 없다.

(다) 그렇다면 타인 소유의 토지에 분묘를 설치한 경우에 20년간 평온, 공연하게 분묘의 기지를 점유하면 지상권과 유사한 관습상의 물권인 분묘기지권을 시효로 취득한다는 점은 오랜 세월 동안 지속되어온 관습 또는 관행으로서 법적 규범으로 승인되어왔고, 이러한 법적 규범이 장사법(법률 제6158호) 시행일인 2001. 1.

13. 이전에 설치된 분묘에 관해 현재까지 유지되고 있다고 보아야 한다.

🏠 반대 의견(소수 의견)

(가) 현행 민법 시행 후 임야를 비롯한 토지의 소유권 개념 및 사유재산제도가 확립되고 토지의 경제적인 가치가 상승함에 따라 토지소유자의 권리의식이 향상되고 보호의 필요성이 커졌으며, 또한 상대적으로 매장을 중심으로 한 장묘문화가 현저히 퇴색함에 따라, 토지소유자의 승낙 없이 무단으로 설치된 분묘까지 취득시효에 의한 분묘기지권을 관습으로 인정했던 사회적·문화적 기초는 상실되었고 이러한 관습은 전체 법질서와도 부합하지 않게 되었다.

(나) 비록 토지소유자의 승낙이 없이 무단으로 설치한 분묘에 관해 분묘기지권의 시효취득을 허용하는 것이 과거에 임야 등 토지의 소유권이 확립되지 않았던 시대의 매장문화를 반영해 인정되었던 관습이더라도, 이러한 관습은 적어도 소유권의 시효취득에 관한 대법원 1997. 8. 21. 선고 95다28625 전원합의체 판결이 이루어지고 2001. 1. 13. 장사법(법률 제6158호)이 시행될 무렵에는 재산권에 관한 헌법 규정이나 소유권의 내용과 취득시효의 요건에 관한 민법 규정, 장사법의 규율 내용 등을 포함해 전체 법질서에 부합하지 않게 되어 정당성과 합리성을 유지할 수 없게 되었다.

전통적인 조상숭배사상, 분묘설치의 관행 등을 이유로 타인 소유의 토지에 소유자의 승낙 없이 분묘를 설치한 모든 경우에 분묘기지권의 시효취득을 인정해 왔으나, 장묘문화에 관한 사회 일반의 인식 변화, 장묘제도의 변경 및 토지소유자의 권리의식 강화 등 예전과 달라진 사회현실에 비춰볼 때, 분묘기지권 시효취득의 관습에 대한 우리 사회 구성원들이 가지고 있던 법적 확신은 상당히 쇠퇴했고, 이러한 법적 확신의 실질적인 소멸이 장사법의 입법에 반영되었다고 볼 수 있다.

(다) 따라서 토지소유자의 승낙이 없음에도 20년간 평온, 공연한 점유가 있었다는 사실만으로 사실상 영구적이고 무상인 분묘기지권의 시효취득을 인정하는 종전의 관습은 적어도 2001. 1. 13. 장사법(법률 제6158호)이 시행될 무렵에는 사유재산권을 존중하는 헌법을 비롯한 전체 법질서에 반하는 것으로서 정당성과 합리성을 상실했을 뿐 아니라 이러한 관습의 법적 구속력에 대해 우리 사회 구성원들이 확신을 가지지 않게 됨에 따라 법적 규범으로서 효력을 상실했다. 그렇다면 2001. 1. 13. 당시 아직 20년의 시효기간이 경과하지 아니한 분묘의 경우에는 법적 규범의 효력을 상실한 분묘기지권의 시효취득에 관한 종전의 관습을 가지고 분묘기지권의 시효취득을 주장할 수 없다.

3. 분묘기지권이 '경매에서 함정이자 기회'인 이유

분묘기지권은 건축, 건설, 조성 등의 방법을 통해 토지를 개발하려는 입장에 서서 보면, 그야말로 무소불위의 '신종 알박기' 수단이다. 특히 주택법상 아파트 등 주택개발사업을 시행하는 경우 사업부지 내 토지소유자들이 알박기식으로 버티며 시세보다 수 배에서 수십 배까지 요구하기도 하는데, 주택법은 매도청구제도를 두어 사업부지의 80% 또는 95%의 사용권원만 확보하면 나머지 매도를 반대하는 토지나 건물에 대해 법원이 감정한 시가로 매도청구를 할 수 있도록 해서 알박기 행위를 규제하고 있다.

♣ **주택법 제22조(매도청구 등)**

① 제21조제1항제1호에 따라 사업계획승인을 받은 사업주체는 다음 각 호에 따라 해당 주택건설대지 중 사용할 수 있는 권원을 확보하지 못한 대지(건축물을 포함한다. 이하 이 조 및 제23조에서 같다)의 소유자에게 그 대지를 시가로 매도할 것을 청구할 수 있다. 이 경우 매도청구 대상이 되는 대지의 소유자와 매도청구를 하기 전에 3개월 이상 협의를 해야 한다.

1. 주택건설대지면적의 95퍼센트 이상의 사용권원을 확보한 경우: 사용권원을 확보하지 못한 대지의 모든 소유자에게 매도청구 가능

2. 제1호 외의 경우: 사용권원을 확보하지 못한 대지의 소유자 중 지구단위계획구역 결정고시일 10년 이전에 해당 대지의 소유권을 취득해 계속 보유하고 있는 자(대지의 소유기간을 산정할 때 대지소유자가 직계존속·직계비속 및 배우자로부터 상속받아 소유권을 취득한 경우에는 피상속인의 소유기간을 합산한다)를 제외한 소유자에게 매도청구 가능

② 제11조제1항에 따라 인가를 받아 설립된 리모델링주택조합은 그 리모델링 결의에 찬성하지 아니하는 자의 주택 및 토지에 대해 매도청구를 할 수 있다.

③ 제1항 및 제2항에 따른 매도청구에 관해서는 「집합건물의 소유 및 관리에 관한 법률」 제48조를 준용한다. 이 경우 구분소유권 및 대지사용권은 주택건설사업 또는 리모델링사업의 매도청구의 대상이 되는 건축물 또는 토지의 소유권과 그 밖의 권리로 본다.

이처럼 분묘가 아닌 토지, 건물 알박기는 주택법상 매도청구권이라는 강제매수의 제도 때문에 어느 정도 통제가 되지만, 분묘의 경우 주택법상 매도청구권 규정의 적용대상이 아니다. 따라서, 분묘기지권이 성립하면 분묘기지권자가 벌초나 묘사를 지내는 등 수호·봉사를 계속하는 한 영구히 지속되고, 분묘기지권을 시효취득한 경우에는 지료조차 받을 수 없다. 결국 분묘기지권자가 이장에 끝까지 동의하지 않으면 분묘가 있는 토지에 대한 개발사업을 포기해야 하는 일까지 생긴다. 대법원이 조상숭배란 명분 때문에 무소불위의 특권을 인정함으로써 강력한 알박기 권한을 부여한 것이다.

그러므로, 분묘기지권은 경매에서 인수되는 권리이고, 분묘기지권이 인정되는 분묘라면 협의에 의해 이장시킬 수 밖에 달리 도리가 없다. 분묘이장비는 통상 1기당 100~300만 원선이나, 분묘기지권자와의 협의과정에서는 1기당 1,000만 원 이상, 심지어 1억 원을 요구하는 사례도 있어 분묘가 많은 토지를 경매 등으로 매수해 개발하려면, 특히 주의해야 한다. 즉, 알박기에 해당하는 분묘기지권에 대한 뚜렷한 해결책이 없다면 분묘 있는 토지는 매수하지 않는 것이 상책인 것이다.

한편, 이러한 분묘기지권의 특성 때문에 분묘가 있는 토지는 경매나 공매에서 수차례 유찰됨으로써 그만큼 싼 가격에 매수할 수 있는데, 철저한 권리분석을 통해 분묘기지권이 성립하지 않는다는 점을 주장해 분묘기지권을 깨트리게 되면 큰 차익을 실현할 수 있으므로, 분묘 있는 토지는 경공매에서 함정이자 기회도 되는 것이다.

♣ 분묘기지권 감정평가상 유의사항

분묘기지권 있는 토지에 대해 감정평가시 분묘기지권의 성립요건 등 특성을 잘 고려해야 한다. 특히 '장사등에 관한 법률'의 제정 및 시행으로 2001. 1. 13. 이후 설치된 분묘는 분묘기지권이 성립하지 않게 되었지만, 그 이전에 이미 설치된 분묘는 여전히 분묘기지권이 인정되므로, 감정평가 시 이 점을 유의해야 한다.

분묘기지권은 지상권 유사의 물권이므로 토지상에 타인 소유의 제시외 건물이 소재하는 것과 유사하다. 그러나 분묘기지권은 제시외 건물과 달리 철거가 용이하지 않기 때문에 소유권 제한이 더 심각할 수 있는 점을 유의해야 한다.

따라서, 감정평가시 임야에 소재하는 분묘의 개수나 현황, 소유자, 매장시기 등을 파악한 후, 분묘기지권이 성립되는지 여부를 확인해봐야 한다. 분묘기지권이 성립될 경우에는 그 분포도를 보아 다수의 분묘가 임야 전반에 산재해 있으면 그만큼 토지가액을 감가해야 한다. 감가정도는 법정지상권과 마찬가지(약 30% 전후)로 보면 될 것이다.

4. 둘러보는 순서

아래에서는 이러한 분묘기지권이 어떠한 경우에 성립하는지 여부에 관한 성립요건, 인정범위, 지료, 존속기간 등 권리의 구체적인 내용 등 순서대로 살펴보기로 한다.

02 분묘기지권의 성립요건

1. 판례가 인정하는 3가지 성립요건

분묘기지권은 관습법상의 물권으로서 판례가 인정하고 있는 권리이므로 그 성립요건도 판례를 통해 추출해야 하는데, 우리 판례는 아래 3가지의 경우 분묘기지권이 성립함을 인정하고 있다.

2. 소유자의 승낙을 얻어 그 소유지 안에 분묘를 설치한 경우[292]

타인의 승낙을 얻어 그 소유지 내에 분묘를 설치한 자는 관습상 그 토지에 지상권 유사의 물권을 취득하게 된다. 즉, '승낙을 얻어 분묘를 설치한 시점'에 분묘기지권이 성립한다. 토지소유자의 승낙이 있었다는 것은 당사자 사이에 분묘의 설치에 관한 합의 내지 계약이 체결되었음을 뜻한다. 당사자 사이에 지상권이나 전세권 설정 또는 임대차나 사용대차 등 특별한 토지사용권원에 관한 약정이 없다면 분묘기지권의 성립을 인정하겠다는 것이 판례의 취지다.

3. 타인소유의 토지에 소유자의 승낙없이 분묘를 설치한 뒤 20년간 평온·공연히

---

292) 대법원 1962. 4. 26. 4294민상1451, 1967.10.12. 선고 67다1920 판결[손해배상 등] 등

그 분묘의 기지를 점유해 분묘기지권을 시효취득한 경우[293)]

타인 소유의 토지에 소유자의 승낙 없이 분묘를 설치한 경우에는 '20년간 평온·공연하게 그 분묘의 기지를 점유함으로써' 분묘기지권을 시효로 취득한다.

이 때 '평온(平穩)한 점유'란 점유자가 점유를 취득 또는 보유할 때 법률상 용인될 수 없는 강포(强暴)행위를 쓰지 않는 점유이고, '공연(公然)한 점유'란 은비(隱秘)의 점유가 아닌 점유를 말한다.[294)] 즉 '소유권주장에 따른 다툼 없는 상태로, 공공연히 드러내 놓고 점유한 것'을 말한다.

또한 본래 타인의 토지를 점유하는 것이 전제가 되어 점유의 성질상 소유의 의사가 추정되지 않으므로, 점유자가 시효로 취득하는 것은 지상권 유사의 물권이지 소유권을 취득하는 것은 아니다.[295)]

♣ 분묘기지권이 아닌, 분묘기지에 대한 소유권을 시효취득하는 경우

그러나 소유의 의사로 분묘를 설치해 점유한 사실이 증명되면 분묘기지권이 아니라 분묘가 설치된 일정 범위의 토지에 대한 소유권을 시효취득할 수 있다.[296)] 이처럼 분묘가 설치된 토지의 소유권 자체를 시효취득하게 되면 분묘기지권이 문제될 여지가 없어지고, 다만 향후 토지소유권이 이전될 때 비로소 다시 지상의 분묘에 대한 분묘기지권의 성립여부가 문제될 뿐이다.

---

293) 대법원 1995.02.28. 선고 94다37912 판결[분묘수거], 1957.10.31. 선고 4291민상539 판결, 1959.11.5. 선고 4292민상130 판결, 1969.1.28. 선고 68다1927 판결 등
294) 대법원 1996. 6. 14. 선고 96다14036 판결
295) 대법원 1969.01.28. 선고 68다1927 판결[소유권이전등기]
296) 전주지법 2008. 1. 15. 선고 제4민사부 판결(대법원 파기환송심)에 의하면, 토지경계선을 정확하게 확인하지 않고 남의 땅 일부를 점유해서 묘를 썼다고 해도 20년 이상 평온, 공연하게 분묘설치 및 수호봉사로써 그 토지를 점유해 그 소유권을 시효취득했다면 분묘를 이장하지 않아도 된다고 보았다("피고가 1952년 분묘를 설치함에 있어서 소유의 의사로 묘역에 대한 점유를 개시한 이래 20년이 경과된 1972년께 이 사건 묘역은 피고에게 시효취득되었다고 봄이 상당해 점유취득시효가 완성됐다는 피고의 항변은 이유있다"라고 설시함).

4. 자기 소유의 토지에 분묘를 설치한 자가 후에 그 분묘기지에 대한 소유권을 유보하거나 분묘를 따로 이장한다는 특약 없이 토지를 매매 등으로 처분한 경우[297)]

자기 소유토지에 분묘를 설치하고 이를 타에 양도하는 경우에 있어서, 그 분묘가 평장된 것으로서 외부에서 인식할 수 없는 것인 경우를 제외하고는 분묘를 따로 이장한다는 등의 당사자 간에 특별한 의사표시가 없으면, '타인의 승낙을 얻어 그 소유지내에 분묘를 설치하면, 타인의 토지에 대해 지상권 유사의 물권을 취득하는 것에 준해', 판 사람이 그 분묘를 소유하기 위해서 산 사람의 토지에 대해 지상권유사의 물권을 취득하게 된다. 이는 관습법상 법정지상권의 법리를 유추적용한 것이다. 이 경우 '분묘가 소재한 토지가 매매 등으로 처분된 시점'에 분묘기지권이 성립한다.

5. 기타 요건

가. 분묘의 조건

분묘란 그 내부에 사람의 유골, 유해, 유발 등 시신을 매장해 사자를 안장한 장소를 말한다. 따라서, 장래의 묘소(예비분묘, 가묘)로서 설치하는 등 그 내부에 시신이 안장되어 있지 않은 것은 분묘라고 할 수 없다(대법원 1976.10.26. 선고 76다1359, 1360 판결 참조).

또한 분묘기지권이 성립하기 위해서는 봉분 등 외부에서 분묘의 존재를 인식할 수 있는 형태를 갖추고 있어야 하고, 평장(平葬)되어 있거나 암장(暗葬)되어 있어 객관적으로 인식할 수 있는 외형을 갖추고 있지 아니한 경우에는 분묘기지권

---

297) 대법원 1967.10.12. 선고 67다1920 판결

이 인정되지 아니한다.[298)]

　납골묘의 경우 봉분이 조성되어 있으면 분묘기지권이 성립될 것이나, 봉분 없이 평장으로 되어 있다면 분묘기지권이 성립하지 않는다고 볼 것이다.

가묘[299)]

가족평장분묘[300)]

　유골이 타인에 의해 임의로 발굴되었어도, 토괴화[301)]한 상태라면 분묘기지권이 소멸 안된다[302)]

　대법원은 "유골 중 육안으로 확인할 수 있는 부분을 타인이 발굴해서 반출했다고 하더라도, 그 유골이 발굴 당시 매장한 지 이미 40년 이상 지나 상당 부분 토괴화되었다면, 그와 같이 토괴화된 유골부분은 그대로 존재하고 있을 것으로 보여지므로, 분묘가 복구되어 존재한다면 분묘기지권이 여전히 인정된다"라고 보았다.

298) 대법원 1991.10.25. 선고 91다18040 판결[묘소철거금지] ; "…따라서, 이 사건 묘소에는 구강서원이 철폐되면서 거기에 봉안되어 있던 정몽주와 이언적의 위패와 유품이 매장되어 있을 뿐 그 시신이 매장되어 있지 아니한 점에 관해 당사자 사이에 다툼이 없는 것으로 보이고, 객관적으로 분묘로 인식할 수 있는 외형도 구비되어 있지 아니하고 외견상 묘자리가 있었던 것으로 보일 정도에 지나지 아니한 상태인 것을 알 수 있다."

299) http://blog.daum.net/cognos57/15973261

300) 연합뉴스 2017. 3. 30. 기사자료

301) 토괴화(土塊化)란 땅에 묻은 지 오래돼 유골을 눈으로 확인할 수 없을 만큼 흙덩이화된 상태를 말한다.

302) 창원지방법원 2012. 7. 26. 선고 2011나12297 판결[분묘굴이]

나아가 대법원은 "타인의 발굴로 분묘에 안장된 시신이나 유골이 전혀 존재하지 않는다고 하더라도, 분묘기지권은 분묘에 시신이 안장되어 일단 물권으로서 인정된 이상 분묘가 후손의 관리중단으로 자연히 소멸해서 외부에서 인식할 수 없는 상태로 되기 전까지는 계속 존속하는 지상권 유사의 물권으로 봐야 한다"라고 판단했다.

참가인은 2011. 6월경 이 사건 분묘에 안장된 시신이나 유골이 원고에 의해 발굴되어 존재하지 아니하므로, 이 사건 임야부분에 대한 분묘기지권도 소멸했다라고 주장한다. 살피건대, 분묘는 사람의 사체, 유골, 유발 등을 매장해 제사나 예배 또는 기념의 대상으로 하는 장소를 말하는 것이고, 사체나 유골이 토괴(土塊)화했을 때도 분묘인 것인바(대법원 1990. 2. 13. 선고 89도2061 판결 등 참조), 참가인의 주장에 부합하는 듯한 증거로는 갑 제7호증의 1, 2, 9, 18 내지 23의 기재와 영상, 당심 증인 김○○의 증언이 있으나, 앞서 채택한 증거들, 갑 제7호증의 4, 을 제23, 24호증(각 가지번호 포함)의 각 기재와 영상 및 변론 전체의 취지를 종합해 인정되는 다음과 같은 사정들 즉, ① 원고가 2011. 6월 말경 및 2011. 7월 말경 2차례에 걸쳐 이 사건 분묘에 안장된 망 박○○의 유골 중 육안으로 확인할 수 있는 부분을 발굴해 반출했다고 하더라도, 위 유골은 발굴 당시 매장한 지 이미 40년 이상 지나 상당 부분 토괴화되었을 것으로 보이는바, 그와 같이 토괴화된 유골부분은 그대로 존재하고 있을 것으로 보이는 점, ② 당심 증인 김○○가 망 박○○의 유골을 발굴해 화장했다고 제출하는 사진만으로는 실제 망 박○○의 유골인지 분간하기도 어려운 점, ③ 피고는 2차에 걸친 원고의 이 사건 분묘에 대한 훼손 기도 직후에 모두 이 사건 분묘를 원상복구한 점 등에 비추어 참가인 제출의 위 증거들만으로는 이 사건 분묘에 안장된 시신이나 유골이 존재하지 않는다거나 분묘수호 및 봉제사의 대상이 되지 않는다는 점을 인정하기에 부족하고, 달리 이를 인정할 증거가 없으므로 참가인의 이 부분 주장도 이유 없다가사 이 사건 분묘에 안장된 시신이나 유골이 전혀 존재하지 않는다고 하더라도, 분묘기지권은 분묘에 시신이 안장되어 일단 물권으로서 인정된 이상 분묘가 후손의 관리중단으로 자연히 소멸해 외부에서 인식할 수 없는 상태로 되기 전까지는 계속 존속하는 지상권 유사의 물권으로 봄이 상당한 점, 지상권 유사의 관습상 물권인 분묘기지권과 가장 가까운 민법 366조 소정의 법정지상권이나 관습상의 법정지상권이 성립한 경우를 보면, 성립 이후에 건물을 개축 또는 증축하는 경우는 물론 건물이 멸실되거나 철거된 후에 신축하는 경우에도 법정지상권은 성립하는 점(대법원 1997. 1.21. 선고 96다40080 판결 등 참조), 분묘기지권에 기해 토지를 사용하게 할 의무를 지는 토지소유자가 분묘를 훼손하는 경우에도 그 분묘훼손을 이유로 분묘기지권이 소멸한다고 해석하는 것은 정의관념에 매우 반하는 점 등에 비춰보면 참가인의 이 부분 주장은 이유 없다).

나. 분묘기지권 취득에 등기는 필요없다 – '봉분 자체가 공시방법'

분묘기지권 취득에 등기는 요하지 아니한다.[303] 우리나라의 묘제상 분묘는 흙을 쌓아 올려 둥근 모양으로 만드는 것이 보통이어서 누가 보더라도 분묘라는 것을 인식할 수 있다. 이처럼 분묘모양(봉분) 자체가 공시방법이기 때문에 등기 없이도 분묘로서 모양을 유지하는 한 분묘기지권이 성립한다.

---

303) 대법원 1957. 10. 31. 4290민상539, 대법원 1996. 6. 14. 선고 96다14036 판결

03 분묘기지권의 내용

1. 분묘기지권의 성격

위와 같이 분묘기지권의 성립요건을 갖추었을 때는 분묘소유자는 '지상권 유사의 물권'을 취득한다. 오직 '분묘를 소유하기 위해서만 사용'할 수 있는 점에서 민법상 일반 지상권(건물 기타 공작물이나 수목을 소유하기 위한 사용)과 다르다. 그러나 일반 지상권과 마찬가지로 분묘기지권의 내용의 실현이 방해된 경우, 즉, 타인이 분묘를 함부로 이장하거나 분묘를 실제 훼손하거나 훼손할 우려가 있는 경우에는 물권적 청구권, 즉 반환청구권, 방해제거청구권, 방해예방청구권을 가진다.

2. 분묘기지권자

가. '제사주재자인 종손'에 전속된 권리

대법원은 분묘기지권자에 대해, "무릇 종손이 있는 경우라면 그가 제사를 주재하는 자의 지위를 유지할 수 없는 특별한 사정이 있는 경우를 제외하고는 일반적으로 선조의 분묘를 수호·관리하는 권리는 그 종손에게 전속된다고 봄이 상당하고 종손이 아닌 자가 제사주재자로서의 분묘에 대한 관리처분권을 가지고 있다고 하기 위해서는 우선 종손에게 제사주재자의 지위를 유지할 수 없는 특별한 사정이 있음이 인정되어야 한다"라고 해서 분묘기지권은 제사주재자의 지위를

유지할 수 없는 특별한 사
정이 없는 한 분묘에 안치
된 자의 종손에게 전속된
다고 보았다.[304)

여기서 제사주재자의 지
위에 관한 대법원 2008.
11. 20. 선고 2007다27670
전원합의체 판결[305)을 살
펴볼 필요가 있다.

제사주재자가 제사를 주재하는 모습[306)

제사주재자의 결정방법 – ①협의, ②장남(사망시 장손), ③차남 등 아들, ④장녀

세사주재사는 우선적으로 망인의 공동상속인들 사이의 협의에 의해 정하되, 협
의가 이루어지지 않는 경우에는 제사주재자의 지위를 유지할 수 없는 특별한 사
정이 있지 않은 한 망인의 장남(장남이 이미 사망한 경우에는 장남의 아들, 즉 장손자)
이 제사주재자가 되고, 공동상속인들 중 아들이 없는 경우에는 망인의 장녀가 제
사주재자가 된다.

304) 대법원 2000.09.26. 선고 99다14006 판결[지상물철거 등]
305) 전원합의체 판결이지만 반대 의견도 만만치 않았다. [대법관 박시환, 대법관 전수안의 반대 의견]
      ; 제사주재자는 우선 공동상속인들의 협의에 의해 정하되, 협의가 이루어지지 않는 경우에는 다수
      결에 의해 정하는 것이 타당하다. [대법관 김영란, 대법관 김지형의 반대 의견] ; 민법 제1008조의
      3에 정한 제사주재자라 함은 조리에 비추어 제사용 재산을 승계받아 제사를 주재하기에 가장 적
      합한 공동상속인을 의미하는데, 공동상속인 중 누가 제사주재자로 가장 적합한 것인가를 판단함
      에 있어서 공동상속인들 사이에 협의가 이루어지지 않아 제사주재자의 지위에 관한 분쟁이 발생
      한 경우에는 민법 제1008조의3의 문언적 해석과 그 입법 취지에 충실하면서도 인격의 존엄과 남
      녀의 평등을 기본으로 하고 가정평화와 친족상조의 미풍양속을 유지·향상한다고 하는 가사에 관
      한 소송의 이념 및 다양한 관련 요소를 종합적으로 고려해 개별 사건에서 당사자들의 주장의 당부
      를 심리·판단해서 결정해야 한다.
306) http://blog.naver.com/bistbist/130187377154

다만, '이 전원합의체 판결이 선고되기 전에 제사용 재산의 승계가 이뤄진 경우'에는 제사주재자는 우선적으로 망인의 공동상속인들 사이의 협의에 의해 정해야 한다는 법리가 적용되지 않으며, '종가의 종손'이 사망해서 절가가 된 경우에는 그 '차종손'이 종가의 제사상속을 하고 차종손도 절후가 된 경우에는 '순차 차종손'에 의해 종가 및 조상의 제사와 분묘수호권이 상속된다(대법원 1980. 7. 22. 선고 80다649 판결 참조).[307]

〈판결 이유〉

(1) 민법 제1008조의3은 "분묘에 속한 1정보 이내의 금양임야[308]와 600평 이내의 묘토인 농지, 족보와 제구의 소유권은 제사를 주재하는 자가 이를 승계한다"고 규정하고 있다. 원래 1958. 2. 22. 법률 제471호로 제정된 구 민법은 제사상속에 관한 일반 규정을 두지 않음으로써 제사상속을 도덕과 관습의 범주에 맡기면서도, 제996조에서 분묘에 속한 1정보 이내의 금양임야와 600평 이내의 묘토인 농지, 족보와 제구(이하 '제사용 재산'이라 한다)의 소유권은 호주상속인이 이를 승계하도록 규정하고 있었는데, 1990. 1. 13. 법률 제4199호로 개정된 구 민법에서는 호주상속제도를 폐지하고 호주승계제도를 채택하면서 위와 같이 제사용 재산의 승계를 호주승계의 효력이 아닌 재산상속의 효력 중의 하나로 제1008조의3에 규정하고 그 승계권자를 '호주상속인'에서 '제사를 주재하는 자'로 변경했으며, 2005. 3. 31. 법률 제7427호로 개정된 현행 민법에서는 호주승계제도조차 폐지하고 제1008조의3은 그대로 유지하기에 이른 것이다.

(2) 그런데 위와 같이 1990. 1. 13. 법률 제4199호로 개정된 구 민법은 물론 현행 민법에서도 '제사를 주재하는 자'가 제사용 재산을 승계한다고만 규정하고 있을 뿐 그것이 누구이거나 어떻게 정하는지에 관해서는 아무런 규정을 두고 있지 않다.

---

307) 대법원 2009.05.14. 선고 2009다1092 판결[분묘철거등]
308) '금양임야(禁養林野)'란 '조상의 분묘를 수호하기 위해 벌목을 금지하고 나무를 기르는 산'을 말한다. '묘토'란 거기서 나오는 수익으로, 분묘관리와 제사비용 등을 충당하는 농지를 뜻한다. 전통적으로 '위토'라고 불렀다. 제사용 재산은 제사를 주재하는 자가 단독으로 갖고 상속세도 면제된다(상속세 및 증여세법 제12조).

이에 관해 종래 대법원은, 공동상속인 중 종손이 있다면 그에게 제사를 주재하는 자의 지위를 유지할 수 없는 특별한 사정이 있는 경우를 제외하고는 통상 종손이 제사주재자가 된다고 판시해왔다(대법원 1997. 11. 25. 선고 97누7820 판결, 대법원 1997. 11. 28. 선고 96누18069 판결, 대법원 2004. 1. 16. 선고 2001다79037 판결 등 참조).

일반적으로 종손이라 함은 '장자계의 남자손으로서 적장자(嫡長子)'를 지칭하는바, 종래 우리의 관습은 상속인들 간의 협의와 무관하게 우선적으로 적장자가 제사상속인이 되고 적장자가 없는 경우에는 적손(嫡孫), 중자(衆子)[309], 서자(庶子), 중손(衆孫), 서손(庶孫)의 순서로 제사상속인이 되는 것이었으므로, 위 대법원판결들은 이러한 종래의 관습에 터잡은 것이라고 하겠다.

(3) 그러나 사회의 거듭된 관행으로 생성한 사회생활규범으로서의 관습 내지 관습법이라고 할지라도, 헌법을 최상위 규범으로 하는 전체 법질서에 반해 정당성과 합리성이 없는 때는 이를 법적 규범으로 삼아 법원(法源)으로서의 효력을 인정할 수 없다(대법원 2003. 7. 24. 선고 2001다48781 전원합의체 판결 등 참조).

앞서 본 바와 같이 적장자라는 신분을 최우선시하는 제사상속제도는, 과거의 종법사상(宗法思想)에 기초한 것으로 조상숭배를 통한 부계혈족(父系血族) 중심의 가(家)의 유지와 계승을 목적으로 하는 것이었고, 가부장적인 대가족 제도와 자급자족을 원칙으로 하는 농경사회를 그 바탕으로 한 것이나, 우리 사회는 1970년대 이래 급속한 경제성장을 통해 고도로 산업화·도시화된 사회를 이루었고, 대가족제도가 핵가족제도로 바뀌었으며, 가정 내에서 가족 개개인의 의사가 존중되고, 적서(嫡庶)의 차별이 사라졌으며, 남아선호 사상의 쇠퇴와 더불어 딸만을 자녀로 둔 가정의 비율이 증가하게 되었다. 이에 따라 1980. 10. 27. 헌법 제9호로 전문 개정된 헌법 제34조 제1항은 "혼인과 가족생활은 개인의 존엄과 양성의 평등을 기초로 성립되고 유지되어야 한다"고 선언하기에 이르렀고, 이는 현행 헌법 제36조 제1항으로 유지되고 있는바, 그 후 사회의 모든 영역에서 가족 구성원의 평등을 실현하는 방향으로 제도가 개선되었으며, 여러 차례에 걸친 민법 개정을 통해 형제자매의 상속분이 균등하게 되었고, 호주제도가 폐지되어 호주를 중심으로 한 가(家)의 제도에서 본인과 배우자를 중심으로 한 새로운 가

---

309) 장자 이외의 적자인 아들을 지칭한다.

족세도로 새편되는 한편, 2008. 1. 1. 호적제도조차 새로운 가족관계등록제도로 대체되기에 이르렀다.

위와 같이 우리 사회 구성원들의 생활양식과 각종 법률 및 제도가 변화함에 따라 상속인들 간의 협의와 무관하게 적장자가 우선적으로 제사를 승계해야 한다는 종래의 관습은, 가족 구성원인 상속인들의 자율적인 의사를 무시하는 것이고 적서간에 차별을 두는 것이어서 개인의 존엄과 평등을 기초로 한 변화된 가족제도에 원칙적으로 부합하지 않게 되었고, 이에 대한 우리 사회 구성원들의 법적 확신 역시 상당 부분 약화되었으므로, 더 이상 관습 내지 관습법으로서의 효력을 유지할 수 없게 되었으며, 그러한 관습에 터잡은 종래의 대법원판결들 역시 더 이상 판례법으로서의 효력을 유지할 수 없게 되었다고 봄이 상당하다.

(4) 한편, 민법 제1조는 민사에 관해 법률에 규정이 없으면 관습법에 의하고 관습법이 없으면 조리에 의하도록 정하고 있는바, 누가 제사주재자가 되는지에 관해서는 법률에 아무런 규정이 없고, 제사주재자에 관한 종래의 관습 내지 판례법이 그 효력을 유지할 수 없게 된 현재의 상황에서는, 민법의 일반원리와 아울러 제사용 재산의 성격, 제사용 재산의 승계에 관한 민법 제1008조의3의 입법 목적, 제사가 가지는 역사적·사회적 의미 등을 종합적으로 고려해 조리에 의해 제사주재자의 결정방법을 정해야 할 것이다.

(가) 그런데 우리 민법은 사적 자치의 원칙을 그 기본원리로 하고 있고, 그동안 상속인들 사이의 평등을 지향하는 방향으로 민법이 개정되어 왔으며, 통상 하나의 법률관계에서 여러 이해당사자들의 견해가 대립될 경우에는 일단 협의에 의하는 것이 가장 조리에 부합한다고 볼 수 있으므로, 공동상속인들이 있는 경우에는 그 공동상속인들 사이의 협의에 의해 제사주재자가 정해져야 한다고 봄이 상당하다.

(나) 그러나 공동상속인들 사이에 협의가 이루어지지 않는 경우에는, 제사주재자의 지위를 유지할 수 없는 특별한 사정이 있지 않은 한 망인의 장남(장남이 이미 사망한 경우에는 장남의 아들, 즉 장손자)이 제사주재자가 되고, 공동상속인들 중 아들이 없는 경우에는 망인의 장녀가 제사주재자가 된다고 봄이 상당하다.

원래 제사용 재산은 전통적인 제사상속제도에 수반되는 것으로서 선조에 대한 제사의 계속성을 확보하기 위해 필요한 것일 뿐만 아니라 가통(家統)의 상징이 되는 정신적, 문화적 가치를 갖는 특별한 재산으로서 가문의 자랑이자 종족 단결의 매개물이라는 특성을 갖고 있는바, 제사용 재산의 승계에 관한 민법 제1008조의3은 이와 같이 특별한 의미를 갖는 제사용 재산을 유지·보존함으로써 조상숭배와 제사봉행이라는 우리의 전통을 보존하는 것을 목적으로 하고 있다. 그리고 제사용 재산의 승계는 본질적으로 상속에 속하는 것이기는 하지만(대법원 2006. 7. 4. 선고 2005다45452 판결 참조), 제사용 재산을 일반 상속재산과 같이 공동상속인들 사이에서 분배하는 것은 우리 사회 구성원들의 정서에 맞지 않을 뿐만 아니라, 그와 같이 할 경우 제사봉행을 위한 제사용 재산은 상속을 거듭할수록 분산(分散)·산일(散逸)되어 결국 제사용 재산으로서 기능할 수 없게 될 것이므로, 제사용 재산은 일반 상속재산과는 다른 특별재산으로서 일반 상속재산에 관한 공동균분의 법리가 적용되지 않는다고 보아야 한다. 민법 제1008조의3에서 제사용 재산을 승계할 자를 재산상속인으로 정하지 않고 '제사를 주재하는 자'로 특정한 것은 이와 같은 제사용 재산 승계의 특수성을 반영해 그 승계에 관한 법률관계를 간명히 처리하려는 데 그 취지가 있는 것이다.

따라서 이러한 제사용 재산을 유지·보존하고 제사용 재산의 승계에 관한 법률관계를 간명히 하기 위해서는, 제사주재자를 공동으로 정하는 것보다는 특정한 1인으로 정하는 것이 적절하고, 그 특정인은 어느 정도 예측 가능하면서도 사회통념상 제사주재자로서의 정당성이 인정될 수 있는 자로 정하는 것이 바람직할 것이다.

그런데 제사와 제사용 재산의 승계제도는 과거의 조상숭배를 통한 부계혈족 중심의 가계계승에 그 바탕을 두고 있는 것으로서, 오늘날 제사의 성격이 많이 바뀌었다고는 하지만 아직은 위와 같은 종래의 가계계승 성격에서 완전히 벗어났다고 할 수 없다. 또한, 현재 우리 사회 구성원들 사이에서는 개인별 가치관에 따라 견해를 달리할 수 있고 지역별 전통이나 문화에 따라 정도의 차이가 있기는 하지만, 협의가 이루어지지 않는 경우 장남 내지 장손자가 제사주재자가 되고 아들이 없으면 딸이 제사주재자가 된다는 점에 관한 인식이 널리 용인되고 있는 것으로 보이고, 동등한 조건과 지위에 있는 사람들 사이에서는 연장자를 우선하는 것이 우리의 전통적인 미풍양속이자 일반적인 사회통념이며, 위와 같은 우리 사회 구성원들의 인식이나 전통이 현재의 전체 법질서에 반한다고 보기도 어렵다.

이상의 제반 사정을 종합해보면, 망인의 공동상속인들 사이에 협의가 이루어지지 않는 경우에는 적서를 불문하고 장남 내지 장손자가, 공동상속인들 중 아들이 없는 경우에는 장녀가 제사주재자가 된다고 보는 것이 다른 상속인을 제사주재자로 하는 것보다는 사회통념상 상대적으로 정당성이 있고, 예측가능성도 어느 정도 확보된다고 볼 수 있어 가장 조리에 부합한다고 할 것이다.

한편, 협의가 이루어지지 않는 경우 위와 같이 장남 내지 장손자 등이 우선적으로 제사주재자가 되어 제사용 재산을 단독으로 승계함으로써 이러한 지위에 있는 상속인과 다른 상속인들을 차별하는 결과가 생긴다고 하더라도, 이는 공동상속인들 사이의 협의의 불성립이라는 사정에 의해 초래된 것일 뿐만 아니라, 이러한 차별은 조상숭배와 제사봉행이라는 전통의 보존과 제사용 재산의 승계에 관한 법률관계를 간명히 하기 위한 것으로서 합리적인 이유가 있다고 보아야 한다(헌법재판소 2008. 2. 28. 선고 2005헌바7 전원재판부 결정 참조).

(다) 결국, 제사주재자는 우선적으로 망인의 공동상속인들 사이의 협의에 의해 정해져야 하되, 협의가 이루어지지 않는 경우에는 제사주재자의 지위를 유지할 수 없는 특별한 사정이 있지 않은 한 망인의 장남(장남이 이미 사망한 경우에는 장남의 아들, 즉 장손자)이 제사주재자가 되고, 공동상속인들 중 아들이 없는 경우에는 망인의 장녀가 제사주재자가 된다고 할 것이다.

다만, 제사주재자의 결정방법에 관한 대법원의 새로운 법리 선언은 제사승계제도에 관한 관습의 근간을 바꾸는 것인바, 대법원이 이 판결에서 새로운 법리를 선언하기에 이른 것은 앞서 본 바와 같이 그동안 제사제도에 대한 우리 사회 구성원들의 인식 및 전체 법질서가 변화되었기 때문인데, 만약 위 새로운 법리를 소급해서 적용한다면 종래 대법원판례를 신뢰해 형성된 수많은 제사용 재산 승계의 효력을 일시에 좌우하게 됨으로써 법적 안정성과 신의성실의 원칙에 기초한 당사자의 신뢰 보호에 반하게 되므로, 위 새로운 법리는 이 판결 선고 이후에 제사용 재산의 승계가 이루어지는 경우에만 적용된다고 봄이 상당하다.

그러나 이 사건에서 대법원이 새로운 법리를 선언하는 것은 이를 이 사건의 재판규범으로 삼으려는 데 그 취지가 있으므로, 이 사건에 대해서는 새로운 법리가 소급해 적용되어야 할 것이다(대법원 2005. 7. 21. 선고 2002다1178 전원합의체 판결 참조).

(5) 원심은, 관습상 종손이 있는 경우라면 그가 제사를 주재하는 자의 지위를 유지할 수 없는 특별한 사정이 있는 경우를 제외하고는 종손에게 제사주재자의 지위가 인정된다고 전제한 다음, 망 소외인의 장남인 원고가 종손으로서 그에 대한 제사를 주재할 자의 지위에 있다는 취지로 판시했다.

원심이 전제로 삼은 법리는 위에서 본 제사주재자의 결정방법에 관한 법리와 다른 것이어서 잘못이라고 할 것이지만, 원심이 적법하게 인정한 사실에 의하면 위 망인의 장남인 원고와 피고들을 비롯한 다른 공동상속인들 사이에서 누구를 위 망인의 제사주재자로 할 것인지에 관한 협의가 이루어지지 아니한 사실을 알 수 있으므로, 위 법리에 따라 위 망인의 장남인 원고가 위 망인의 제사주재자가 된다고 보아야 할 것이다. 따라서 원심판결의 결론은 정당하고, 원심의 위 잘못은 판결 결과에는 영향이 없으므로, 이 점에 관한 상고이유는 받아들이지 아니한다.

♣ 제사주재자에 대한 판례의 변천

1990년 민법 개정 전에는 '호주상속인이 제사용 재산을 승계한다'고 정해져 있어, 호주상속인이 제사주재자라는 점에 이론의 여지가 없었다(개정 전 민법 996조).

그러다가 민법이 개정되면서, 호주상속제도가 폐지되고 '호주승계제도'가 도입됐다. 이때 제사용 재산의 승계인이 '제사를 주재하는 자'로 바뀌었는데, 이를 두고 '호주승계인'인지 '실제 제사를 주재하는 자'인지 의견이 갈렸다. 당시 판례는 '종손'(종손이 없으면 차종손)을 제사주재자로 봤다.

그러나 이 판례도 위 대법원 2008. 11. 20. 선고 2007다27670 전원합의체 판결이 나오면서 바뀌었다. 즉, 누가 제사주재자가 될 것인지 공동상속인 간에 합의가 안되면 장남이, 장남이 없으면 장손이, 장손도 없으면 나머지 아들이, 아들이 없으면 장녀가 제사주재자가 된다고 본 것이다.

♣ 딸이 제사주재자가 된 사례

서울중앙지법[310]은 갑(甲)이 을(乙)과 혼인해서 딸 병(丙)을 둔 후 정(丁)과 사이에 얻은 아들 무(戊)를 '갑'과 '을' 사이의 자로 호적신고하고, '을'이 사망하자 자기 소유의 임야에 '을'의 분묘를 설치한 다음 위 임야에 관해 '무'에게 증여를 원인으로 한 소유권이전등기를 넘겨준 사안에서, "1990.1.3. 민법 개정으로 '을'과 '무' 사이의 적모자 관계가 소멸되었고, '무'가 '을'과의 친생자관계가 존재하지 않음을 확인한다는 판결을 받아 호적상 모(母)를 '을'에서 '정'으로 정정한 점, '무'의 출생 경위·'을'의 합리적인 의사·'을'에게 친딸인 '병'이 있는 점 등 제반 사정을 종합해, '무'에게는 '을'의 제사를 주재할 의사나 능력이 없고, 현재의 우리나라 관습상 남자 후손이 없을 경우 여자 후손이 제사주재자가 될 수 있으므로, '을'의 제사는 친딸인 '병'이 주재하게 함이 타당하다는 이유로, '병'이 '을'의 제사주재자로서 분묘의 관리처분권을 취득했다"라고 보았다.

● 제사주재자의 지위를 유지할 수 없는 특별한 사정

어떤 경우에 제사주재자의 지위를 유지할 수 없는 특별한 사정이 있다고 볼 것인지에 관해서는, 제사제도가 관습에 바탕을 둔 것이므로 관습을 고려하되, 여기에서의 관습은 과거의 관습이 아니라 사회의 변화에 따라 새롭게 형성되어 계속되고 있는 현재의 관습을 말하므로 우리 사회를 지배하는 기본적 이념이나 사회질서의 변화와 그에 따라 새롭게 형성되는 관습을 고려해야 한다.

즉, 중대한 질병, 심한 낭비와 방탕한 생활, 장기간의 외국 거주, 생계가 곤란할 정도의 심각한 경제적 궁핍, 평소 부모를 학대하거나 심한 모욕 또는 위해를 가하는 행위, 선조의 분묘에 대한 수호·관리를 하지 않거나 제사를 거부하는 행위, 합리적인 이유 없이 부모의 유지(遺志) 내지 유훈(遺訓)에 현저히 반하는 행위 등으로 인해 정상적으로 제사를 주재할 의사나 능력이 없다고 인정되는 경우가 이에 해당한다.

---

310) 서울중앙지방법원 2013. 2. 20. 선고 2012나17867 판결[분묘굴이 등]

위 법리에 비추어 살펴보면, 원심이, 1961년경부터 망 소외인이 스스로의 의사에 의해 원고의 어머니와 별거하고 피고들의 어머니와 동거생활을 함으로써 원고와의 왕래나 원고에 의한 부양 등이 이루어지지 않았다고 보일 뿐, 달리 원고가 위 망인의 생존시 위 망인에 대한 부양을 거부하거나 사후 제사를 거부하겠다는 등의 의사를 표시했음을 인정할 만한 아무런 증거가 없다는 이유로 원고에게 제사주재자의 지위를 유지할 수 없는 특별한 사정이 인정되지 않는다고 판단한 것은 수긍할 수 있다.[311]

● **제사주재자 지위의 확인을 구할 법률상 이익이 없다고 본 사례**[312]

민법 1008조의3은 "분묘에 속한 1정보 이내의 금양임야와 600평 이내의 묘토인 농지, 족보와 제구의 소유권은 제사를 주재하는 자가 이를 승계한다"고 규정하고 있다. 위 규정내용에 비춰보면, 당사자 사이에 제사용 재산의 귀속에 관해 다툼이 있는 등으로 구체적인 권리 또는 법률관계와 관련성이 있는 경우에 그 다툼을 해결하기 위한 전제로서 제사주재자 지위의 확인을 구하거나 그 지위에 관한 종중결의의 효력에 대한 판단을 구하는 것 등은 법률상의 이익이 있다고 할 수 있지만, 그러한 권리 또는 법률관계와 무관하게 공동선조에 대한 제사를 지내는 종중 내에서 단순한 제사주재자의 자격에 관한 시비 또는 제사 절차를 진행할 때에 종중의 종원 중 누가 제사를 주재할 것인지 등은 그 확인을 구할 법률상 이익이 있다고 할 수 없다.

그런데 기록에 의하면 원고는 피고가 2010. 2. 26. 개최한 정기총회에서 한 '원고와 그 후손을 충경공 소외인에 대한 봉사손의 지위에서 박탈하고 충경공에 대한 사당, 재실 및 묘의 관리, 제사 주재 등 모든 봉사를 피고가 직접 한다'는 내용의 결의의 무효확인을 구하고 있을 뿐이고, 원·피고 사이에 충경공 소외인의 사

---

311) 대법원 2008. 11. 20. 선고 2007다27670 전원합의체 판결[유체인도 등]
312) 대법원 2012. 9. 13. 선고 2012다12825 판결[종중총회결의무효확인]

당을 비롯한 제사용 재산의 승계 문제에 관해서는 원심 변론종결일까지 이를 다투지 않았음을 알 수 있다. 따라서 위 결의의 무효확인 청구는 공동선조인 충경공 소외인 등의 제사를 모시는 피고 종중 내에서 단순한 제사주재자 자격에 관한 시비 또는 제사 절차를 진행할 때 피고의 종원 중 누가 제사를 주재할 것인지에 관한 피고 종중 결의의 무효 확인을 구하는 것에 불과해, 그러한 법률상의 이익이 있다고 할 수 없다.

● 유체·유골의 처분방법 또는 매장장소 지정의 효력

사람의 유체·유골은 매장·관리·제사·공양의 대상이 될 수 있는 유체물로서, 분묘에 안치되어 있는 선조의 유체·유골은 민법 1008조의3 소정의 제사용 재산인 분묘와 함께 그 제사주재자에게 승계되고, 피상속인 자신의 유체·유골 역시 위 제사용 재산에 준해 그 제사주재자에게 승계된다.

그런데, 피상속인이 생전행위 또는 유언으로 자신의 유체·유골을 처분하거나 매장장소를 지정한 경우에, 선량한 풍속 기타 사회질서에 반하지 않는 이상 그 의사는 존중되어야 하고 이는 제사주재자로서도 마찬가지라고 할 것이지만, 피상속인의 의사를 존중해야 하는 의무는 도의적인 것에 그치고, 제사주재자가 무조건 이에 구속되어야 하는 법률적 의무까지 부담한다고 볼 수는 없다.

〈판결 이유〉

무릇 분묘라 함은 그 내부에 사람의 유골·유해·유발 등 시신을 매장해 사자(死者)를 안장한 장소를 말하고, 외형상 분묘의 형태만 갖추었을 뿐 그 내부에 시신이 안장되어 있지 않은 경우에는 분묘라고 할 수 없으므로(대법원 1976. 10. 26. 선고 76다1359, 1360 판결, 대법원 1991. 10. 25. 선고 91다18040 판결 참조), 유체·유골이야말로 분묘의 본체가 되는 것으로서 그것이 없으면 법적으로 유효한 분묘를 설치할 수 없다. 또한, 민법은 분묘를 제사승계의 대상으로 삼고 있고, 분묘에 대한 수호·관리권은 특별한 사정이 없는 한 누가 그 분묘를 설치했는지에 관계없이 제사주재자에게 속한다고 해석되는바(대법원 1997. 9. 5. 선고 95다51182 판결 참조), 이는 유체·유골이 제사승계의 대상으로서 제사주재자에게 귀속됨을 전제로 하는 것이다.

한편, 유제·유골의 처분방법 또는 매장장소 지정에 관한 망인 사신의 생선 의사 내지 감정은 마땅히 존중되어야 하지만, 망인의 영혼이 떠나고 남은 유체·유골에 대한 매장·관리·제사·공양 등은 그 제사주재자를 비롯한 유족들의 망인에 대한 경애·추모 등 개인적인 감정에 의해 이루어지는 것이고, 망인의 유체·유골은 제사주재자에게 승계되는 것이므로, 그에 관한 관리 및 처분은 종국적으로는 제사주재자의 의사에 따라 이루어져야 한다고 봄이 상당하다. 나아가, 유체·유골의 처분방법이나 매장장소의 지정은 법정 유언사항에 해당하지 않고, 달리 법률적 구속력을 인정할 만한 근거도 없다.

이상의 사정을 종합해보면, 피상속인이 생전행위 또는 유언으로 자신의 유체·유골을 처분하거나 매장장소를 지정한 경우에, 선량한 풍속 기타 사회질서에 반하지 않는 이상 그 의사는 존중되어야 하고 이는 제사주재자로서도 마찬가지라고 할 것이지만, 피상속인의 의사를 존중해야 하는 의무는 도의적인 것에 그치고, 제사주재자가 무조건 이에 구속되어야 하는 법률적 의무까지 부담한다고 볼 수는 없다.

결국 위 법리에 비추어 살펴보면, 원심이 망 소외인의 생전 의사에 따라 일부 공동상속인들이 위 망인의 유체를 이 사건 분묘에 매장한 것이라 하더라도 위 망인이 생전에 자신의 유체를 처분하는 행위는 위 망인의 사후에 그 유체에 대한 권리를 취득한 원고에 대해 법률상 구속력이 없다고 판단한 것은 정당하고, 거기에 상고이유에서 주장하는 바와 같은 제사주재자의 권리에 관한 법리오해 등의 위법이 있다고 할 수 없다.[313]

나. 공동상속인의 범위

위 대법원 전원합의체 판결의 해석상, 분묘기지권자로서의 제사주재자는 더 이상 종손이 아니라, 망인의 공동상속인 사이에 협의로 정하고, 협의가 안 되면 장남(장손), 차남 등 아들, 장녀 순으로 된다고 볼 것이다. 위 대법원 판결은 공동상속인이 라고만 표현하고 있는데, 결국 상속순위에 따른 공동상속인을 뜻한다고 볼 때, 직계비속이 없으면, 배우자, 직계존속, 형제자매, 4촌이내 방계혈족 등 민법상

---

313) 대법원 2008. 11. 20. 선고 2007다27670 전원합의체 판결[유체인도 등]

법정 상속순위에 따른 공동상속인들을 기준으로 판단하면 될 것으로 해석된다.

그런데 위 전원합의체 판결이 선고되기 이전에는 "분묘기지권은 종손에 속하는 것이라고 할 수 있으나 분묘에 안치된 선조의 자손은 종손이 아니더라도 종손의 분묘에 대한 권리에 터잡고 그 범위내에서 상당시 할 수 있는 한도로 분묘의 기지를 사용할 수 있다고 할 것이므로 분묘가 안치된 선조의 후손들은 그 분묘에 관해서 지상권 유사의 물권을 행사할 수 있다"라고 해서 종손이 아닌 후손들에게도 원칙적으로 분묘기지권을 인정한 내용의 판례도 있다.[314]

다. 종중

분묘의 수호 관리나 봉제사에 대해 현실적으로 또는 관습상 호주상속인인 종손이 그 권리를 가지고 있다면 그 권리는 종손에게 전속하는 것이고 종손이 아닌 다른 후손이나 종중에서 관여할 수는 없다고 할 것이나, 공동선조의 후손들로 구성된 종중이 선조 분묘를 수호 관리해왔다면 분묘의 수호 관리권 내지 분묘기지권은 종중에 귀속한다.[315] 위 대법원 전원합의체 판결 이후에는 위 판결에 따라 공동상속인간 제사주재자가 정해지겠지만, 종중이 공동선조의 분묘를 수호관리해왔다면 예외적으로 종중이 분묘기지권자가 될 수 있다고 해석된다.

♣ 종중원이 종중결의 없이 분묘를 설치한 경우, 분묘기지권 불성립

종중원은 총유자의 한 사람으로서 그 총유물인 종산(宗山)을 사용수익할 수 있다 해도 그 종산에 대한 분묘설치행위는 단순한 사용수익에 불과한 것이 아니고 관습에 의한 지상권 유사의 물권을 취득하게 되는 처분행위에 해당된다할 것이므로 총유체인 종중의 결의가 필요한데, 종중의 결의 없이 분묘를 설치했다면 종

---

314) 대법원 1979.10.16. 선고 78다2117 판결[출입금지 등]
315) 대법원 2007.06.28. 선고 2005다44114 판결[손해배상(기)]

중의 분묘기지권에 터잡은 분묘기지권을 행사할 수 없다.³¹⁶⁾

그 외 종중결의 없이 분
묘를 설치한 경우 분묘기
지권을 취득했다고 볼 수
없다는 하급심도 있다.³¹⁷⁾

종중회의 모습³¹⁸⁾

3. 분묘기지권이 미치는 범위

가. 분묘를 수호하고 봉제사하는 목적을 달성하는데 필요한 범위 내에서 타인의 토지를 사용할 수 있는 권리 – '구체적·개별적 결정'

분묘기지권은 분묘를 수호하고 봉제사(奉祭祀)하는 목적을 달성하는 데 필요한 범위 내에서 타인의 토지를 사용할 수 있는 권리를 의미하는 것으로서, 분묘의 기지 자체(봉분의 기저부분) 뿐만 아니라 그 분묘의 수호 및 제사에 필요한 범위 내에서 분묘의 기지 주위의 공지를 포함한 지역에까지 미치는 것이고 그 확실한 범위는 각 구체적인 경우에 개별적으로 정해야 할 것이다.³¹⁹⁾

나. 집단묘지기지권

동일 종손이 소유관리하는 누대의 분묘가 집단설치된 경우의 그 묘지소유를 위한 지상권 유사의 물권이 미치는 지역은 그 종손이 그 집단된 전 분묘를 보전수호해서 묘참배에 소요되는 범위를 참작해 포괄적으로 정하는 것이 위 물권의 효

---

316) 대법원 1967.07.18. 선고 66다1600 판결[문중결의무효확인 등]
317) 대전지방법원 2010.06.23. 선고 2009나16269 판결[분묘굴이]
318) http://cafe.naver.com/goyangdegoon/1993
319) 대법원 1997.05.23. 선고 95다29086 판결[분묘기지권확인·분묘철거 등]

력을 인정하는 관습의 취지라고 해석된다(대법원 1960.6.30 선고 4292민상840 판결 참조). 그러나 그 확실한 범위는 각 구체적인 경우에 위와 같은 관습의 취지에 비추어 개별적으로 정해져야 옳은 것이지, 매장 및 묘지등에 관한 법률 4조, 5조, 같은 법 시행령 2조 등에 비추볼 때 최소한도 분묘로부터 지표, 지하 30m의 지역까지가 되어야 한다 함은 독자적인 견해일 뿐이다.[320]

집단묘지 모습[321]

다. 사성(莎城)이 조성된 경우

무덤 뒤를 반달형으로 둘러쌓은 둔덕인 사성이 조성되어 있는 경우, 분묘기지권이 그 사성에까지 미칠까. 이에 대해 대법원은 분묘주변에 사성이 조성되어 있다 해도 반드시 그 사성부분을 포함한 지역에까지 분묘기지권이 미치는 것은 아니라고 본다.[322]

즉, 분묘기지권은 분묘의 기지 자체(봉분의 기저부분)뿐만 아니라 그 분묘의 수호 및 제사에 필요한 범위 내에서 분묘의 기지 주위의 공지를 포함한 지역에까지

---

320) 대법원 1988.02.23. 선고 86다카2919 판결[출입금지가처분 및 공사금지가처분] , 한편 대법원 2000. 9. 8. 선고 98두6104 판결[재결처분취소]은 "구 광업법(1999. 2. 8. 법률 제5824호로 개정되기 전의 것) 제48조 제1항은 광업권자는 철도·궤도·도로·수도·운하·항만·하천·호·소지·관개·배수·시설·묘우·교회·사찰의 경내지·고적지 기타 영조물의 지표지하 50m 이내의 장소나 묘지·건축물의 지표지하 30m 이내의 장소에서는 각각 관할관청의 허가나 소유자 또는 이해관계인의 승낙 없이 광물을 채굴할 수 없다고 규정하고 있는바, 이 규정은 광업의 실시에 따른 영조물과 건물 등의 파괴를 미리 방지해 공익을 보호하고자 하는 데 그 취지가 있다고 할 것이다"라고 판시한바 있다.
321) http://blog.naver.com/cjfwns3126/20044169079
322) 대법원 1997.05.23. 선고 95다29086 판결[분묘기지권확인·분묘철거 등] ; 이 사례에서는 $66m^2$를 분묘기지권이 미치는 범위로 인정했다.

미치는 것이고 그 확실한 범위는 각 구체적인 경우에 개별적으로 정해야 할 것이

므로, 사성이 조성되어 있는 경우 분묘의 수호, 봉사에 필요불가결한 사성이라면 그 사성까지 분묘기지권이 미치겠지만[323], 그렇지 않다면 사성까지 미치지 않는다고 볼 것이다.

반월형 사성으로 둘러싸인 분묘들[324]

라. 합장(合葬)의 경우

분묘기지권은 분묘를 수호하고 봉제사하는 목적을 달성하는 데 필요한 범위 내에서 타인의 토지를 사용할 수 있는 권리를 의미하는 것으로서, 이 분묘기지권에는 그 효력이 미치는 지역의 범위 내라고 할지라도 기존의 분묘 외에 새로운 분묘를 신설할 권능은 포함되지 아니하는 것이므로, 부부 중 일방이 먼저 사망해 이미 그 분묘가 설치되고 그 분묘기지권이 미치는 범위 내에서 그 후에 사망한 다른 일방의 합장을 위해 쌍분(雙墳)형태의 분묘를 설치하는 것도 허용되지 않는다고 할 것이다.[325]

기록에 의하면, 위 망 신갑순 분묘(원심판시 별지 제2도면 표시 29, 30, 31, 32, 29의 각 점을 순차 연결한 선 내 분묘인 1호기)는 그 기저부분의 직경이 약 3m, 면적이 약 7.07㎡의 규모로 위 망 장표환 분묘의 우측(최단거리 약 30cm)에 따로이 쌍분 형태로 설치된 것

---

323) 대법원 59. 10. 8. 선고 4292민상 판결
323) http://cafe.naver.com/deakung/125
325) 대법원 1997.05.23. 선고 95다29086 판결[분묘기지권확인·분묘철거 등]

으로서 원고가 1990. 11. 16.경 위 신갑순이 사망하자 신실한 사실을 인정할 수 있고, 사실관계가 이와 같다면, 위 망 신갑순 분묘가 위 망 장표환 분묘의 분묘기지권이 미치는 지역적 범위 내인 위 제2도면 표시 ㉯ 부분 내에 위치한다고 하더라도 그 신설은 허용되지 않는다.

합장묘[326)]

마. 새 분묘설치 또는 이장(移葬)

분묘기지권에는 그 효력이 미치는 범위 안에서 새로운 분묘를 설치하거나 원래의 분묘를 다른 곳으로 이장할 권능은 포함되지 않는다(대법원 1958. 6. 12. 선고 4290민상771 판결, 2001. 8. 21. 선고 2001다28367 판결 등 참조).[327)] 즉, 이장을 위해 분묘를 철거하면 분묘기지권은 소멸한다.

결국, 분묘기지권의 효력이 미치는 범위 내에서도 새로 분묘를 설치하거나 이장하면 분묘기지권이 소멸하게 됨을 유의해야 한다.

피고들은 2009. 6. 23.경 이 사건 임야에 설치되어 있던 4기의 분묘들을 개장·철거한 후 그 자리에 이 사건 납골묘를 설치한 사실, 이 사건 납골묘에는 위 4기의 분묘들에서 수습해 화장한 유골들 외에도 이 사건 임야가 아닌 다른 곳에 흩어져 있던 수기의 분묘들에서 수습해 화장한 유골들이 함께 안치되어 있을 뿐 아니라, 장래에 추가로 유

326) http://jbch1015.blog.me/220609619699
327) 대법원 2007.06.28. 선고 2007다16885 판결[분묘굴이 등]

골이 안치될 것을 전제로 해서 총 36기의 유골이 안치될 수 있도록 시설되어 있는 사실을 알 수 있다.

위와 같은 사실관계를 앞서 본 법리에 비춰보면, 피고들이 그 주장과 같이 위 4기의 분묘들에 관한 분묘기지권을 취득한 바 있었다 하더라도, 이 사건 납골묘는 위 4기의 분묘들과 그 구조에 차이가 있고 장사 등에 관한 법률 제2조 제9호에서 정한 봉안시설에 해당해 그 법적 성격도 구별될 뿐 아니라 종전의 유골수를 훨씬 넘는 규모의 새로운 유골이 안치되거나 안치될 예정이어서 위 분묘들과는 다른 새로운 시설이라고 봄이 상당하므로, 위 분묘들에 관한 분묘기지권에 의해 그 설치가 허용된다고 할 수 없고, 위 분묘들에 관한 분묘기지권은 위 분묘들이 철거됨으로써 소멸했다고 봄이 타당하다.[328]

바. 집단설치된 분묘의 분묘기지권 범위 내의 이장

동일 종손이 소유·관리하는 여러 기의 분묘가 집단설치된 경우 그 분묘기지권이 미치는 지역은 그 종손(제사주재자)이 그 일단의 전분묘를 보전수호해서 묘참배에 소요되는 범위를 참작해서 포괄적으로 정하는 것이 위 물권의 효력을 인정하는 관습의 취지라고 해석되는 것이다. 이 경우 인정되는 분묘기지권은 그 집단된 전 분묘의 보전수호를 위한 것이므로, 그 분묘기지권에 기해 보전되어 오던 분묘들 가운데 일부가 그 분묘기지권이 미치는 범위 내에서 이장되었다면, 그 이장된 분묘를 위해서도 그 분묘기지권의 효력이 그대로 유지된다고 보아야 할 것이고, 다만 그 이장으로 인해 더 이상 분묘수호와 봉제사에 필요 없게 된 부분이 생겨났다면 그 부분에 대한 만큼은 분묘기지권이 소멸한다고 할 것이다.[329]

사. 분묘기지권 범위 내 새로 비석과 석축을 설치하는 경우

분묘기지권이 인정되는 범위 내라도 새로 비석과 석축을 설치하는 경우, 그

---

328) 대법원 2013.1.16. 선고 2011다38592,38608 판결 [묘지철거및토지인도·묘지철거및토지인도]
329) 대법원 1994.12.23. 선고 94다15530 판결[토지인도 등]

분묘 보존에 필수불가결한 시설인지 여부, 분묘와의 거리, 법률이 허용하는 한도의 묘지면적 등을 아울러 감안해 분묘기지권 범위를 판단해야 한다.

그런데 이 사건 분묘들 전면은 경사가 별로 없는 것으로 보여 위 분묘들 주위의 공지였던 현재의 위치에 위 석축을 설치한 것이 위 분묘들을 보존하는 데 꼭 필요한 행위라고 할 수 있는지 의문이 들뿐더러, 묘지의 면적, 분묘의 점유면적, 묘지 내에 설치하는 시설물과 그 설치구역 등에 대해서는 법률로써 그 범위가 제한되고 있는 점(매장 및 묘지등에 관한 법률 4조 1항, 같은 법 시행령 2조 등)에 비춰볼 때, 원심이 이 사건 임야 내에 있는 종전 분묘들의 면적이나 그 확장정도 및 위 석물 등이 설치된 거리 등에 대해 구체적 설시없이 종전 분묘의 분묘기지권이 미치는 범위 내의 토지에서 위 분묘의 확장이나 위 망두석 등 석물들의 설치가 이루어졌다고 단정한 것은 수긍하기 어렵다.[330]

석축과 비석이 설치된 묘지[331]

---

330) 대법원 1994.04.12. 선고 92다54944 판결[분묘철기 등]
331) http://blog.naver.com/sdparks/110088414757

♣ 분묘의 주요 석물[332)](주석)

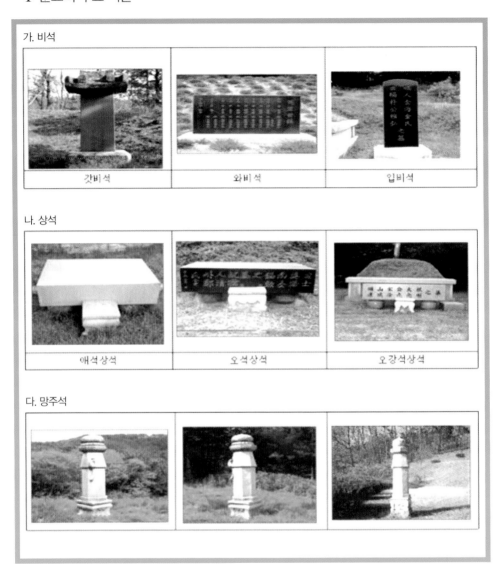

가. 비석

갓비석 · 와비석 · 입비석

나. 상석

애석상석 · 오석상석 · 오강석상석

다. 망주석

아. 분묘보존에 불필요한 석축을 쌓은 경우

분묘기지권은 분묘를 수호하고 봉사하는 목적을 달성하는 데 필요한 범위 내에서 타인의 토지를 사용할 수 있는 권리를 의미하는데, 분묘 전면은 경사가 별

332) http://blog.daum.net/dmadidxormr/7298

로 없고 비교적 평탄해 석축을 쌓지 않더라도 분묘를 보존하는 데 아무런 지장이 없는 것으로 보이므로, 위 토지에 석축공사를 시행하는 행위는 선대분묘를 수호하고 봉사하는 목적을 달성하는 데 반드시 필요한 범위 내의 것이라고 단정할 수 없다.[333)

묘지의 석축[334)

자. 제사주재자의 의사에 반한 다른 후손들의 비석 등의 설치와 철거청구

분묘의 부속시설인 비석 등 제구를 설치·관리할 권한은 분묘의 수호·관리권에 포함되어 원칙적으로 제사를 주재하는 자에게 있고, 따라서 만약 제사주재자 아닌 다른 후손들이 비석 등 시설물을 설치했고 그것이 제사주재자의 의사에 반하는 것이라 하더라도, 제사주재자가 분묘의 수호·관리권에 기해 철거를 구하는 것은 별론으로 하고, 그 시설물의 규모나 범위가 분묘기지권의 허용범위를 넘지 아니하는 한, 분묘가 위치한 토지의 소유권자가 토지소유권에 기해 방해배제청구로서 그 철거를 구할 수는 없다.[335)

차. 장사등에 관한 법률상의 묘지제한 면적과 분묘기지권의 범위

매장 및 묘지등에 관한 법률(현 장사등에 관한 법률) 4조 1항 후단 및 같은 법 시

---

333) 대법원 1993.07.16. 선고 93다210 판결[석축공사방해금지가처분]
334) http://blog.naver.com/kty3454/80154473780
335) 대법원 2000.09.26. 선고 99다14006 판결[지상물철거 등]

행령 2조 2항의 규정이 분묘의 점유면적을 1기당 20㎡로 제한하고 있으나, 여기서 말하는 분묘의 점유면적이라 함은 분묘의 기지면적만을 가리키며 분묘기지 외에 분묘의 수호 및 제사에 필요한 분묘기지 주위의 공지까지 포함한 묘지면적을 가리키는 것은 아니므로, 분묘기지권의 범위가 위 법령이 규정한 제한면적 범위 내로 한정되는 것은 아니다.[336)]

그런데 현행 장사등에 관한 법률 18조(분묘 등의 점유면적 등)는 아래와 같이 묘지 등의 면적을 제한하고 있다.

- 공설묘지, 가족묘지, 종중·문중묘지 또는 법인묘지 안의 분묘 1기 및 그 분묘의 상석·비석 등 시설물을 설치하는 구역의 면적은 10㎡(합장하는 경우에는 15㎡)를 초과해서는 안 된다.
- 개인묘지는 30㎡를 초과해서는 안 된다.
- 봉안시설 중 봉안묘의 높이는 70㎝, 봉안묘의 1기당 면적은 2㎡를 초과해서는 안 된다.
- 분묘, 봉안묘 또는 봉안탑 1기당 설치할 수 있는 상석·비석 등 시설물의 종류 및 크기 등에 관한 사항은 대통령령으로 정한다.

카. 판례가 인정한 분묘기지권이 미치는 면적

(1) 수원지방법원

분묘기지권의 범위에 관해 보건대, 분묘기지권은 분묘 자체뿐만 아니라 그 분묘의 설치 목적인 분묘의 수호 및 제사에 필요한 범위 내에서 분묘의 기지 주위의 공지를 포함한 지역에까지 미치는 것이고, 그 확실한 범위는 각 구체적인 경우에 개별적으로 정해야 할 것인바(대법원 1994. 12. 23. 선고 94다15530 판결 참조), 앞서 든 증거들 및 변론 전체의 취지에 의해 인정되는 위 분묘의 위치나 그 설치경위

---

336) 대법원 1994.12.23. 선고 94다15530 판결[토지인도 등]

및 분묘 주위의 지형, 피고들의 관리범위 등에 비춰보면, 위 분묘의 보전수호 및 참배를 위한 분묘기지권의 범위는 이 사건 ㉵ 부분 토지 중 이 사건 분묘를 중심으로 한 주변토지 $30m^2(5m \times 6m)$라고 봄이 상당하다.[337]

(2) 서울고등법원

분묘기지권이 인정되면 분묘가 있는 토지의 소유자의 권리는 그만큼 제한되는 결과가 되므로 분묘기지권의 효력은 분묘를 수호관리하고 봉제사를 달성하는 데 필요한 최소한의 범위에 그쳐야 하며, 장사등에 관한 법률 16조 2항, 26조, 38조는 개인 묘지가 $30m^2$를 넘지 못하도록 규정하고 이를 어기는 경우 상당한 제재를 부과하고 있으므로 그 취지에 따라 분묘기지권 역시 이 범위로 제한함이 상당하다 할 것이니, 결국 위 각 분묘에 대한 분묘기지권은 분묘 1기 당 $30m^2$로서 별지 도면 표시와 같은 범위 내에서 인정한다.[338]

분묘기지권은 분묘기지의 범위(봉분의 기저부분) 뿐만 아니라 그 분묘의 설치목적인 분묘의 수호 및 제사에 필요한 범위 내에서 분묘의 기지 주위의 공지를 포함한 지역에까지 미치는 것이고, 그 확실한 범위는 각 구체적인 경우에 개별적으로 정해야 한다(대법원 1994.8.26.선고 94다28970 판결 등 참조).

이 사건 분묘기지는 산비탈을 4단으로 절개해서 위로부터 3번째 단까지 분묘를 설치하도록 되어 있고 현재 2번째 단에 분묘 4기가 설치되어 있는 점, 위와 같은 4개의 각 단은 평평하게 조성되어 있고 각 단 사이는 비탈이 있으며 각 단에 오르내릴 수 있도록 돌계단이 설치되어 있는 점, 각 단의 평지가 끝나고 법면이 시작되는 지점을 따라 경계석이 설치되어 있으며 각 단의 옆 법면 1번째 단의 윗 법면은 사성(莎城)과 같은 형상을 띄고 있고 그 주위에 경계수가 심어져 있는 점 등 이 사건 분묘기지의 형상 및 관리 정황에 비춰볼 때, 피고는 별지 도면 표시 ㉮,㉯,

---

337) 수원지방법원 2007. 2. 1. 선고 2005나23640 판결 [건물철거 등]
338) 서울고등법원 2005.07.08. 선고 2004나80900 판결[손해배상(기)]

㉰,㉱,㉲부분 947㎡를 이 사건 분묘기지로서 점유하고 있다고 봄이 상당하다.[339]

타. 분묘기지권의 포기

분묘기지권도 분묘기지권자가 포기할 수 있고, 임의로 이장해주는 것이 포기한 결과이기도 하다. 그러나 분묘의 이장약속을 했다고 포기한 것으로 볼 것인지 여부가 문제된다.

● **창원지방법원 2012. 7. 26. 선고 2011나12297 판결[분묘굴이]**

참가인은 ① 원고의 시아버지인 구○○이 1973. 7. 23. 이 사건 임야에 관해 소유권이전등기를 마쳤을 무렵 피고가 위 구○○에게 이 사건 분묘를 이장하고 이 사건 임야부분을 인도해주기로 약정(제1차 약정)했고, ② 원고의 며느리인 김○○가 2010. 4. 28.경 피고를 찾아갔을 때도 피고가 망 박○○의 제삿날인 2010. 8. 23.이후에 이 사건 분묘를 이장하고 이 사건 임야부분을 인도해주기로 약정(제2차 약정)하는 등 피고가 위와 같이 취득한 분묘기지권을 포기했다고 주장한다.

살피건대, 이에 부합하는 듯한 증거로는 갑 제3, 5, 6호증, 갑 제7호증의 6의 각 기재, 제1심 증인 권○○, 당심 증인 김○○의 각 증언이 있으나, 위 증거들과 앞서 을제1, 2호증의 기재에 변론 전체의 취지를 종합해 인정되는 다음과 같은 사정들 즉,① 망 박○○의 실제 사망일은 1967. 8. 23.(음력 7. 18.)로서 통상 제사는 음력을 기준으로 지내는 관습에 의하면 위 김○○가 피고를 찾아갔을 무렵 제삿날은 2010. 8. 27.(음력 7. 18)인 점(제적등본상 망 박○○의 사망일인 1957. 10. 23.을 기준으로 하더라도 2010. 8. 23.은 제삿날이 될 수 없음은 역수상 명백하다), ② 가사 위 권○○에게 피고의 며느리가 분묘를 이장해주기로 했다 하더라도 이 사건 분묘를

339) 서울고등법원 2011. 7. 7. 선고 2010나115708(본소), 115715(반소) 판결[토지인도(본소), 손해배상 (기)(반소)]

수호·관리하면서 이 사건 임야부분을 점유하는 피고의 의사와는 무관해 보이는 점, ③ 위 김○○의 진술에 의하더라도 피고의 이 사건 분묘 이장의 약속은 피고의 가족과 상의해 결정한다는 것에 불과해 이를 확정적 의사라고 보기에 무리가 있는 점 등에 비춰보면, 위 증거들만으로는 피고가 이 사건 분묘를 이장하기로 약속했다거나 이 사건임야부분에 관한 분묘기지권을 포기했음을 인정하기에 부족하고 달리 이를 인정할 증거가 없으므로 참가인의 위 주장은 이유 없다.

4. 지료

(1) 분묘기지권자가 지료를 지급해야 하는가에 관해서, 지상권에 있어서 지료의 지급은 그 요소가 아니어서 지료에 관한 약정이 없는 이상 지료의 지급을 구할 수 없는 것이 원칙이다.[340)

🏠 20년간 점유로 시효취득하는 경우 – '무상'

그래서, 대법원[341)은 "지료에 관한 약정이 없는 이상 지료의 지급을 구할 수 없는 점에 비춰보면 분묘기지권을 시효취득하는 경우에도 지료를 지급할 필요가 없다고 해석함이 상당하다"라고 해서, '20년간 점유로 시효취득하는 경우'에는 지료를 내지 않아도 되는 것으로 보았다.

---

340) 분묘기지권을 시효취득한 경우 등에 대한 판례가 지료를 인정하지 않은 것과 관련해, 기본적으로 다른 약정이 없는 한 관습법상 법정지상권과 마찬가지로 지료지급은 인정되어야 한다는 의견이 있다. 즉, 분묘기지권은 법률의 규정에 의한 권리변동으로서 당사자가 지료에 대해 약정할 기회 자체가 봉쇄되었다고 볼 때, 이에 대한 약정이 없었다는 이유로 지료의 지급을 부정하는 것은 부당하다고 본다. 합리적인 당사자라면 토지사용의 대가로 지료를 지급해야 한다는 것이 '우리 사회를 지배하는 기본적 이념'이며, '우리 사회질서에 부합'한다고 할 수 있기 때문이다. 임형택 외 3, "장사에 관한 법률과 관습법상의 분묘기지권" 학술지 '지적'(제40권, 제2호, 2010.)
341) 대법원 1995.2.28. 선고 94다37912 판결

⌂ 토지소유자의 승낙을 얻어 분묘를 설치한 경우 – '지료약정이 없는 한 무상'

위 대법원 판례의 취지상 '토지소유자의 승낙을 얻어 분묘를 설치한 경우'에도 지료에 관한 약정이 없는 한 무상이라고 볼 것이다.

⌂ 자기 토지 위에 분묘를 가지고 있던 자가 그 토지를 처분해 분묘기지권을 취득한 경우 – '지료 지급해야'

그러나, '자기 토지 위에 분묘를 가지고 있던 자가 그 토지를 처분해 분묘기지권을 취득한 경우'에서, 그 동안 관습법상 법정지상권에 관한 판례이론을 유추적용해서 지료를 지급해야 한다는 학설이 존재해왔으나, 명시적인 판례는 없었다.

그런데 근래 대법원[342]은 "자기 소유의 토지 위에 분묘를 설치한 후 토지의 소유권이 경매 등으로 타인에게 이전되면서 분묘기지권을 취득한 경우에 지료를 청구할 수 있고, 지료를 2년분 이상 연체 시 법정지상권 소멸규정을 유추해 소멸청구를 할 수 있다"라고 보았다.

⌂ 2년분 이상의 지료연체를 이유로 분묘기지권 소멸을 인정한 판례[343]

토지소유자의 승낙을 얻어 분묘가 설치된 경우 분묘소유자는 분묘기지권을 취득하고, 분묘기지권의 존속기간에 관해서는 당사자 사이에 약정이 있는 등 특별한 사정이 있으면 그에 따를 것이나, 그러한 사정이 없는 경우에는 권리자가 분묘의 수호와 봉사를 계속하며 그 분묘가 존속하고 있는 동안 존속한다고 해석함이 타당하나(대법원 2007. 6. 28. 선고 2005다44114 판결 등 참조), 이는 민법 287조의 유추적용에 따른 분묘기지권 소멸청구를 배제하는 취지는 아니라고 할 것이므로 분묘기지권자가 지료 지급을 구하는 확정판결을 받은 경우에는 지료의 청구를 받고도 상당한 기간 동안 지료의 지급을 연체한 경우에는 그 지체된 지료가 판결 확정 전후에 걸쳐 2년분 이상일 경우에는 예외적으로 토지소유자는 민법 제

---

342) 대법원 2015. 7. 23. 선고 2015다206850 판결
343) 춘천지방법원강릉지원 2015. 1. 27. 선고 2014나5347 판결[분묘굴이 등]

287조에 의해 지상권의 소멸을 청구할 수 있다고 할 것이다(대법원 1993. 3. 12. 선고 92다44749 판결 등 참조).

이 사건에 돌아와 보건대, 갑 제1호증, 을 제1호증의 1, 2의 각 기재, 제1심 증인 소외 1의 증언 및 변론 전체의 취지를 종합하면, 2013. 2. 20. 이 법원 2012가단3834호로 피고에게 위 2009. 4. 17.이후의 지료를 지급하라는 판결을 받아 그 무렵 확정된 사실, 그 후 원고는 여러 차례 피고에게 구두로 분묘의 이장을 청구했음에도 피고는 지료를 지급하지 않았고 원고가 2013. 11. 26. 이 사건 소로써 위 법정지상권의 소멸을 청구하자 위 판결확정일로부터 10개월이 지난 2013. 12. 17.에 이르러서야 위 판결에서 명한 지료 상당의 금원을 원고에게 공탁한 사실이 인정되는바, 위 인정사실에 의하면 피고는 위 판결확정일로부터 상당한 기간 동안 2년분 이상의 지료를 지급하지 않았으므로 원고의 지상권소멸청구의 의사표시가 기재된 이 사건 소장이 피고에게 송달된 2013. 12. 12. 지상권소멸청구의 효력이 발생했다고 할 것이다. 따라서 피고는 원고에게 이 사건 마, 바 부분 지상 봉분 및 상석, 망두석을 철거하고, 이 사건 나 부분을 인도할 의무가 있다.

(2) 결론적으로, 분묘기지권자가 있으면 무조건 지료청구도 못하고 감수해야 할 권리가 아니라, 분묘기지권 성립유형을 잘 살펴보아, 우선 지료약정이 있었는지 확인하고, 적어도 '자기 소유의 토지 위에 분묘를 설치한 후 토지의 소유권이 경매 등으로 타인에게 이전되면서 분묘기지권을 취득한 경우'엔 지료를 청구할 수 있는 점, 그 지료가 2년분 이상 연체됐다는 이유로 분묘기지권 소멸청구도 할 수 있다는 점을 잘 활용할 필요가 있다.

5. 존속기간

토지소유자의 승낙을 얻어 분묘를 설치하는 경우에는 당사자간에 존속기간에 관해 약정을 할 가능성이 있지만, 그 밖의 분묘기지권이 성립하는 경우에는 존속기간이 약정될 가능성이 없다. 이처럼 존속기간이 약정되지 않은 경우, 민법의 지상권 규정에 따르면 분묘는 건물 이외의 공작물에 해당되어 존속기간이 5년이 되겠으나, 이는 너무 단기여서 분묘기지권의 존속기간으로 부적당하다.

따라서, 분묘기지권의 존속기간에 관해서는 민법의 지상권에 관한 규정에 따를 것이 아니라 당사자 사이에 약정 있는 등 특별한 사정이 있으면 그에 따를 것이며, 그런 사정이 없는 경우에는 권리자가 분묘의 수호와 봉사를 계속하는 한 그 분묘가 존속하고 있는 동안은 분묘기지권은 존속한다고 해석함이 타당하다.[344) 345)]

벌초 등 분묘를 수호봉사하는 모습[346)]

결국, 분묘기지권은 권리자가 수호와 봉사를 계속하는 동안 거의 영구적으로 인정되는 강력한 권리가 되어 분묘기지권이 있는 토지가 개발될 경우 소위 '신종 알박기'의 대상이 되기도 한다.

---

344) 대법원 1982.01.26. 선고 81다1220 판결[분묘기지권의존속기간확인청구]
345) 이에 대해, 관습법상 권리인 분묘기지권에 대해 별 차이가 없는 관습법상의 법정지상권의 법리를 적용해야 한다는 관점에서, 분묘기지권 역시 약정기간을 정하지 않은 지상권의 일종으로서, 민법 280조와 281조에 따라 그 존속기간을 5년으로 정하는 것이 타당하다는 견해가 있다. 임형택 외 3, "장사에 관한 법률과 관습법상의 분묘기지권" 학술지 '지적'(제40권, 제2호, 2010.)
346) 스포츠월드 2015. 9. 15. 기사자료

한편 분묘는 대부분 불법적으로 매장이 되어 묘적부 등재 등 공적인 관리가 되지 않다보니 언제 설치된 누구의 분묘인지 여부를 알 수 없는 경우가 많고, 임야를 경매 등으로 매수한 경우 통상 면적이 큰 단위로 거래되는 임야의 어느 구석에 분묘가 소재하는지조차도 확인하기 어려운 현실을 고려할 때, 분묘가 소재한 토지소유자에게 불측의 손해를 주지 않으려면 입법론상 분묘기지권의 존속기간을 단기로 제한함이 바람직하다. 참고로 장사 등에 관한 법률 19조는 공설, 사설묘지의 분묘의 설치기간을 15년으로 하고, 연장신청시 3회에 한해 15년씩 연장이 가능한 것으로 규정하고 있다.

♣ 분묘의 장기간 방치와 분묘기지권 소멸청구

그런데, 권리자가 장기간 수호와 봉사를 하지 않고 방치했다면 토지소유자는 분묘기지권이 소멸되었다는 이유로 분묘굴이청구를 할 수 있다 할 것이다. 그런데, 어느 정도, 얼마나 장기간 방치해야 소멸된다고 볼까.

결국 구체적인 사정을 종합적으로 고려해서 법원이 판단할 문제이지만, 상당히 장기간 수호, 봉사를 전혀 하지 않아 분묘가 심히 훼손되어 있거나 나무나 잡목이 우거져 있는 등 분묘를 식별하기 어려운 방치상태에 있고, 그러

장기간 방치된 분묘[347]

한 방치상태에 비춰볼 때, 수호, 봉사의 의사나 의지가 없다고 판단될 정도라면 이에 해당할 것으로 보여진다.

---

347) http://blog.daum.net/sailgusanup/79

6. 묘지설치 제한 지역의 분묘기지권

가. 장사등에 관한 법률의 묘지 등의 설치 제한지역

장사등에 관한 법률 17조 및 시행령 22조는 국토의 효율적 이용 등의 목적으로 일정한 지역에는 묘지·화장시설·봉안시설 또는 자연장지를 설치·조성할 수 없도록 규정하고 있다.

- 국토의 계획 및 이용에 관한 법령에 따라 묘지·화장시설·봉안시설·자연장지의 설치·조성이 제한되는 지역
- 수도법(7조 1항)에 따른 상수원보호구역(다만, 기존의 사원 경내에 설치하는 봉안시설 또는 대통령령으로 정하는 지역주민이 설치하거나 조성하는 일정규모 미만의 개인, 가족 및 종중·문중의 봉안시설 또는 자연장지인 경우[348]에는 예외)
- 문화재보호법(27조, 70조 3항)에 따른 보호구역(다만, 3만㎡ 미만의 자연상지로서 문화재청장의 허가를 받은 경우에는 예외)
- 국토의 계획 및 이용에 관한 법률 36조 1항 1호가목부터 다목까지의 규정에 따른 주거지역·상업지역 및 공업지역(다만, 다음 각 목[349]의 어느 하나에 해당하는 지역은 제외)
- 수변구역[350]
- 특별대책지역[351]
- 도로법(40조)에 따라 지정·고시된 접도구역
- 하천법(10조)에 따라 지정·고시된 하천구역
- 농지법(28조)에 따라 지정된 농업진흥지역
- 산림보호법(7조)에 따른 산림보호구역(예외[352])
- 산림자원의 조성 및 관리에 관한 법률(19조, 47조, 48조)에 따른 채종림등, 시험림 및 특별산림보호구역
- 국유림의 경영 및 관리에 관한 법률(16조 1항 1호)에 따른 요존국유림(다만, 자연장지는 예외)
- 백두대간보호에 관한 법률(6조)에 따라 지정·고시된 백두대간보호지역
- 사방사업법(4조)에 따라 지정·고시된 사방지
- 군사기지 및 군사시설 보호법(4조)에 따라 지정된 군사기지 및 군사시설 보호구역과 군사기밀보호법(5조)에 따라 설정된 군사보호구역(다만, 국방부장관의 인정을 받거나 관할 부대장의 승인을 받은 경우에는 예외)
- 붕괴·침수 등으로 보건위생상 위해를 끼칠 우려가 있는 지역으로서 지방자치단체의 조례로 정하는 지역

나. 금지 위반시 처벌

장사등에 관한 법률(39조)은 묘지설치 금지구역 안에 묘지·화장시설·봉안시설 또는 자연장지를 설치·조성한 자는 2년 이하의 징역 또는 2,000만 원 이하의 벌금에 처하도록 하고, 법인의 대표자나 법인 또는 개인의 대리인, 사용인, 그 밖의 종업원의 행위에 대해서도 쌍방 다 처벌하며(41조, 양벌규정), 500만 원 이하의 이행강제금도 부과한다.

다. 금지구역에서의 분묘기지권 성립여부

아직 관련 판례를 찾아보기는 어렵지만, 위와 같이 금지구역 안에서 묘지설

---

348) 수도법에 따른 상수원보호구역 내에 거주하는 주민으로서 다음 각 호의 어느 하나에 해당하는 자가 설치·조성하는 10제곱미터 미만의 봉안시설 또는 20제곱미터 미만의 자연장지를 말한다.
　1. 상수원보호구역으로 지정되기 이전부터 해당 구역 내에 계속 거주해온 자
　2. 상수원보호구역으로 지정할 당시에 해당 구역 내에 거주하고 있던 자로서 생업이나 그 밖의 사유로 3년 이내의 기간 동안 해당 구역 밖에 거주한 자
　3. 상수원보호구역으로 지정할 당시에 해당 구역 내에 거주하고 있던 자로서 생업이나 그 밖의 사유로 그 구역 밖에 거주하던 중 상속으로 인해 해당 구역 안에 거주하고 있던 자의 가업(가업)을 승계한 자

349) 가. 화장시설, 봉안시설 및 자연장지의 경우: 국토의 계획 및 이용에 관한 법령에 따라 해당 시설을 설치·조성할 수 있는 지역
　나. 법 제16조제1항제1호에 따른 개인·가족자연장지의 경우: 국토의 계획 및 이용에 관한 법률 시행령 제30조제1호의 주거지역 중 일반주거지역·준주거지역, 같은 조 제2호의 상업지역 중 일반상업지역·근린상업지역·유통상업지역 및 같은 조 제3호의 공업지역 중 일반공업지역·준공업지역

350) 「한강수계 상수원수질개선 및 주민지원 등에 관한 법률」 제4조, 「낙동강수계 물관리 및 주민지원 등에관한 법률」 제4조, 「금강수계 물관리 및 주민지원 등에 관한 법률」 제4조, 「영산강·섬진강수계 물관리 및 주민지원 등에 관한 법률」 제4조에 따라 지정·고시된 수변구역

351) 「환경정책기본법」 제38조에 따라 지정·고시된 특별대책지역[상수원 수질보전을 위한 지역에 공설묘지·법인묘지, 법 제15조제3항에 따른 재단법인이 설치하는 10만㎡ 이상의 봉안묘·봉안탑·봉안담(벽과 담의 형태로 된 봉안시설을 말한다. 이하 같다) 또는 이 영 제21조에 따라 법인이 10만㎡ 이상의 자연장지를 새로 설치·조성하는 경우만 해당한다]

352) 다만, 같은 법 제7조제1항제1호에 따른 생활환경보호구역, 같은 항 제2호에 따른 경관보호구역 및 같은 항 제3호에 따른 수원함양보호구역 중 보건복지부령으로 정하는 구역에 다음 각 목의 요건을 모두 갖추어 수목장림을 설치·조성하는 경우는 제외한다.
　가. 다음의 구분에 따른 면적 미만일 것 1) 국가, 시·도지사 또는 시장·군수·구청장이 수목장림을 설치하는 경우: 10만㎡ 2) 국가, 시·도지사 또는 시장·군수·구청장이 아닌 자가 수목장림을 설치하는 경우: 3만㎡
　나. 관리사무실, 유족편의시설, 공동분향단 및 주차장이 산림보호구역 밖에 설치되어 있을 것

치를 금지하고, 형사처벌까지 하는 취지로 보아, 위 법 시행일(2001. 1. 13.) 이후에는 토지소유자의 승낙을 받아 묘지를 설치한 경우라 하더라도 분묘기지권이 부정된다고 보아야 할 것이다. 그러나 위 법 시행일 이전에 이미 분묘를 설치한 자에 대해서는 적용되지 않으므로 여진하 분묘기지권을 주장할 수 있다할 것이다.

● 개발제한구역 내에 허가없이 묘지를 설치해 불법형질변경을 했을 경우 철거 대집행 계고처분은 적법하다[353]

이 사건 267기의 분묘 중 어떤 것은 설치된 지 20년 이상이 된 것이고 또 다른 대부분의 것도 설치된 지 10년 이상이 되며, 문제가 된 무허가묘지설치구역은 이미 허가된 구역에 계단식으로 순환도로에 의해 그 연변에 설치되어 있어 경관이 수려하고, 원고의 내표자가 도시계획법위반죄가 아닌 매장 및 묘시등에 관한 법률 위반죄로 처벌받았으며, 원고 소유의 토지에 설치된 분묘가 11,474기나 되어 관계기관이나 인근 주민들로부터 수회 표창을 받았다는 등의 사정을 고려한다고 하더라도, 원심이 적법하게 확정한 사실관계를 전제로 한다면, 개발제한구역 안에 있는 이 사건 임야의 원상회복의무의 불이행을 방치하는 것이 심히 공익을 해할 것으로 인정되는데, 원고가 원상회복명령에 불응하고 있는 이상, 대집행 이외의 다른 수단으로써는 이 사건 분묘에 대한 철거의무의 이행을 확보하기가 곤란하다고 할 것이니, 이 사건 계고처분이 재량권을 일탈하거나 남용한 것으로는 보이지 아니한다고 판단한 원심은 정당하다.

---

353) 대법원 1993. 5. 11. 선고 92누8279 판결[분묘개장계고처분취소]

사설묘지의 설치기준

(장사등에 관한 법률 시행령 15조 관련 별표2)

● **개인묘지**

• 분묘의 형태는 봉분 또는 평분으로 하되, 봉분의 높이는 지면으로부터 1m, 평분의 높이는 50cm 이하여야 한다.

• 개인묘지는 지형·배수·토양 등을 고려해 붕괴·침수의 우려가 없는 곳에 설치해야 한다.

• 석축과 인입도로의 계단을 설치할 때는 붕괴의 우려가 없도록 해야 하고, 법 제18조 제2항에 따른 개인묘지의 신고 면적 안에서 설치해야 한다.

• 개인묘지는 다음의 장소에 설치해야 한다. 다만, 토지나 지형의 상황으로 보아 다음 시설의 기능이나 이용 등에 지장이 없는 경우로서 시장등이 인정하는 경우에는 그러하지 아니하다.

  － 「도로법」 제2조의 도로, 「철도산업발전 기본법」 제3조 제2호 가목의 철도의 선로, 「하천법」 제2조제2호의 하천구역 또는 그 예정지역으로부터 200m 이상 떨어진 곳

  － 20호 이상의 인가밀집지역, 학교, 그 밖에 공중이 수시로 집합하는 시설 또는 장소로부터 300m 이상 떨어진 곳

● **가족묘지**

• 가족묘지는 가족당 1개소로 제한하되, 그 면적은 $100m^2$ 이하여야 한다.

• 분묘의 형태는 봉분 또는 평분으로 하되, 봉분의 높이는 지면으로부터 1미터, 평분의 높이는 50cm 이하여야 한다.

• 가족묘지는 지형·배수·토양 등을 고려해 붕괴·침수의 우려가 없는 곳에 설치해야 한다.

• 석축과 인입도로의 계단 등은 붕괴의 우려가 없어야 하며, 가족묘지의 허가 면적 안에서 설치해야 한다.

- 가족묘지 중 분묘가 설치되지 아니한 지역은 잔디·화초·수목 등으로 녹화해야 한다.
- 가족묘지는 다음의 장소에 설치해야 한다. 다만, 토지나 지형의 상황으로 보아 다음 시설의 기능이나 이용 등에 지장이 없는 경우로서 시장 등이 인정하는 경우에는 그러하지 아니하다.
  - 「도로법」 제2조의 도로, 「철도산업발전 기본법」 제3조제2호가목의 철도의 선로, 「하천법」 제2조제2호의 하천구역 또는 그 예정지역으로 부터 200m 이상 떨어진 곳
  - 20호 이상의 인가밀집지역, 학교, 그 밖에 공중이 수시로 집합하는 시설 또는 장소로부터 300m 이상 떨어진 곳

● **종중·문중묘지**

- 종중·문중묘지는 종중 또는 문중별로 각각 1개소에 한정해서 설치할 수 있으며, 그 면적은 1천 m^2 이하여야 한다.
- 분묘의 형태는 봉분 또는 평분으로 하되, 봉분의 높이는 지면으로부터 1m 이하, 평분의 높이는 50cm 이하여야 한다.
- 종중·문중묘지는 지형·배수·토양 등을 고려해 붕괴·침수의 우려가 없는 곳에 설치해야 한다.
- 석축과 인입도로의 계단 등은 붕괴의 우려가 없어야 하며, 종중·문중묘지의 허가 면적 안에서 설치해야 한다.
- 종중·문중묘지 중 분묘가 설치되지 아니한 지역은 잔디·화초·수목 등으로 녹화해야 한다.
- 종중·문중묘지는 다음의 장소에 설치해야 한다. 다만, 토지나 지형의 상황으로 보아 다음 시설의 기능이나 이용 등에 지장이 없는 경우로서 시장 등이 인정하는 경우에는 그러하지 아니하다.
  - 「도로법」 제2조의 도로, 「철도산업발전 기본법」 제3조제2호가목의 철도의 선로, 「하천법」 제2조제2호의 하천구역 또는 그 예정지역으로부터 300m 이상 떨어진 곳
  - 20호 이상의 인가밀집지역, 학교, 그 밖에 공중이 수시로 집합하는 시설 또는 장소로부터 500m 이상 떨어진 곳

● **법인묘지**

• 법인묘지의 면적은 10만m^2 이상으로 한다.

• 분묘의 형태는 봉분 또는 평분으로 하되, 봉분의 높이는 지면으로부터 1m 이하, 평분의 높이는 50cm 이하여야 한다.

• 법인묘지는 지형·배수·토양 등을 고려해 붕괴·침수의 우려가 없는 곳에 설치해야 한다.

• 법인묘지에는 폭 5m 이상의 도로와 그 도로로부터 각 분묘로 통하는 충분한 진출입로를 설치하고, 주차장을 마련해야 한다.

• 묘지구역의 계곡이나 30도 이상의 급경사지역 및 배수로의 하단부분에는 토사의 유출 및 유출 속도를 줄일 수 있는 침사지 또는 물 저장고를 설치해야 한다.

• 법인묘지의 허가 면적 중 주차장·관리시설 등 부대시설을 제외한 면적의 100분의 20 이상을 녹지 공간으로 확보해야 한다. 다만, 잔디로 조성된 평분인 경우에는 100분의 10 이상을 녹지공간으로 확보해야 한다.

• 법인묘지는 다음의 장소에 설치해야 한다. 다만, 토지나 지형의 상황으로 보아 위 시설의 기능이나 이용 등에 지장이 없는 경우로서 시장 등이 인정하는 경우에는 그러하지 아니하다.

 - 「도로법」제2조의 도로, 「철도산업발전 기본법」제3조제2호가목의 철도의 선로, 「하천법」제2조제2호의 하천구역 또는 그 예정지역으로부터 300m 이상 떨어진 곳

 - 20호 이상의 인가밀집지역, 학교, 그 밖에 공중이 수시로 집합하는 시설 또는 장소로부터 500m 이상 떨어진 곳

7. 분묘기지권과 분묘개장방법

가. 경매와 분묘개장

경매로 분묘가 있는 토지(임야, 전답 등)를 매수하려는 경우, 입찰하기 전에 분묘기지권이 인정되는 분묘인지 여부를 반드시 확인하고 그 해결책을 강구한 뒤 입찰해야 분묘기지권 부담의 위험을 회피할 수 있다.

분묘기지권의 성립요건을 분석해 본 결과 분묘기지권이 부정되면 무연분묘의 경우 일정한 절차에 따라 개장하면 되고, 유연분묘의 경우 분묘관리자에게 이장을 요구하고, 거부하면 분묘굴이소송을

분묘개장 장면[354]

제기해 판결을 받아 집행해야 한다. 그러나 권리분석결과 분묘기지권이 인정된다면 연고자 내지 분묘기지권자를 찾아 협의로 해결할 수밖에 없다.

여기서 분묘의 개장이란 매장한 시신 또는 유골을 다른 분묘 또는 납골시설에 옮기거나 화장함을 말한다(장사법 2조).

나. 연고자 확인

(1) 연고자란

연고자라 함은 "사망한 자의 ① 배우자, ② 자녀, ③ 부모, ④ 기타 직계존속, ⑤ 기타 직계비속, ⑥ 형제자매, ⑦ 사망하기 전에 치료·보호 또는 관리하고 있었던 행정기관 또는 치료·보호기관의 장으로서 대통령령으로 정하는 사람, ⑧ 기타 시신

---

354) http://blog.naver.com/angel5338/156058697

이나 유골을 사실상 관리하는 자"를 말하며, 연고자의 권리·의무는 위의 순서로 행사하되, 동순위의 자녀 또는 직계 비속이 2인 이상인 때는 최근친의 연장자가 선순위자이다(장사등에 관한 법률 2조).

(2) 연고자 확인

입찰을 하기 전에 해당 시청, 군청, 구청, 읍면동사무소에서 묘적부, 매장·화장·개장신고(허가) 관리대장, 묘지·화장시설·봉안시설·자연장지 설치·조성허가(신고) 관리대장, 화장·봉안·자연장 관리대장 등 묘지관련 공부(장사등에 관한 법률 시행규칙 각 별표 참조)를 열람해 연고 있는 분묘인지 확인하고, 확인이 어려운 경우 토지 인근 주민들에게 수소문을 해서 연고자가 누구인지 여부, 설치시기 등을 확실히 파악해야 한다. 특히 분묘기지권과 관련해 분묘기지권자인 제사주재자가 누구인지를 확인해야 한다.

● 묘적부의 기재사항

분묘에 관한 대표적인 공부인 묘적부의 기재사항은 허가번호, 소재지, 지목, 지번, 시설구분, 면적, 분묘형태, 설치연원일, 설치기수, 시설물설치현황, 보존묘지(분묘)여부, 설치자의 성명(법인명), 주민등록번호(법인허가번호), 사망자와의 관계, 관리자의 성명, 주민등록번호, 설치자와의 관계, 주소, 전화번호, 설치변경사항, 분묘 및 묘지의 위치도(약도) 또는 사진(좌표) 등이다. (아래 장사등에 관한 법률시행령 별지 11호 서식 참조)

그런데 묘적부 등 묘지 관련 공부는 신고나 허가된 공설, 사설묘지에 관한 내용만 기록되어 있을 뿐, 불법매장된 일반 묘지에 관한 내용은 거의 기록되어 있지 않다보니, 실제 연고자를 찾는 데 별다른 도움이 되지 못하는 것이 현실이다.[355]

---

355) 자신의 토지나 그 밖의 정당한 권원에 의한 분묘인지 또는 타인의 토지 등에 설치된 분묘인지를 구분하기 위해서는 전국의 분묘를 일제히 조사해 그 실태를 파악하고, 이를 기초로 묘적부를 정확히

그래서 묘지관련 공부보다도 인근 주민들에게 수소문해서 연고자를 찾을 수밖에 없다. 연고자를 찾게 되면 그 연고자가 분묘기지권자인 제사주재자인지 여부를 확인해야 한다. 제사주재자는 앞서 살펴본 바와 같이, 공동상속인 사이에 협의로 정한바가 없다면 장남이고 장남 사망시 장손자가 되며, 아들이 없을 경우 장녀가 된다.[356]

연고사 내지 분묘기지권자인 제사주재자를 찾게 되면, 그 제사수재자를 설득해 자발적으로 분묘를 이장하도록 시도해본다. 흔히 제사주재자가 이장하는 대가로 상당한 금전을 요구하는 경우가 있는데, 이 경우에는 그 대가를 지급하고 이장을 해야 할지 말아야 할지 결론을 내야 한다. 그런데 제사주재자가 완강히 이장을 거부하면 분묘기지권행사가 신의칙이나 권리남용에 해당하지 않는 한 이장할 방법이 없게 된다.

작성하는 작업이 전제되어야 할 것이다. 이와 관련해『장사법』제11조는 "보건복지부장관, 시·도지사, 또는시장·구청장은 필요하다고 인정하면 일정한 기간 및 구역을 정해 분묘에 대한 일제조사를 할 수 있다"고 규정하고 있지만, 그 조사의주체가 복수로 규정되어 있어서 책임의 주체가 불명확하며, 조사의 기간 역시 불확정적이고, 그 조사의 여부를 임의적으로 결정할 수 있는 문제점이 있다. 따라서『장사법』제11조를 개정하거나『장사문화 촉진을 위한 일제조사 특별법(가칭)』을 제정하는 방법을 통해 일제조사의 주체, 시기 및 방법 등을 명확히 확정할 필요가 있다고 생각된다. 또한 묘적부가 작성된 이후에도 이를 통한 공시의 효과를 높이기 위해서는 당사자의 적극적인 신고가 필수적이기 때문에,『장사법』제8조 제1항의 "매장을 한 자는 매장을 한 후 30일 이내에 매장지를 관할하는 특별자치도지사·시장·구청장장에게 신고해야 한다"는규정을 "사망신고를 한 사망자의 연고자는 사망신고 후 30일 이내에 사망자의 매장·화장·개장 및 자연장 등의 장사 방법을 사망신고를 한 본적지 시·구·읍·면 또는 거주지 읍·면·동에 신고해야 한다. 매장의 신고를 받은 본적지 시·구·읍·면 또는 거주지 읍·면·동의 장은 매장지를 관할하는 특별자치도지사·시장·군수·구청장에게 이를 통지해야 한다"고 개정할 필요가 있다고 생각한다. 임형택 외 3, "장사에 관한 법률과 관습법상의 분묘기지권" 학술지 '지적'(제40권, 제2호, 2010.)

356) 대법원 2008.11.20. 선고 2007다27670 전원합의체 판결

허가(신고)번호				묘적부		담당	과장	
소　재　지								확인
지　　　번		지목						

①시 설 구 분		②면적(㎡)		③분 묘 형 태	
④설 치 연 월 일	．　．　．	⑤설치기수	기	⑥시설물 설치현황 (※ 법 인 제 외)	

⑦보 존 묘 지 (분 묘) 여 부	

⑧ 설 치 자	성명/종중·문중. 법 인 명	/	주민등록번호 (법인허가번호)	－ ( )	사망자와의 관 계	
	주소/종중·문중. 법 인 주 소	/		자택/ 법인등 전화	/	

⑨ 관 리 인	성 명		주민등록번호	－	사망자와의 관 계	
	주 소		전 화 번 호		설치자와의 관 계	

⑩설치변경사항

구　분	변 경 전	변 경 후
추 가 매 장 (합 장)		
면　　적		
분 묘 설 치 기 수		
분 묘 형 태 및 시설물의 변경		
설치·관리자(대표자)의 변경		
변　경　사　유		

210mm×297mm(보존용지(1종) 120g/㎡)

다. 분묘개장의 절차

(1) 개장권자

상사 등에 관한 법률 27조(타인의 토지 등에 설치된 분묘 등의 처리 등)는 "토지소유자(점유자, 기타 관리인도 포함)·묘지 설치자 또는 연고자는, '토지소유자의 승낙 없이 해당 토지에 설치한 분묘', '묘지 설치자 또는 연고자의 승낙 없이 해당 묘지에 설치한 분묘'에 한해, 관할하는 시장, 군수, 구청장의 허가를 받아 분묘에 매장된 시신 또는 유골을 개장할 수 있다"고 규정하고 있다.(1항)

위 개장대상에 해당하는 분묘의 연고자는 당해 토지소유자·묘지설치자 또는 연고자에 대해 토지 사용권 기타 분묘의 보존을 위한 권리를 주장할 수 없고, 토지소유자 또는 자연장지 조성자의 승낙 없이 다른 사람 소유의 토지 또는 자연장지에 자연장을 한 자 또는 그 연고자는 당해 토지소유자 또는 자연장지 조성자에 대해 토지사용권이나 그 밖에 자연장의 보존을 위한 권리를 주장할 수 없다(3, 4항).

따라서, 장사 등에 관한 법률이 시행된 2001. 1. 13. 이후 토지소유자의 승낙 없이 해당 토지에 설치된 분묘의 경우, 20년 이상 평온, 공연하게 점유해도 시효취득으로 분묘기지권을 취득할 수 없고 개장의 대상이 된다. 반대로, 2001. 1. 13. 이전에 토지소유자의 승낙없이 해당 토지에 설치된 분묘는 20년 이상 평온, 공연한 점유를 하면 분묘기지권을 시효취득할 수 있고, 분묘기지권이 인정되는 이상 개장절차에 따라 임의로 개장을 할 수 없게 된다.

한편 위와 같이 개장의 대상이 됨에도 불구하고 연고자가 분묘개장을 거부하거나 저지하는 경우 부득이 분묘굴이소송을 제기해 판결을 받아 집행할 수 밖에 없다. 그 외 어떤 경위로든 타인 토지에 설치된 분묘가 연고자가 없는 무연분묘라면, 승낙없이 설치된 분묘와 마찬가지로 개장의 대상이 된다고 본다.

● 유연분묘, 무연분묘의 개장절차 개관[357]

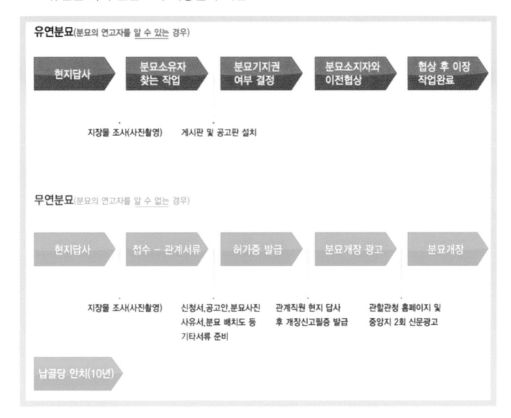

(2) 토지 매수인이 분묘기지권 없는 분묘의 연고자를 알고 있는 경우(유연분묘)

토지소유자(경매의 매수인 등) 등은 미리 3월 이상의 기간을 정해, '묘지 또는 분묘의 위치 및 장소, 개장사유, 개장 후 안치장소 및 기간, 공설묘지 또는 사설묘지 설치자의 성명·주소 및 연락방법, 그 밖의 개장에 필요한 사항'을 문서로 표시해 분묘의 연고자에게 통보해야 한다(시행규칙 18조 4항).

통보기간(최소 3월)의 만료 후 승낙없이 분묘를 설치한 자나 그 연고자가 개장하지 아니하는 경우에 개장허가를 받은 자가 기존 분묘의 사진과 서면통보문을 첨부해 개장신고를 한 후 개장신고필증을 교부받은 후에 비로소 개장을 할 수 있다.

357) http://blog.naver.com/bosangwon/220193689250

(3) 토지 매수인이 분묘기지권 없는 분묘의 연고자를 알 수 없는 경우(무연분묘)

우선 개장허가신청서를 작성해 개장허가증을 교부받은 후 개장예정일부터 3월 이상의 기간을 정해 그 뜻을 공고해야 하므로, 개장허가를 신청할 때 개장허가증의 교부기간과 공고기간 등을 고려해 신청할 필요가 있다.

개장허가를 신청하는 방법을 보면, '개장허가신청서에 기존 분묘의 사진', '분묘의 연고자를 알지 못하는 사유', '묘지 또는 토지가 개장허기 신청인의 소유임을 증명하는 서류' 및 '부동산등기법 등 관계법령에 의해 해당 토지 등의 사용에 관해 당해 분묘연고자의 권리가 없음을 증명하는 서류', '공고문'을 첨부해, 시장·군수·구청장에게 개장허가를 신청하면, 개장허가증(시행규칙 별지 제3호 서식)을 발급해준다.

공고방법은 최초의 개장공고(공고기간은 3월 이상)는 개장예정일로부터 최소 3월 전에 중앙일간신문을 포함한 2개 이상의 일간신문(또는 관할 시·도 또는 시·군·구 인터넷 홈페이지와 하나 이상의 일간신문에 공고하는 방법)에, ① 묘지 또는 분묘의 위치 및 장소, ② 개장사유, 개장 후 안치장소 및 기간, ③ 공설묘지 또는 사설묘지 설치자의 성명·주소 및 연락방법 및 ④ 그 밖의 개장에 필요한 사항의 내용을 2회 이상 공고하고, 두 번째 공고(공고기간은 2월 이상)는 첫 번째 공고일부터 40일이 지난 다음 공고하는 방법으로 한다(시행규칙 18조 4항).

공고기간(최소 3월)의 만료 후 분묘기지권 없는 분묘를 설치한 자나 그 연고자가 개장하지 아니하는 경우에 개장허가를 받은 자가 기존분묘의 사진과 신문공고문을 첨부해 개장신고를 한 후 개장신고필증을 교부받은 후에 비로소 개장을 할 수 있다.

한편 시·도지사 또는 시장·군수·구청장은 '일제 조사 결과' 연고자가 없는 분묘(무연분묘)에 매장된 시신 또는 유골을 화장해서 일정 기간 봉안할 수 있다(장사 등에 관한 법률 28조 1항). 다만, 묘지 또는 분묘의 위치 및 장소, 개장사유, 개장 후 안치장소 및 기간, 연락처, 열람 등 개장에 필요한 사항을 화장 및 봉안하기 2개월 전에 2회 이상 공고해야 한다(28조 2항, 시행규칙 19조).

신문에 게재된 분묘개장공고[358]

358) http://blog.naver.com/soloestoy/220839861207

제 호	개장 □신 고 서 □허가신청서		처리기간	
			개장신고 : 2일 개장허가 : 3일	

※ □에 √를 기재하시기 바랍니다.

	성 명		주민등록번호	-	사망연월일	. .
사망자	묘지 또는 봉안된 장소			매장 또는 봉안 연월일		
	개장장소			개장방법 (매장 · 화장)		
	개장의 사유			매장(봉안)기간		~
신고인 (허가 신청인)	성 명		주민등록번호	-	사망자와의 관계	
	주 소				전화번호	

『장사 등에 관한 법률』 제8조 · 제27조 및 같은 법 시행규칙 제2조 · 제18조에 따라 개장신고(허가신청)합니다.

신고인(신청인) (서명 또는 날인)

귀하

구비서류 (행정정보의 공동이용을 통하여 첨부서류에 대한 정보를 확인할 수 있는 경우에는 ⏌ 확인으로 첨부서류를 갈음합니다)	담당 공무원 확인사항
1. 개장신고의 경우 가. 기존 분묘의 사진 나. 통보문 또는 공고문(설치기간이 종료된 분묘의 경우만 해당합니다) 2. 개장허가의 경우 가. 기존 분묘의 사진 나. 분묘의 연고자를 알지 못하는 사유 다. 묘지 또는 토지가 개장허가 신청인의 소유임을 증명하는 서류 라. 「부동산등기법」 등 관계 법령에 의하여 해당 토지 등의 사용에 관하여 해당 분묘연고자의 권리가 없음을 증명하는 서류 마. 통보문 또는 공고	1. 토지(임야)대장 2. 토지등기부 등본

제 호	개장 □신고증명서 □허 가 증			

※ □에 √를 기재하시기 바랍니다.

	성 명			사망연월일	. .
사망자	묘지 또는 봉안된 장소			매장 또는 봉안 연월일	. .
	개장장소			개장방법 (매장 · 화장)	
신고인 (신청인)	성 명		주민등록번호	-	사망자와의 관계	
	주 소				전화번호	

『장사 등에 관한 법률』 제8조 · 제27조 및 같은 법 시행규칙 제2조 · 제18조에 따라 위와 같이 개장신고(허가)를 하였으므로 신고증명서(허가증)를 발급합니다.

년 월 일

시 · 도지사, 특별자치도지사, 시장 · 군수 · 구청장 ㊞

210mm×297mm(보존용지(1종) 70g/㎡)

♣ '분묘개장허가신청서 반려처분이 적법하다'는 행정심판 재결례

이 사건에서 청구인이 장사 등에 관한 법률 27조 1항 및 2항에 의거, 분묘에 매장된 유골을 개장하려고 그 분묘를 관할하는 피청구인(지자체)에게 허가를 얻기 위해 위 인정사실 (나)항에서 보는 바와 같이 무연분묘개장허가신청을 했던 것이고, 피청구인은 장사 등에 관한 법률 시행규칙 18조 1항의 규정에 의거 청구인이 제출한 첨부 서류의 내용을 확인하기 위해 이 사건 분묘 6기가 있는 현장을 방문했던 것이며, 그 결과 이 분묘 6기의 관리상태가 무연분묘로 볼 수 없을 정도로 양호하게 관리되어 있고, 또한 연고자라고 주장하는 청구외 ○○○이 위 인정사실 (가)항에서 보는 바와 같이 이의신청을 제기해 이 사건 무연분묘개장허가신청을 반려한 것으로, 피청구인이 재량권을 일탈하거나 남용한 위법이 있다고 보기 어렵다(경상북도 2010. 1. 8.).

8. 분묘기지권 행사와 신의칙 위반 내지 권리남용 – '분묘 알박기' [359]

가. 권리남용에 해당되지 않음이 원칙

권리행사가 권리의 남용에 해당한다고 할 수 있으려면, 주관적으로 그 권리행사의 목적이 오직 상대방에게 고통을 주고 손해를 입히려는 데 있을 뿐 행사하는 사람에게 아무런 이익이 없을 경우이어야 하고, 객관적으로는 그 권리행사가 사회질서에 위반된다고 볼 수 있어야 하는 것이며, 이러한 경우에 해당하지 않는 한 비록 그 권리의 행사에 의해 권리행사자가 얻는 이익보다 상대방이 잃을 손해가

---

359) 개발 예정지의 땅 일부를 먼저 사들인 뒤 사업자에게 고가로 되파는 부동산 투기 수법을 속칭 '알박기'라고 한다. 이는 용지의 소유권 100%를 확보하지 않으면 개발사업을 진행할 수 없다는 점을 악용한 것으로 토지 일부만 확보한 후 매각을 거부하며 버티다 결국에는 시세보다 수십 배나 비싸게 파는 투기행위다. 예를 들어 아파트가 신축될 것으로 알려진 곳의 부지를 미리 사뒀다가 아파트를 신축하기 위해 부지 소유권을 확보해야 하는 주택조합에 거액을 받고 파는 것이다. [네이버 지식백과] 알박기 (시사상식사전, 박문각)

현저히 크다 해도 그 사정만으로는 이를 권리남용이라 할 수 없다.[360]

이러한 논거로 대법원[361]은 분묘가 있는 임야부분이 공동주택용지로 개발되고 있고, 개발사업자가 분묘기지권자에게 충분한 이장비용을 제공하겠다고 제안했으며, 향후 분묘의 진입로를 확보함에 상당한 어려움이 발생할 것이라는 사정만으로는 분묘기지권자가 분묘를 철거하지 않는 것이 권리남용이라고 보기에 부족하다라고 판단한 바 있다.

나. 예외적으로 권리남용에 해당 – '분묘소재 임야에 대해 분묘이장을 전제로 매도하는 종중결의에 참석하고, 상당한 대가를 수령한 경우'[362]

위 인정사실에 의하면, 피고 대종중이 적법한 절차에 따라 소집된 종중총회의 결의에 의해 종원들에게 분묘이장비를 지급하고 분묘를 이장토록 할 것을 전제로 적법하게 매도했고, 피고 2. 내지 11.이 위 각 결의에 참석했으므로, 위 피고들은 분묘기지권을 포기했다고 봄이 상당하다. 그렇지 않다고 하더라도 그 종중재산을 총유하고 있는 종원인 피고 2. 내지 11.로서는 종중총회의 결의에 따르는 것이 도리일 뿐만 아니라, 피고 2. 내지 11.은 피고 대종중 또는 피고 음곡종중에게 분묘를 이장해주는 대가로 피고 대종중 소유인 토지들의 처분대금 중 상당액 액수의 금원을 지급받아 혜택을 향수한 것으로 보인다. 이러한 사정에다가 피고 2. 내지 11.이 관리처분하는 각 분묘의 이장을 지체함으로 인해 입게 될 원고의 손해 등 원고의 사정까지 보태어보면, 피고 2. 내지 11.이 원고에 대해 자신의 분묘기지권만을 주장해 분묘의 이장을 거부하는 것은 신의칙에 반해 허용되지 않는다고 봄이 상당하다.

---

360) 대법원 1991. 3. 27. 선고 90다13055 판결, 대법원 1991. 6. 14. 선고 90다10346, 10353 판결, 대법원 2003. 2. 14. 선고 2002다62319, 62326 판결, 대법원 2003. 6. 24. 선고 2003다11967 판결 등 참조
361) 대법원 2009.05.14. 선고 2009다1092 판결[분묘철거 등]
362) 수원지방법원 2009. 2. 5. 선고 2008가합19617 판결[분묘굴이 등]

따라서, 피고 2. 내지 11.은 피고 대종중이 원고로부터 아래 4.항에서 살펴볼 미지급 매매대금을 지급받음과 동시에 이 사건 제① 내지 ⑥ 토지 지상의 각 분묘를 이장하고 그 해당 임야를 각 인도할 의무가 있다.

다. 분묘 '알박기'에 제동건 판례[363]

서울동부지법 민사13부 2005. 10. 선고 판결에 의하면, 임씨는 83년 12월 아버지가 사망하자 조카의 밭에 분묘를 설치한 데 이어 4년 뒤 어머니가 사망하자 이 묘에 합장했다. 종중 선산을 둘러싼 분쟁으로 선산에 부모 묘를 쓸 수 없었기 때문에 양해를 얻어 조카의 밭에 묘를 설치하고 사실상 관리까지 맡긴 것이다.

임씨는 이후 이 곳이 재개발된다는 얘기를 듣고 묘비를 세우는 등 뒤늦게 관리에 나섰고, D개발은 땅을 매입한 후 임씨가 "묘를 옮길 수 없다"며 5억 원을 요구하자 소송을 냈다.

재판부는 판결문에서 "선산에 피고 부모의 가묘가 설치된 데다 피고가 묘를 직접 관리하지 않고 있다가 재개발 소문을 듣고 나서야 묘비를 설치한 점 등으로 미뤄 피고의 분묘기지권을 인정할 수 없다"고 밝혔다.

재판부는 또 "묘가 설치된 곳이 피고 5촌 조카의 집앞 텃밭인 점에 비춰 보면 땅주인인 조카가 피고에게 분묘를 설치할 것을 허락한 것은 종중 선산과 관련한 분쟁이 끝날 때까지 한시적으로 허용한 것으로 해석된다"고 덧붙였다.

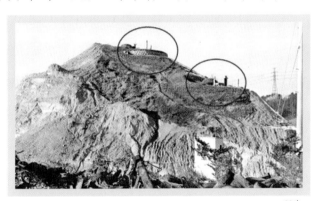

분묘알박기로 인해 분묘가 위치한 부분의 터파기 공사가 중단된 현장[364]

---

363) 법률신문 2005. 10. 12. 기사
364) 서울신문, 2016. 8. 5. 기사자료. 2012년 강원 춘천시 근처 골프장 사업자가 이전 협의가 결렬된 묘지 주변 공사를 강행했다. 이후 사업자 부도로 공사가 중단돼 몇 년째 진입로 없는 묘지로 방치되고 있다.

9. 무단 분묘개장 행위와 법적책임

가. 형사책임(분묘발굴죄)

(1) 형법은 무단으로 분묘를 발굴한 자에 대해 분묘발굴죄로 처벌하고, 분묘발굴 후 사체, 유골, 유발 또는 관내에 장치한 물건을 손괴, 유기, 은닉 또는 영득한 자에 대해서는 가중처벌을 하고 있다.(160 내지 162조) 5년 이하의 징역형이 규정되어 있으나, 죄질에 따라 다르지만 통상 징역 6개월 내지 1년에 집행유예 2년 정도를 선고한다.

> **형법 규정**
> **제160조(분묘의 발굴)** 분묘를 발굴한 자는 5년 이하의 징역에 처한다.
> **제161조(시체등의 영득)** ① 시체, 유골, 유발 또는 관내에 장치한 물건을 손괴, 유기, 은닉 또는 영득한 자는 7년 이하의 징역에 처한다.
> ② 분묘를 발굴해 전항의 죄를 범한 자는 10년 이하의 징역에 처한다.
> **제162조(미수범)** 전2조의 미수범은 처벌한다.

(2) 분묘발굴죄의 객체인 분묘는 사람의 사체, 유골, 유발 등을 매장해 제사나 예배 또는 기념의 대상으로 하는 장소를 말하는 것이고, 사체나 유골이 토괴화했을 때에도 분묘인 것이며, 그 사자가 누구인지 불명하다고 할지라도 현재 제사 숭경하고, 종교적 예의의 대상으로 되어 있고, 이를 수호·봉사하는 자가 있으면 해당한다.[365]

(3) 다만, 분묘를 수호, 봉사하며 관리하고 처분할 권한이 있는 구 민법상 호주상속인이 사체에 대한 종교적, 관습적 양속에 따른 존숭의 예를 갖추어 분묘를 발굴하는 경우, 그 행위의 위법성이 조각된다.

---

365) 대법원 1990. 2. 13. 선고 89도2061 판결[분묘발굴]

즉, 분묘발굴죄는 그 분묘에 대해 아무런 권한 없는 자나 또는 권한이 있는 자라도 사체에 대한 종교적 양속에 반해 함부로 이를 발굴하는 경우만을 처벌대상으로 삼는 취지라고 보아야 할 것이므로, 법률상 그 분묘를 수호·봉사하며 관리하고 처분할 권한이 있는 자 또는 그로부터 정당하게 승낙을 얻은 자가 사체에 대한 종교적, 관습적 양속에 따른 존숭의 예를 갖추어 이를 발굴하는 경우에는 그 행위의 위법성은 조각된다고 할 것이다.

이에 따라 대법원은 종래 분묘에 대한 봉사, 수호 및 관리, 처분권은 종중이나 그 후손들 모두에게 속해 있는 것이 아니라 오로지 구 민법상 호주상속인에게 전속한다고 보고, 호주상속인이 위와 같은 방법으로 분묘를 발굴해 납골당에 안치한 행위는 종교적·관습적 양속에 반하지 않아 위법성이 조각된다고 보았다.[366] 그런데 호주상속제가 폐지된 지금은 호주상속인이 아니라, 앞서 본 제사주재자가 분묘기지권자로서, 분묘에 대한 봉사, 수호 및 관리, 처분권을 가진다.

또한 사실상 분묘를 관리·수호하고 망인의 봉제사를 행해오던 피고인이 실질상 손이 끊겨 수호 관리하기 힘든 조상들의 묘를 화장방식으로 바꾸기로 한 종중의 결의에 따라 망인의 사망 당시 호주의 사후양자로 그를 호주상속해서 망인의 가(家)를 계승한 양손자의 승낙하에 종교적 예를 갖추어 그 분묘를 발굴했다면, 비록 그 발굴 전에 망인의 출가한 양손녀들의 승낙을 얻지 않았다 하더라도 이를 위법한 행위라고 단정할 수 없다.[367]

그 외에도 공원묘지재단의 이사장이 연고자가 나타나지 아니한 분묘들이 오랜 세월의 경과와 관리소홀로 인해 유골이 거의 노출되어 유실될 지경에 이르자 이 사장의 결의를 거쳐 신문에 공고를 낸 후 무연고 묘에 한해 그 유골들을 파낸 후

---

366) 대법원 2007. 12. 13. 선고 2007도8131 판결[분묘발굴]
367) 대법원 1995. 2. 10. 선고 94도1190 판결[분묘발굴]

개별적으로 표시해 안전한 곳에 안치했다면, 위 분묘발굴행위는 그 경위와 그 목적, 방법 및 의사 등 제반사정에 비추어 사회통념상 허용될 만한 정도의 상당성이 있는 것으로서 위법성이 결여된 행위로서 형법 20조의 정당행위에 해당해 범죄로 되지 아니한다.[368]

나. 장사 등에 관한 법률상 벌칙

토지구획정리사업시행자로부터 분묘의 개장명령을 받았다 하더라도 그 분묘를 보존 수호하는 권한 있는 자의 제지를 무릅쓰고 한 분묘발굴행위가 정당한 것으로 될 수는 없고, 또 그와 같은 개장명령이 있었다 해서 매장 및 묘지등에 관한 법률 5조 2항(현 장사등에 관한 법률 8조 3항)에 정한 절차에 따른 개장신고를 하지 않아도 된다고 볼 수도 없다.[369]

따라서 개장신고를 하지 않고 분묘발굴행위를 하면 장사 등에 관한 법률 42조 1항 1호에 따라 300만 원 이하의 과태료가 부과된다. 또한 승낙 없이 타인 토지에 설치한 분묘를 이장함에 있어 분묘를 관할하는 시장 등의 허가를 얻지 않으면 위법 40조 8호에 의해 1년 이하의 징역 또는 1,000만 원 이하의 벌금에 처해진다.

● **장사 등에 관한 법률 8조(매장·화장 및 개장의 신고) 3항**

개장을 하려는 자는 다음 각 호의 구분에 따라 시신 또는 유골의 현존지(現存地) 또는 개장지를 관할하는 시장 등에게 각각 신고해야 한다.

1. 매장한 시신 또는 유골을 다른 분묘로 옮기거나 화장하는 경우 : 시신 또는 유골의 현존지와 개장지
2. 매장한 시신 또는 유골을 봉안하거나 자연장하는 경우 : 시신 또는 유골의 현존지
3. 봉안한 유골을 다른 분묘로 옮기는 경우 : 개장지

---

368) 서울형사지방법원 1991. 11. 12. 선고 90노2758 제4부판결 : 상고기각[분묘발굴(일부에 관해 인정된 죄명: 매장 및 묘지 등에 관한 법률위반)]
369) 대법원 1978. 5. 9. 선고 77도3588 판결[분묘발굴·매장 및 묘지 등에 관한 법률 위반·위증]

다. 불법행위로 인한 손해배상책임

분묘들을 발굴 등의 방법으로 불법으로 훼손하면 그 분묘의 수호관리자인 분묘기지권자에게 불법행위가 되므로, 그로 인한 손해배상으로 훼손자는 각 해당 분묘를 원상으로 복구하는 데 필요한 비용은 물론, 수호관리자가 입은 정신적 고통에 대한 위자료를 지급할 의무가 있다.

손해배상책임의 범위에 관해서는 분묘를 원상으로 복구하는 비용과 위자료를 들 수 있는데, 관련 판례를 보면 아래와 같다.

● 서울고법 2005. 7. 8. 선고 2004나80900 판결 [손해배상(기)]

원상복구비용

"원상복구비용으로는 분묘 1기당 묘역조성작업비 650,000원, 장의차 비용 600,000원, 중장비 비용 300,000원, 인건비 400,000원 등 합계 1,950,000원이 소요되는 사실을 인정할 수 있는바(이 사건의 경우에는 유골이 화장되었으므로 통상의 장례에 드는 관, 수의 등 재료비는 불필요하다), 위 인정사실에 의하면 원고 종중이 수호관리하는 위 ① 내지 ⑩ 분묘의 경우 그 원상복구비용으로 모두 14,100,000원(=1,950,000원×10 - 600,000원×9, 장의차 비용은 후손이 별도로 관리하지 않는 유골 10함에 대해 장의차 1대만 필요하다고 봄이 상당하다고 보아 1대 값만 인정한다)이 소요되고, 나머지 원고들이 수호관리하는 위 ⑪ 내지 ⑮ 분묘의 경우 그 원상복구비용으로 각 1,950,000원이 소요된다 할 것이다."

위자료

"다음으로 위자료의 액수에 대해 보건대, 이 사건 불법행위의 동기, 경위, 결과, 원고들과 이 사건 분묘들 사이의 관계, 피고가 현재까지 원상복구를 거부하고 있는 점, 기타 이 사건 변론에 나타난 모든 사정을 고려할 때, 원고 종중에 대해서는 분묘 10기 전체에 대한 위자료를 20,000,000원으로, 나머지 원고들에 대해서는 위자료를 각 10,000,000원으로 정함이 상당하다."

"따라서 이 사건 불법행위로 인해 원고들이 입은 손해배상액은, 원고 종중은 34,100,000원(=14,100,000원 + 20,000,000원), 원고 종중을 제외한 나머지 원고들은 각 11,950,000원(=1,950,000원 + 10,000,000원)이 된다."

● 대구지방법원 2014. 1. 21. 선고 2012가합3009 판결 [손해배상(기)등]

이장비용(원상복구비용)

피고들은 원고들의 동의도 받지 아니한 채 임의로 이장의 방법과 장소 등을 정해 이 사건 각 분묘를 이장했으므로, 원고들이 이 사건 각 분묘를 적절하게 다시 이장하는 데 필요한 비용을 원고들에게 배상할 의무가 있다. 또한, 이를 위해 각 분묘 1기당 필요한 이장비용이 1,000만 원이라는 사실은 당사자들 사이에 다툼이 없고, 위 금액은 원고들이 입은 이장 비용 상당 법률상 손해의 범위 내에 있다.

위자료

자손으로서 조상의 분묘를 설치하고 수호하는 등의 행위는 법률상 보호를 받을 만한 가치가 있으므로 누구나 함부로 이를 침범할 수 없고, 피고들이 이 사건 각 분묘를 임의로 발굴해 이장한 행위로 인해 원고들이 상당한 정신적 고통을 입었음이 경험칙상 명백하므로, 피고들은 불법행위자로서 원고들이 입은 정신적 고통을 배상할 의무가 있다 할 것이며, 망인들과 원고들의 관계, 피고들이 이 사건 각 분묘를 이장한 경위, 이 사건 각 분묘의 이장 절차, 장소 및 그 상태 기타 이 사건 변론에 나타난 여러 사정을 참작하면, 그 위자료는 원고 ○옥○에 대해 2,000만 원, 원고 ○현○에 대해 1,000만 원으로 정함이 상당하다.

● 공익사업을 위한 수용시 분묘 1기당 보상금액

공익사업을 위한 토지 등의 취득 및 보상에 관한 법률 시행규칙 42조와 실무관행에 따르면, 다음과 같다.

유연분묘

- **분묘이전비** : 제례비, 개장 및 이장, 화장, 납골 등에 소요되는 금액은 일반적으로 300~500만 원이다.
- **석물이전비** : 비석·상석 및 망주석 등의 이전설비(좌향이 표시되어 있거나 기타 사유로 이전사용이 불가능한 경우에는 제작 운반비 지급), 장비가 소요되면 통상 100~200만 원이다.
- **잡비** : (분묘이전비+석물이전비)의 30%에 해당하는 금액이고, 인력으로 이전이 가능하면 약 50~100만 원이다.
- **이전보조비** : 1기당 100만 원이다.

무연분묘

분묘이전비, 석물이전비, 잡비 합계액의 50% 범위 내에서 산정되는데, 약 150~300만 원이다.

10. 분묘기지권 분쟁 해결 실무

가. 분묘굴이소송 전 단계의 분쟁과 내용증명[370]

● 조상의 묘를 30년 전에 설치했는데 임야를 매수한 자가 지료를 요구해 이를 거절할 때

---

370) 인터넷 법률정보업체 로앤비 자료 인용

회 답 서

1. 본인은 ○○○○년 10월 25일 내용증명 우편을 잘 받았습니다.
2. 본인의 조부 망 최○○는 ○○군 ○○면 ○○리 산 101번지 소재 타인의 소유 임야에 분묘로 설치되어 있었는데, ○○○○년 3월 1일 귀하가 위 임야를 매수해 본인의 조부 묘지 부분의 사용대가를 지급하라고 요구했습니다.
3. 그러나 분묘기지권이란 타인의 토지 위에 있는 분묘의 기지에 대해 관습법상 인정되는 지상권에 유사한 일종의 물건으로 토지소유자의 승낙 없이 분묘를 설치하고 20년간 평온·공연하게 점유해 시효 취득한 경우에는 분묘기지권이 성립하는 줄 알고 있습니다.(대법원 96다14036호)
4. 따라서 분묘기지권에 대한 판례도 지상권에서 지료의 지급은 그 요소가 아니어서 지료에 관한 약정이 없는 이상 지료의 지급을 구할 수 없는 점에 비춰보면, 분묘기지권을 시효 취득하는 경우에도 지료를 지급할 필요가 없다고 했습니다(민법 제279조 제366조, 대법원 94다 37912호).
5. 그러므로 본인의 조부의 묘를 임의대로 이장하시지 말기 부탁드립니다.

○○○○년 11월 1일

통지인 : ○○시 ○○구 ○○동 ○○번지
전 ○ ○ ㉑

(전화 : ○○○-○○○○)
(H.P : ○○○-○○○-○○○○)

피통지인 : ○○시 ○○구○ ○동 ○○번지
○○아파트 B동 308호
박 ○ ○ 귀하

● 임야의 전 소유자의 승낙을 얻어 분묘를 설치한 후 임야의 매수자가 이장을 요구하자 이를 거절할 때

회 답 서

1. 본인은 ○○○○년 10월 1일 귀하로부터 내용증명 우편을 잘 받았습니다.
2. 본인은 부친 망 강○○씨의 묘를 ○○○○년 3월 19일 전 임야소유자 권○○로부터 승낙을 받아 ○○군 ○○면 ○○리 산 300번지에 분묘를 설치했습니다.
3. 그 이후 귀하는 위 권○○로부터 위 임야를 매수해 산림을 개간한다는 이유로 이장을 요구하는 통지를 받았습니다.
4. 그런데 분묘기지권이란 타인의 토지 위에 있는 묘지의 기지에 대해 관습법상 인정되는 지상권에 유사한 일종의 물권으로 토지소유자의 승낙을 얻어 분묘를 설치한 경우에는 분묘기지권이 있습니다.(대법원 67다 1920호)
5. 그리고 분묘기지권의 존속기간에 대해서는 민법의 지상권에 관한 규정에 따를 것이 아니라, 당사자 사이의 약정 등 특별한 사정이 있으면 그에 따르고 약정이 없으면 권리자가 분묘의 수호와 봉사를 계속하며 그 분묘가 존속하고 있는 동안은 분묘기지권이 존속한다고 했습니다(대법원 94다 28970호).
6. 그러므로 귀하는 본인의 승낙 없이 마음대로 본인의 묘를 이장하지 마시길 부탁드립니다.

○○○○년 10월 10일

통지인 : ○○시 ○○구 ○○동 ○○번지
정 ○ ○ ㉙

(전화 : ○○○-○○○○)
(H.P : ○○○-○○○-○○○○)

피통지인 : ○○군 ○○읍 ○○리 ○○번지
장 ○ ○ 귀하

나. 분묘굴이소송 및 집행의 실무

(1) 분묘굴이소송과 집행의 개요

분묘굴이소송을 제기하려면 우선 분묘기지권의 성립요건을 검토해 성립되지 않는다는 근거 내지 증거를 확보해야 한다.

판결이 난 후의 집행을 고려해 소장에 목적 대상물인 분묘를 구체적으로 특정시켜야 한다. 그런데 소제기 단계에서 특정이 어려울 수 있으므로 소장접수 후 제1회 변론기일에서나 그 이전에 미리 분묘의 위치와 면적에 대한 측량감정신청을 하고, 필요시 판사와 함께 현장을 확인하는 현장검증신청도 해야 한다. 임야인 경우 특히 여름에 수풀이 우거져 굴이할 분묘를 다 찾아내지 못할 수 있는데, 나중에 추가로 굴이소송을 제기해야 할 수도 있으므로 소제기시에 샅샅이 찾아 빠짐없이 굴이대싱에 포힘시켜야 한다. 분묘가 수기인 경우 개별적으로 구분이 되노록 표지를 해서 추후 집행에 혼선이 초래되지 않도록 해야 한다.

측량감정을 신청하면 신속히 절차를 밟고, 감정료를 바로 납부해야 하며, 감정인이 정해지면 최대한 빨리 감정결과를 법원에 제출하도록 독촉해야 그만큼 판결을 빨리 받을 수 있다.

또한 분묘굴이의 상대방인 분묘기지권자(장남 등)를 제대로 파악해 소송을 제기해야 하는데, 분묘기지권자가 아닌 사람을 상대로 소송을 하면 다시 소송을 반복해야 하는 경우가 생기기 때문이다.

분묘기지권자의 주소를 파악하기 어려워 송달에 많은 시간이 걸리기도 하는데, 신속히 주소보정을 하고, 야간송달, 특별송달 등의 방법까지 동원해야 재판이 빨라진다. 판결은 1심에만 통상 6~8개월 걸린다.

판결을 받은 이후, 집행(가집행)을 해야 하는데, 이 경우 송달증명원, 집행문을 발급받아 당해 법원에 대체집행신청을 해야 한다. 금전채권 관련 소송 및 부동산 소송 등 대부분의 집행은, 집행문, 송달증명원, 확정증명원을 첨부해 강제집행절차 및 추심절차, 압류집행절차 등 집행절차를 바로 취할 수 있는 반면에, 분묘굴이 소송의 경우 별도로 대체집행신청을 해야 함을 유의해야 한다.

대체집행 신청서를 작성해 판결문 정본을 첨부해 법원에 제출하면, 법원은 약 한 달 내에 심문기일을 정해 심문절차를 거친 후 대체집행결정을 한다. 대체집행 결정문을 수령하고 상대방에게 송달되었는지 확인 후, 결정문에 대한 송달증명원, 확정증명원을 발급받아 집행관실에 분묘굴이 집행을 신청하면 된다. 이때까지가 판결 후 약 한 달 걸린다.

분묘굴이 집행신청을 받은 집행관은 약 2주일 내에 현장 및 상대방(피고) 주소지를 방문해 분묘굴이 집행에 대한 최고절차를 취한다. 이때 최고서가 반드시 상대방에게 송달되어야 하므로 상대방의 소재지를 파악하는 것이 필수다.

집행최고를 위한 현장 방문시 집행대상물과 판결문상의 분묘가 일치함을 반드시 소명해야 하므로, 소송진행시의 현장검증조서 및 당시 촬영해 둔 사진 등을 미리 챙겨서 집행관에게 제시해야 하고, 그 분묘가 상대방의 소유가 맞는지 잘 아는 관계자를 입회시킬 필요가 있다. 이런 문제 때문에 본안 소송의 현장검증절차에서 판사가 입회한 상태에서 굴이할 분묘와 그 범위를 정하는 표시를 확실히 해서, 법원의 현장검증조서에 현장사진과 함께 기재되게 할 필요가 있다.

위 최고에도 불구하고 상대방이 분묘이장을 하지 않을 경우, 최고기간(대개 약 2주일 정도로 정해짐)이 경과된 후 집행관실에 집행신청을 하고, 집행관 등을 통해 분묘이장 용역업체에 이장과 관련된 비용에 관해 견적을 받아 예납절차를 취해야 한다. 비용은 일단 신청하는 쪽에서 부담하는 것인데, 그 비용에는 공원묘지에서의 1년 이상의 사용료, 장제비, 인건비 등이 포함되며, 1기당 약 600~700여만 원의 정도를 예상해야 한다. 이렇게 책정된 비용을 납부해야 집행관실에서는 집행 날짜를 정해주며, 정해신 날짜에 집행하게 된다.

이처럼 집행관이 집행에 나서더라도 분묘굴이집행의 경우는 우리네 관습과 감정에 비추어 그 집행을 꺼리고 되도록이면 당사자간 합의를 권유하게 된다. 그래서 통상 대체집행까지 가지 않고 당사자들끼리 합의뇌는 사례가 많다.

(2) 분묘굴이 소장의 청구취지 및 원인 양식

청 구 취 지

1. 피고는 원고에게 별지 목록 기재 토지 가운데 별지도면 표시 ㄱ, ㄴ, ㄷ, ㄹ, ㄱ의 각 점을 차례로 연결한 선내 (가)부분 토지 ○○.○ ㎡ 위에 있는 분묘 1기를 굴이하고, 위 선내 (가)부분의 토지 ○○.○ ㎡를 인도하라.
2. 소송비용은 피고의 부담으로 한다.
3. 위 제1항은 가집행 할 수 있다.
라는 판결을 구합니다.

청 구 원 인

1. 원고는 2015. 3. 1. ○○지방법원 2014타경00호 임의경매 절차에서 별지목록기재 토지를 낙찰받아 잔금을 납부한 후 ○○지방법원 ○○등기소 2015. 3. 4. 접수 제○○○○호로 소유권이전등기를 마치고 지금까지 소유하고 있습니다.

2. 그런데 피고는 소외 망 ○○○의 장남으로서 1997. 5. 6.경 별지목록 기재 토지 가운데 별지도면 표시 ㄱ, ㄴ, ㄷ, ㄹ, ㄱ의 각 점을 차례로 연결한 선 내 (가)부분의 토지 ○○.○ ㎡에 소외 망 ○○○의 분묘를 설치해 지금까지 점유·사용하면서 소외 망 ○○○의 제사를 주재하고 있습니다.

3. 그러므로 원고는 별지목록 기재 토지에 대한 소유권에 터 잡아 방해배제청구권의 행사로서 피고에게 별지목록 기재 토지 가운데 별지도면 표시 ㄱ, ㄴ, ㄷ, ㄹ, ㄱ의 각 점을 차례로 연결한 선내 (가)부분 토지 ○○.○ ㎡ 위에 있는 소외 망 ○○○의 분묘 1기를 굴이하고, 위 선내 (가)부분의 토지 ○○.○ ㎡를 인도할 것을 청구하기 위해 이 사건 소제기에 이른 것입니다.

(3) 분묘굴이 판결의 대체집행신청서 양식

대체집행신청서

채권자 (이름)
      (주소)
      (연락처)

채무자 (이름)
      (주소)

> 수입인지
> 2,000원

신청취지

채권자는 그가 위임하는 ○○○○법원 ○○지원 소속 집행관으로 하여금 채무자의
비용으로 별지 기재 분묘를 굴이하게 할 수 있다라는 재판을 구함.

신청이유

1.
2.

[첨부서류] 1.집행력있는 집행권원

        2.송달증명

        3.

20 . . .

위 채권자   (날인 또는 서명)

○○법원 ○○지원 기타집행계 귀중

◇ 유의사항 ◇
채권자는 연락처 란에 언제든지 연락 가능한 전화번호나 휴대전화번호(팩스번호, 이메일 주소등
도 포함)를 기재하기바랍니다.

본 책의 내용에 대해 의견이나 질문이 있으면
전화(02)3604-565, 이메일 dodreamedia@naver.com을 이용해주십시오.
의견을 적극 수렴하겠습니다.

법정지상권, 분묘기지권 깨트리는 법

제1판 1쇄 인쇄 | 2017년 9월 21일
제1판 1쇄 발행 | 2017년 9월 28일

지은이 | 김재권
펴낸이 | 한경준
펴낸곳 | 한국경제신문*i*
기획·제작 | (주)두드림미디어

주소 | 서울특별시 중구 청파로 463
기획출판팀 | 02-3604-565
영업마케팅팀 | 02-3604-595, 583 FAX | 02-3604-599
E-mail | dodreamedia@naver.com
등록 | 제 2-315(1967. 5. 15)

ISBN 978-89-475-4249-4 (03320)

책값은 뒤표지에 있습니다.
잘못 만들어진 책은 구입처에서 바꿔드립니다.